本书受兰州大学哲学社会科学创新团队（Lanzhou University Philosophy and Social Science Innovation Team）资助出版

国家自然科学基金青年项目"'源头－过程－末端'低碳技术创新驱动城市能源转型的效应、机制与政策研究"（72403107）、甘肃省科技计划项目软科学专项"全流程低碳技术创新驱动城市能源转型的效应、机制与政策研究"（24JRZA044）的阶段性成果

低碳技术创新
与可持续能源转型

理论与实证

LOW-CARBON
TECHNOLOGICAL INNOVATION
AND SUSTAINABLE
ENERGY TRANSITION

Theory and Empirical Analysis

杨光磊　著

社会科学文献出版社
SOCIAL SCIENCES ACADEMIC PRESS (CHINA)

摘　要

2014 年，习近平总书记提出了中国要推动能源消费革命、能源供给革命、能源技术革命、能源体制革命，并全方位加强国际合作，实现开放条件下的能源安全。自此，"四个革命、一个合作"成为国家能源长期发展战略。在 2020 年联合国大会上，习近平主席又提出了"双碳"发展目标，力争于 2030 年前二氧化碳排放达峰，争取于 2060 年前实现碳中和。在此目标下，中国迫切需要进行能源转型，可再生能源成为解决能源发展问题的关键。自新中国成立以来，中国始终是由以化石能源为主导的能源消费结构驱动经济增长的，在可再生能源生产与消费增长的同时，化石能源消费量和二氧化碳排放量也在持续增长，能源安全和环境问题并未得到实质性缓解。在此背景下，可持续能源转型成为新时代能源发展的重要导向。

可再生能源技术创新和低碳技术创新是能源和环境技术创新的两种主要形态，二者对经济增长、能源安全和低碳可持续发展具有不可替代的作用，是可持续能源转型的重要驱动因素。然而，目前鲜有研究讨论可再生能源技术创新和低碳技术创新对可持续能源转型的影响。在此背景下，可再生能源技术创新和低碳技术创新究竟是否有助于中国可持续能源转型？可再生能源技术创新和低碳技术创新对可持续能源转型的影响是否具有异质性？是否会产生空间溢出效应？其影响机制又是如何？为回答上述问题，本书以中国 30 个省级行政区作为研究对象，设置 2000～2018 年作为时间窗口，主要完成了以下五个方面的研究工作。

（1）估算了样本期间内省级可再生能源消费量。本书遵循中国六大区域电网电力调动和分配原则，将六大区域电网整合为四大区域联合电网，对省级可再生能源消费量进行了初步估算。结果显示，2000～2018年中国 30 个省份的可再生能源消费量均有不同程度的增加，省间差异明显。整体来看，水电消费量最高，风电次之，太阳能电力最低。

（2）测度了样本期间内省级可再生能源技术创新和低碳技术创新水平。本书采用永续盘存法，同时纳入技术扩散与技术折旧因素，测度了省级可再生能源技术创新和低碳技术创新水平。结果显示，2000～2018年中国 30 个省份的可再生能源技术创新水平和低碳技术创新水平均有显著提升，太阳能、风能和水能技术创新是可再生能源技术创新的主体部分，能源生产、运输或分配相关碳减排技术创新和商品生产或加工相关碳减排技术创新是低碳技术创新的主体部分。此外，碳捕捉、封存及利用技术发展缓慢，对低碳技术创新的贡献十分有限。

（3）系统评价了样本期间内省级可持续能源转型。本书立足现有能源转型测度方法的不足，基于能源系统绩效和能源结构优化两个维度，构建了一套评价中国省级可持续能源转型的综合指标体系，进而评价了省级可持续能源转型。结果显示，2000～2018 年，除海南外，所有省份可持续能源转型得分均有所提高。其中，云南、四川、青海、福建和广东平均得分居于第一梯队，天津、宁夏、山西、上海和海南则是平均得分较低的 5 个省份。

（4）检验了可再生能源技术创新和低碳技术创新对可持续能源转型的影响。在相关变量测度的基础上，本书就可再生能源技术创新和低碳技术创新对可持续能源转型的影响进行了检验。研究发现，可再生能源技术创新和低碳技术创新对可持续能源转型具有显著的正向影响，且不同种类可再生能源技术创新和低碳技术创新对可持续能源转型的影响存在较大差异。其中，储能技术创新的回归系数明显高于其他种类可再生能源技术创新，生物质能技术创新的回归系数不显著；污水或废物处理相关碳减排技术和交通相关碳减排技术创新的回归系数明显高于其他种类低碳技术创新，碳捕捉、封存及利用技术创新的回归系数不显著。

（5）揭示了可再生能源技术创新和低碳技术创新影响可持续能源转型的异质性、空间溢出效应和影响机制。在初步特征事实检验的基础上，本书基于可持续能源转型的组群特征、可再生能源技术创新和低碳技术创新的空间溢出效应的事实，进一步对可再生能源技术创新和低碳技术创新影响可持续能源转型的异质性和空间溢出效应进行了检验。研究发现，可再生能源技术创新和低碳技术创新对可持续能源转型的影响在区域、省间能源调动、能源对外贸易、经济发展水平上具有显著的异质性。可再生能源技术创新对可持续能源转型的影响不存在显著的空间溢出效应，依然处于各自为战的状态；低碳技术创新对可持续能源转型的影响表现出明显的空间溢出效应，但该溢出效应显著为负。此外，可再生能源技术创新和低碳技术创新可以通过提高全要素生产率、优化能源结构、缩小能源供需缺口和降低污染排放强度，推动可持续能源转型。

最后，基于本书研究结论，结合中国可再生能源技术创新、低碳技术创新和可持续能源转型的实际情况，提出了提高可再生能源技术创新和低碳技术创新水平以及推动可持续能源转型的政策建议。

ABSTRACT

In 2014, President Xi Jinping proposed that China should promote energy consumption revolution, energy supply revolution, energy technology revolution, and energy system revolution, and strengthen international cooperation to achieve energy security under the condition of openness. Since then, "four revolutions, one cooperation" has become a long-term national energy development strategy. At the UN General Assembly in 2020, President Xi Jinping put forward the "30 · 60" dual-carbon development goal, striving to achieve peak carbon dioxide emissions by 2030, and carbon neutrality by 2060. Under these goals, China urgently needs to carry out energy transition, and renewable energy becomes the primary issue of energy development. Since the founding of the People's Republic of China, China's economic growth has been driven by the energy consumption structure dominated by fossil energy. With the growth of renewable energy production and consumption, fossil energy consumption, and carbon dioxide emissions have also continued to increase. Energy security and environmental issues have not been substantially addressed. In this context, sustainable energy transition has become an important guide for energy development in the new era.

Renewable energy technological innovation and low carbon technological innovation are two main forms of energy and environmental technological innovation. Both of them play acritical role in economic growth, energy security, and low-carbon sustainable development, and are important drivers of sustainable energy transition. However, few studies have discussed the impact of renewable energy technological innovation and low-carbon technological innovation on sustainable energy transition. In this context, dose renewable energy technological innovation and low-carbon technological innovation contribute to China's sustainable energy transition? Is there heterogeneity in the impact of renewable energy technological innovation and low-carbon technological innovation on sustainable energy transition? Will there be spatial spillover effects? What is the mechanism of its influence? To answer these questions, this paper used the panel data of 30 Chinese provinces from 2000 to 2018, and conducted the following five aspects of research.

(1) The provincial-level renewable energy consumption during the sample period was estimated. Following the principle of power transmission and distribution, this paper integrated six regional power grids into four regional combined power grids, and estimated the provincial renewable energy consumption. The results show that renewable energy consumption in 30 Chinese provinces has increased to varying degrees. Overall, the consumption of hydropower was the highest, followed by wind power and solar power.

(2) The provincial-level renewable energy technological innovation and low-carbon technological innovation during the sample period were measured. This study adopted the perpetual inventory method, and incorporated technology diffusion and technology depreciation to measure provincial-level renewable energy technological innovation and low-carbon technological innovation. The results show that the level of renewable energy technological innovation and low-carbon technological innovation in 30 Chinese provinces has increased significantly. Technological innovations in solar energy, wind energy, and hydropower were the main components of renewable energy technological innovation. Energy production-related carbon emission reduction technological innovation and commodity production-related carbon emission reduction technological innovation were the main parts of low-carbon technological innovation. Moreover, the innovation level of carbon capture, storage and utilization technology

was slow, and its contribution to low-carbon technological innovation was very limited.

(3) The provincial-level sustainable energy transition during the sample period was evaluated. Based on the two dimensions of energy system performance and energy structure optimization, this paper constructed a comprehensive index system to evaluate China's provincial sustainable energy transition. The results show that the scores of sustainable energy transition in all provinces (except for Hainan) have improved. Among these, Yunnan, Sichuan, Qinghai, Fujian, and Guangdong were the five provinces with the highest average scores; Tianjin, Ningxia, Shanxi, Shanghai, and Hainan were the five provinces with the lowest average scores.

(4) The impact of renewable energy technological innovation and low-carbon technological innovation on sustainable energy transition were tested. On the basis of variable measurement, this study tested the impact of renewable energy technological innovation and low-carbon technological innovation on sustainable energy transition. The results show that renewable energy technological innovation and low-carbon technological innovation have a significant positive impact on sustainable energy transition. There were prominent differences in the impact of different types of renewable energy technological innovation and low-carbon technological innovation on sustainable energy transition. Specifically, the regression coefficient of energy storage technological innovation was significantly higher than that of other types of renewable energy technological innovation, while the regression coefficient of biomass energy technological innovation was not significant; the regression coefficient of carbon emission reduction technological innovation related to wastewater and waste treatment and transportation was significantly higher than that of other types of low-carbon technological innovation, while the regression coefficient of carbon capture, storage and utilization technological innovation was not significant.

(5) The heterogeneity, spatial spillover effect, and influence mechanism

of the impact of renewable energy technological innovation and low-carbon technological innovation on sustainable energy transition were revealed. Based on the preliminary characteristic fact test, this study tested the heterogeneity and spatial spillover effects of renewable energy technological innovation and low-carbon technological innovation on sustainable energy transition. The study shows that the impact of renewable energy technological innovation and low-carbon technological innovation on sustainable energy transition has significant heterogeneity in regional, inter-provincial energy transmission, foreign energy trade, and economic development levels. There was no significant spatial spillover effect of renewable energy technological innovation on sustainable energy transition, but there was a significant spatial negative spillover effect of low-carbon technological innovation on sustainable energy transition. Moreover, renewable energy technological innovation and low-carbon technological innovation can promote sustainable energy transition by improving total factor productivity, optimizing energy mix, narrowing energy supply and demand gap, and reducing pollution emission intensity.

Finally, based on the research conclusions, combined with the actual situation of China's renewable energy technological innovation, low-carbon technological innovation, and sustainable energy transition, this paper put forward policy recommendations to improve sustainable energy transition.

目　录

第一章　绪论

第一节　研究背景与意义

一　研究背景

能源是现代经济增长与发展的核心生产要素。绿色、安全、可持续的能源供应系统对于工业生产和公共服务是至关重要的，如照明、供暖、烹饪、信息和通信技术等方方面面。在技术创新、可再生能源发展、能源与环境政策等多重因素的驱动下，中国能源系统正在发生巨变。尽管当今的可再生能源发展速度快于任何历史时期，但仍不能满足环境可持续发展、能源安全、经济增长与发展的需要，主要体现在以下三个方面。

1. 能源消费总量持续增长，环境问题日益突出

作为全球最大的能源消费国，中国长期以化石能源为主导的能源消费模式造成了严重的环境污染问题，如持续的雾霾污染、气候变化等极端天气频发。其中，能源消费总量随时间持续增长，1965～2019年煤炭消费量、石油消费量、天然气消费量和水电消费量分别增长了17倍、61倍、277倍和51倍（据图1-1计算）。尽管2014年以来煤炭消费量增速有所减缓，且水电、核电、风电和太阳能电力消费量明显增加，但煤炭和石油消费量远高于其他种类能源消费量，化石能源作为主导能源的绝对优势是显著存在的。化石能源消费量的持续增长使二氧化碳（CO_2）排放量剧烈增长，中国CO_2排放量从1965年的48800万吨增长至2019年的

982500 万吨，增长了近 20 倍，对全球 CO_2 排放的贡献率由 4.36% 上升至 27.82%。自 2013 年以来，中国 CO_2 排放量处于平稳的变化中，增长速度明显减缓，这主要是因为同期煤炭消费量增速明显放缓。然而，1965 ~ 2019 年石油消费量在高速增长，且近年来增速并无减缓的趋势，这使得中国未来碳减排仍然面临较大的压力。

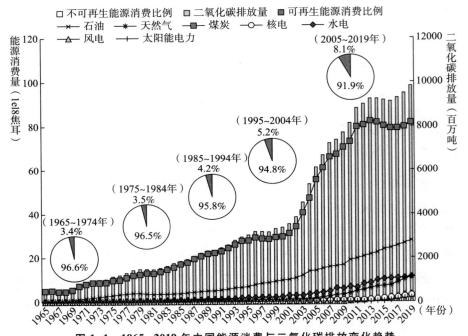

图 1-1　1965 ~ 2019 年中国能源消费与二氧化碳排放变化趋势

资料来源：https://www.bp.com/en/global/corporate/energy-economics.html。

2. 能源消费结构不合理，能源安全面临挑战

自新中国成立以来，中国始终是由以煤炭消费为主导的能源消费结构驱动经济增长的。1965 ~ 2019 年，煤炭消费量占能源消费总量的平均比例高达 73%，近年来其比例明显下降，但 2019 年的占比仍然超过了 58%（据图 1-1 计算）。石油和天然气作为另外两种主要的化石能源，1965 ~ 2019 年的平均占比分别为 18.39% 和 2.72%。截至 2019 年，三大化石能源消费量的占比高达 85.75%，而核电、水电、风电和太阳能电力

的消费量占比仅为 14.25%。目前可再生能源的比例偏低，加之煤炭、石油和天然气不可再生的特征，使得中国未来能源安全存在一定的隐患。作为三大主要的不可再生能源，2019 年煤炭的探明储量为 1416.0 亿吨，占全球总储存量的 13.24%，排名全球第 3 位；石油的探明储量为 26.2 亿吨，仅占全球总储存量的 1.50%，排名全球第 13 位；天然气的探明储量为 8.4 万亿立方米，占全球总储存量的 4.23%，排名全球第 6 位（见表1-1）。然而，作为全球最大的能源消费国，煤炭、石油和天然气的储采比依次为 38、19 和 47，全球排名均未进入前 15，这使中国未来的能源供应充满了不确定性，能源安全遭受了巨大的挑战。更重要的是，进入 21世纪后，石油和天然气对外依存度不断上升。随着经济规模的进一步扩张，中国未来对石油和天然气的需求还将继续增长，对于人均储存量、储采比较低和能源自给能力较弱的经济体而言，安全、可靠、稳定的能源供应系统是必不可少的。

表 1-1 2019 年中国主要能源资源的储量及占比

能源种类	探明储量	占全球总储存量的比重（%）	全球排名	储采比	全球排名
煤炭	1416.0 亿吨	13.24	3	38	33
石油	26.2 亿吨	1.50	13	19	26
天然气	8.4 万亿立方米	4.23	6	47	17

注：储采比表示年底的剩余储量除以该年的产量，用于说明以该速度继续生产，这些剩余的储备能够持续生产的时间。

资料来源：《世界能源统计年鉴 2020》。

3. 能源利用效率偏低，经济增速持续减缓

全球能源强度由 1990 年的 21 万吨油当量/万亿美元下降至 2019 年的17 万吨油当量/万亿美元，整体变化较为平稳，仅发生小幅度的下降，说明全球能源利用效率提升幅度是有限的（见图 1-2）。相比之下，中国能源强度由 1990 年的 83 万吨油当量/万亿美元下降至 2019 年的 30 万吨油当量/万亿美元，下降明显，其间能源效率提高了约 2.8 倍。值得注意的是，中国的能源强度同全球平均的差距在逐渐缩小，但目前仍处于追赶阶段。然而，作为世界最大的能源消费国，截至 2019 年中国的能源强度

明显高于全球平均水平，这体现了中国能源利用效率依旧存在很大的提升空间。作为世界第二大经济体，中国的经济增长速度自 2010 年以来持续下降，由 2010 年的 10.6% 下降至 2019 年的 6.1%。在经济转向高质量发展的宏观背景下，经济增长需要新的驱动力，可持续能源转型不仅能促使能源利用效率提升，也能有效改善经济增长模式。

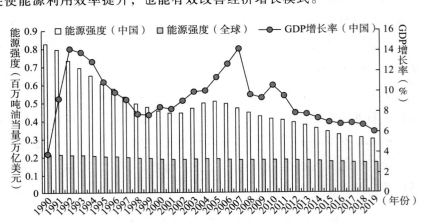

图 1-2　1990~2019 年中国和全球能源强度及中国 GDP 增长率

注：用于计算能源强度的 GDP 采用的是 2010 年不变价的 GDP。

资料来源：世界银行公开数据。

二　研究意义

2014 年，习近平总书记提出了中国要推动能源消费革命、能源供给革命、能源技术革命、能源体制革命，并全方位加强国际合作，实现开放条件下的能源安全。自此，"四个革命、一个合作"作为国家能源长期发展战略，成为全国能源可持续发展的实践遵循。在 2020 年联合国大会上，习近平主席又提出中国二氧化碳排放力争于 2030 年前达到峰值，争取在 2060 年前实现碳中和。"双碳"目标提出后，党的十九届五中全会、中央经济工作会议做出了相关工作部署，地方政府积极践行新发展理念，全力服务清洁能源发展，加快推进可再生能源生产和消费革命。在此背景下，中国能源转型迎来了前所未有的机遇与发展前景。可再生能源技术创新和低碳技术创新是可再生能源发展重要的驱动因素，如何有效地保障可再生能源技术创新和低碳技术创新，推动可持续能源转型，是"十四五"时期能源产业发展的重点方向。在此背景下，本书围绕可再生能源技术创新和低碳技术创新，探索中国可持续能源转型的潜在路径。研究意义主要体现在两个方面。

1. 理论意义

本书基于现有可持续能源转型定义的不足，重新界定了可持续能源转型的概念，构建了一套评价中国省级可持续能源转型的综合指标体系，扩展了能源转型测度的理论研究范畴。不同于单一指标，综合评价方法能够比较全面地反映可持续能源转型的多重目标，例如经济增长与发展、能源安全与保障、环境可持续发展等。本书立足可再生能源技术创新和低碳技术创新等相关理论，运用永续盘存法、综合评价法、经典计量估计等方法，探讨可再生能源技术创新和低碳技术创新对可持续能源转型的影响。本书不仅在方法上有一定的创新，而且对于丰富现有能源转型理论、拓展可持续能源转型路径具有重要的理论意义。

2. 实践意义

作为全球最大的能源消费国，中国正处于能源转型的"十字路口"。在"十四五"期间，如何制定有效的可持续能源转型政策对于现代能源发展具有重要的现实意义。目前，能源消费与碳排放尚未实现脱钩，且少有研究关注中国省级可持续能源转型问题。因此，本书以 2000~2018 年中国 30 个省级行政区（不包含西藏和港澳台地区，全书同）为研究对象，实证检验可再生能源技术创新和低碳技术创新对可持续能源转型的影响，从而为制定切实可行的可持续能源转型政策提供实证依据。

第二节 研究目的与内容

一 研究目的

作为全球最大的能源消费国，中国能源系统在全球的经济增长、能源安全和环境可持续发展中扮演着无法替代的角色。考虑到技术因素在可持续能源转型中的现实需要，本书从可持续发展理论出发，构建一套评价省级可持续能源转型的综合指标体系，运用计量分析方法，探索可再生能源技术创新和低碳技术创新对中国省级可持续能源转型的影响，以期为制定切实有效的可持续能源转型政策做出努力。

二 研究内容

本书拟研究可再生能源技术创新和低碳技术创新对可持续能源转型的影响。在相关文献梳理及理论分析的基础上，首先，对可再生能源技术创新和低碳技术创新以及可持续能源转型进行了系统的测度与分析；其次，对可再生能源技术创新和低碳技术创新影响可持续能源转型的初步特征事实进行了检验，并揭示了不同种类可再生能源技术创新和低碳技术创新影响的差异性；最后，进一步对异质性、空间溢出效应和影响机制进行了实证检验，并基于实证结果提出推动可持续能源转型的政策建议。全书共分为八章，内容如下。

第一章为绪论。简要阐述了本书的研究背景、意义、目的、内容、方法和技术路线，并简要说明要解决的关键问题与创新点。

第二章为理论基础与文献综述。主要介绍相关理论，总结能源转型、可再生能源技术创新和低碳技术创新三个方面的相关研究。

第三章为中国省级可再生能源消费量的估算与分析，是第五章的数据基础。本章基于地区可再生能源发电量、地区发电量、本省电力调出量和外省电力调入量四类基础数据，结合区域间电力输送特征，将中国六大区域电网整合为四大区域联合电网，进而估算出省级可再生能源消费量。

第四章为中国省级可再生能源技术创新和低碳技术创新的测度与分析，是第六章和第七章的变量基础。本章调取省级可再生能源技术和低碳技术专利数据，纳入技术扩散和技术折旧因素，采用永续盘存法估算省级可再生能源技术和低碳技术专利存量，并作为可再生能源技术创新和低碳技术创新的代理变量。

第五章为中国省级可持续能源转型的综合评价与分析，是本书的重点工作之一。本章基于能源系统绩效和能源结构优化两个维度，构建了一套评价中国省级可持续能源转型的综合指标体系，共涉及 19 个三级指标，涵盖经济增长与发展、能源安全与保障、环境可持续发展、可再生能源供给和化石能源供给五个层面。

第六章为可再生能源技术创新和低碳技术创新对可持续能源转型影响的初步特征事实检验。本章不仅检验了可再生能源技术创新和低碳技术创新影响可持续能源转型的初步特征事实，进一步通过构建面板分位数模型揭示了可再生能源技术创新和低碳技术创新对不同条件分布下可持续能源转型影响的差异。最后，本章还分别对不同种类的可再生能源技术创新和低碳技术创新对可持续能源转型影响的差异性进行了检验。

第七章为可再生能源技术创新和低碳技术创新对可持续能源转型影响的异质性、空间溢出效应与影响机制检验。首先，基于可持续能源转型的四类组群特征，检验了影响的异质性；其次，考虑两类技术创新的空间溢出效应，检验了两类技术创新对可持续能源转型影响的空间溢出效应；最后，借助中介效应模型，识别出可再生能源技术创新和低碳技术创新影响可持续能源转型的主要路径。

第八章为研究结论、政策建议与研究展望，是全书的总结。本章通过归纳研究结果，并结合实际情况，提出推动可持续能源转型的政策建议；在此基础上，对未来的研究方向进行了展望。

第三节　研究方法与技术路线

一　研究方法

科学的研究方法是研究经济问题的有效工具，也是正确揭示经济规律的重要保证。结合本书的研究脉络，具体采用的研究方法如下。

（1）文献研究法。文献研究法主要用于追溯技术创新和能源转型等经典理论，系统梳理出可再生能源技术创新和低碳技术创新对可持续能源转型的影响及作用路径。该研究方法在所有章节中均有运用，但重点用于第二章的文献综述以及第六章和第七章的理论分析与研究假设中。

（2）综合评价法。综合评价法主要用于将多个指标转化为一个能够反映综合情况的指标，该研究方法主要用于第五章中国省级可持续能源转型的综合评价。

（3）比较分析法。本书的研究对象是 2000~2018 年中国 30 个省级行政区，比较研究法多用于相关指标在时间上的纵向比较，以及在地区间和省份间的横向比较。该研究方法主要出现在第三章至第七章的实证分析中。

（4）计量分析法。该研究方法主要用于第六章和第七章的参数估计，主要包括空间面板模型、面板分位数模型、面板门槛模型、时空地理加权回归模型与中介效应模型等。

二 技术路线

本书所遵循的技术路线如图 1-3 所示。

第四节 解决的关键问题与创新点

一 解决的关键问题

（1）估算中国省级可再生能源消费量。目前，国家能源局公布了 2015 年之后各省份可再生能源消费量，更早时期的省级可再生能源消费量数据尚无法获取。因此，本书运用地区可再生能源发电量、地区发电量、本省电力调出量和外省电力调入量四类基础数据，估算了 2000~2018 年中国 30 个省份的可再生能源消费量。

（2）测度中国省级可再生能源技术创新和低碳技术创新水平。可再生能源技术和低碳技术属于技术创新领域两类新兴技术类型，其在概念界定与测度方法上均处于探索阶段，尚未形成较为统一的测度方法。在已有研究的基础上，本书重新界定了两类技术创新的概念，分别基于最新国际专利分类法和联合专利分类法检索了可再生能源和碳减排相关的专利数据，同时纳入技术扩散和技术折旧因素，借助永续盘存法测度了 2000~2018 年中国 30 个省份的可再生能源技术创新和低碳技术创新水平。

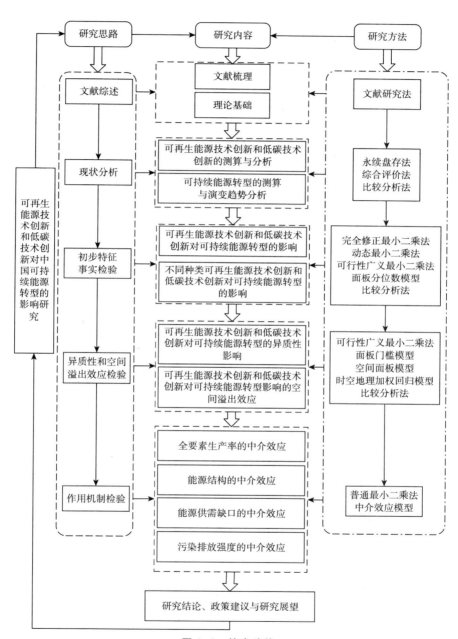

图 1-3　技术路线

（3）基于综合视角测度中国省级可持续能源转型。可持续能源转型是能源经济与管理领域的前沿研究主题，现有研究多基于定性视角对能源转型展开分析，少数定量研究采用可再生能源生产或消费的比例作为可持续能源转型的代理变量。然而，采用这种测度方法更多反映的是能源结构的变化，可持续能源转型涉及经济、社会、能源和环境等多个系统的复杂变化，能源结构的变化无法反映可持续能源转型的全面性。因此，本书基于综合视角重新测度了 2000~2018 年中国 30 个省份的可持续能源转型。

（4）检验可再生能源技术创新和低碳技术创新对可持续能源转型影响的初步特征事实。可再生能源技术创新和低碳技术创新对可持续能源转型影响的初步特征事实检验是为了回答"是什么"的问题，是本书的重点工作之一。在实证估计之前，本书执行了严格的相关计量检验，主要包括截面依赖性、面板平稳性和协整关系等，并通过动态最小二乘法、完全修正最小二乘法、可行性广义最小二乘法等对可再生能源技术创新和低碳技术创新对可持续能源转型的影响进行了估计。此外，分别采用系统广义矩估计法、替换变量法、两阶段工具变量法等对实证结果进行了稳健性检验。

（5）揭示可再生能源技术创新和低碳技术创新对可持续能源转型影响的异质性、空间溢出效应与影响机制。异质性、空间溢出效应和影响机制检验是初步特征事实检验的进一步分析，异质性和空间溢出效应检验能够更全面深入地理解可再生能源技术创新和低碳技术创新对可持续能源转型的影响，影响机制检验能够揭示两类技术创新对可持续能源转型影响的作用路径。解决上述问题的关键在于如何确定异质性检验视角，如何构建空间权重矩阵和空间面板模型，以及如何确定产生影响的可能路径。因此，本书结合可再生能源技术创新、低碳技术创新和可持续能源转型的发展特征，分别对异质性、空间溢出效应和影响机制进行了检验。

二 创新点

在既有研究的基础上，本书实证检验了 2000~2018 年中国 30 个省级行政单位的可再生能源技术创新和低碳技术创新对可持续能源转型的影响，主要的研究创新点体现在以下四个方面。

（1）提供了一组比较全面和准确的基础研究数据。尽管国家能源局公布了2015~2018年各省份可再生能源消费量，但更早时期的省级可再生能源消费量数据仍无法获取，很大程度上限制了可再生能源相关研究。为了突破这一限制，运用地区可再生能源发电量、地区发电量、本省电力调出量和外省电力调入量四类基础数据，将中国六大区域电网整合为四大区域联合电网，估算了2000~2018年中国30个省份的可再生能源消费量（包括水电、风电和太阳能电力的消费量），为未来可再生能源发展相关研究提供了重要的数据支撑。

（2）构建了一套评价中国省级可持续能源转型的综合指标体系。立足现有可持续能源转型测度方法的不足，基于能源系统绩效和能源结构优化两个维度，构建了一套评价中国省级可持续能源转型的综合指标体系。该指标体系有助于追踪与评价中国省级可持续能源转型进展，不仅为可持续能源转型的测度提供了新的思路，也为制定省级可持续能源转型政策提供了科学依据。

（3）丰富了可再生能源技术创新和低碳技术创新对可持续能源转型影响的理论体系。本书基于既有文献的梳理，从可再生能源技术创新和低碳技术创新对可持续能源转型影响及其作用机制等方面，通过理论分析提出了研究假设，初步揭示了可再生能源技术创新和低碳技术创新对可持续能源转型影响的作用机制。

（4）考察了可再生能源技术创新和低碳技术创新对可持续能源转型的影响，并进一步揭示了该影响的异质性、空间溢出效应和作用机制。首先，检验了两类技术创新对可持续能源转型的影响，并采用严格外生的工具变量保证了结果的稳健性；其次，揭示了不同种类可再生能源技术创新和低碳技术创新对可持续能源转型的影响；最后，借助面板门槛模型、时空加权地理回归模型和中介效应模型对异质性、空间溢出效应和影响机制进行了说明。相较既有研究，本书无论是在研究广度还是研究深度上，均有不同程度的扩展。

第二章 理论基础与文献综述

结合本书的研究目的与既有研究的发展脉络，本章主要分五节对国内外相关文献进行梳理。第一节主要介绍相关理论基础，围绕技术创新理论、可持续发展理论、低碳经济理论和能源替代理论四个方面展开；第二节梳理有关能源转型的文献，围绕能源转型的内涵、模式、测度方法与驱动因素四个方面展开；第三节梳理有关可再生能源技术创新的文献，围绕可再生能源技术创新的内涵、空间溢出效应及能源-经济-环境效应三个方面展开；第四节梳理有关低碳技术创新的研究，围绕低碳技术创新的内涵界定与测度方法、空间溢出效应及能源-经济-环境效应三个方面展开；第五节评价现有相关研究。

第一节 相关理论基础

一 技术创新理论

技术创新理论首次由熊彼特（Schumpeter）于 1912 年在其著作《经济发展理论》（*The Theory of Economic Development*）中提出。熊彼特认为，创新不仅仅是某项技术或工艺的发明，还包括不停运转的机制，只有将技术或工艺引入实际生产中，且能够改变原有的生产体系和模式的革新才能称作创新。创新一般包括五种形式：①制造消费者尚未知晓的新产品；②采用生产者尚未知晓的新方法；③开拓产业部门尚未进入过的新市场；④获得供应商尚未知晓的新的原材料供应来源；⑤形成产业尚未知晓的新组织形式。

技术创新理论在提出之后，由于受到同期凯恩斯理论的影响，并没有迅速得到广泛的关注。直到 20 世纪 50 年代之后，许多西方国家经济经历了 20 余年的高速增长，传统的经济学理论已经无法解释这一现象，西方学者将经济高速增长归因于技术创新，认为技术创新推动了经济增长。至此，技术创新理论逐渐得到了经济学家的青睐。在过去 100 多年里，熊彼特的技术创新理论由著名经济学家索洛、曼斯菲尔德和弗里曼等人进一步解释、丰富和完善，这一理论分析体系对过去近 100 年的经济增长与发展具有历史性的重要影响。目前，技术创新理论不仅仅局限于新古典经济增长模型和内生增长模型，也被学者在能源与环境领域中广泛应用，尤其是能源技术创新和低碳技术创新领域（Tsoutsos and Stamboulis，2005；鄢哲明等，2017；Herman and Xiang，2020）。技术创新理论为本书第四章中国省级可再生能源技术创新和低碳技术创新的定义与测算奠定了理论基础。

二 可持续发展理论

20 世纪 50~70 年代被认为是可持续发展思想的萌芽时期，但"可持续发展"一词最早出现在 1980 年联合国环境规划署和国际自然保护同盟制定的《世界自然资源保护大纲》中，其概念源于生态学，后被广泛应用于经济学范畴，衍生成一个涉及经济、文化、社会、技术和自然环境的综合动态的概念，简单来讲就是既满足当代人的需要，又不对后代人满足其需求构成危害的发展模式。与其他经济理论一样，可持续发展理论形成了不同的学派，主要可分为侧重于自然属性、社会属性、经济属性等学派，但从这些学派普遍认可的概念中，可以梳理出可持续发展理论主要有五个方面的重要内涵，即共同发展、协调发展、公平发展、高效发展、多维发展。

可持续发展理论强调发展不仅仅是经济发展问题，还包括可持续生态和可持续社会的问题。目前，过度的化石能源消耗排放了超过环境承载力的二氧化碳，造成了全球变暖和极端天气频发等问题（Zha et al.，

2019）。此外，由于国际局势动荡，能源安全问题迎来了前所未有的挑战（Malik et al.，2020）。在能源安全和环境恶化的双重威胁下，"可持续"成为全球各经济体近 30 年发展的主旨。本书更多关注的是协调发展，主要强调经济增长与发展、能源安全和环境可持续发展的整体协调。可持续发展理论为本书第五章中国省级可持续能源转型综合评价体系的构建奠定了理论基础。

三 低碳经济理论

气候变化促使低碳经济成为全球关注的焦点。低碳经济概念最早可追溯至 1992 年颁布的《联合国气候变化框架公约》，"低碳经济"在学术界最早可追溯至 2003 年英国能源白皮书《我们能源的未来：创建低碳经济》。在白皮书中，低碳经济是指以低能耗、低污染、低排放为基础的经济发展模式，其实质是提升能源利用效率和优化能源消费结构，核心是能源技术创新和低碳技术创新。

低碳经济理论是在全球气候变暖的背景下提出的，并得到了国内外学者的广泛关注。自 2016 年《巴黎协定》签订之后，全球共有 178 个国家和地区加入了气候变化协定，低碳经济已经成为全球发展共识，低碳发展已经进入全面发展阶段。低碳经济理论强调低碳发展依赖技术创新，低碳经济提高能源利用效率和减少碳排放均需通过技术创新实现（徐军委，2013）。低碳经济理论重视发展的全局性、目标性和经济性，低碳经济是一个包含社会、经济、能源和生态环境等多方面的综合性概念，目的是实现能源、经济与环境的协调统一发展（田雷，2016）。中国作为全球最大的能源消费国，煤炭在未来一定时期内依然是最为重要的能源，这使得中国低碳发展面临较大的压力。在"碳达峰、碳中和"的双重目标下，本书第五章中国省级可持续能源转型综合评价体系的构建也是在低碳经济理论基础上展开的。

四 能源替代理论

能源替代理论来源于新古典经济学替代效应理论，能源替代是指技术上可行、经济上合理、环境和社会可以接受，能够实现能源供应的安全稳定和低碳发展的可持续能源体系。经济学所说的替代效应理论主要是指要素价格变化时，资本、劳动、土地和技术要素之间的相互替代。萨缪尔森将其定义为这样一个过程：当某种物品的价格上升时，人们往往愿意选择价格更低的其他物品来代替较为昂贵的物品，进而以更低的成本满足其需求。

能源替代理论衍生自经济学中的"替代效应"，但二者的发展内涵却有所不同，能源替代的发生主要是因为传统化石能源的短缺、严重的环境污染和不稳定的国际形势。虽然能源替代过程表面上看是由被替代能源品种与替代能源品种二者的相对价格引发的，实际上却是由二者相对成本的变化决定的（邓志茹、范德成，2010）。传统化石能源具有稀缺性，从供需原理来考虑，随着稀缺能源资源数量的减少，其价格必然上涨，这为能源替代提供了可能。除了化石能源日益稀缺之外，日益凸显的环境污染、气候变化等负面影响产生的外部成本不断上涨，更成为可再生能源替代化石能源的契机（柳逸月，2017）。

除了价格和成本因素以外，技术可行性是能源之间相互替代必不可少的条件。从前两次能源革命的历史来看，每一次能源替代实际上都是技术革新的结果，都是从一种能源技术转换为另一种能源技术（史丹、王蕾，2015）。例如，蒸汽机的发明是煤炭成为全球主导能源的标志性技术革新，石油勘探、开采、加工等技术的革新为第二次能源革命提供了技术支持。还需要注意的是，替代能源必须能够实现预期的目的，如提高能源利用效率、解决资源短缺和环境污染等问题，否则这种替代是没有必要的。能源替代理论为第六章和第七章的实证分析奠定了理论基础。

第二节　有关能源转型的研究

一　能源转型的内涵界定

回顾全球主导能源转换的历史，人类历史上主要经历了三次主导能源的变换。第一次是 19 世纪初期的生物质能向煤炭的转换，这一阶段的转换主要体现在煤炭对秸秆和木柴等的替代，被称为第一次能源革命。第二次是 20 世纪 70 年代煤炭向石油、天然气和核电的转换，这一阶段的转换主要体现在石油对煤炭的替代以及天然气和核电消费量的迅速增加，被称为第二次能源革命。在前两次能源革命中，生产利用的能源主要是煤炭、石油和天然气。现阶段人类正在经历第三次能源革命，主要体现在可再生能源对传统化石能源的替代。三次能源革命的发展是从高碳到低碳，再从低碳趋于无碳的过程。

如何科学地定义能源转型是测度能源转型的前提和基础性工作，相关学者对能源转型概念的界定展开了充分的讨论。1980 年德国科学院出版的《能源转型：没有石油与铀的增长与繁荣》报告首次提出了能源转型（德语为 Energie-wende）的概念，呼吁彻底放弃核电和石油能源，进而转向可再生能源。在节能减排的全球主流价值观的背景下，能源转型引起了国际社会的广泛关注，一系列有关能源转型定义的研究在学术界开始涌现。Smil（2010）将能源转型定义为，从引进一种新的一次能源或原动力到其在整个市场中占有相当大份额的过程。Fouquet 和 Pearson（2012）将能源转型描述为从依赖于一种或一系列能源和技术的经济体系向另一种经济体系的转变。Hirsh 和 Jones（2014）将能源转型定义为燃料（如从木材到煤或煤到油）及其相关技术（如从蒸汽机到内燃机）的变化。Strunz（2014）将能源转型定义为从化石核能系统向可再生能源系统的转变，并伴随相关技术、政治和经济结构的转变。Araújo（2014）将能源转型定义为系统中能源利用模式的转变，包括与燃料类型、获取、采购、交付、可靠性或最终用途相关的所有变化。朱彤和王蕾（2015）指出，能源转型不是单纯提高可再生能源的比例，而是能源体系的结构性变化，这是能源转型的核心要求。Grübler 等（2016）将能源转型定义为能源系统状态的变化，而不是单个能源技术或燃料来源的变化。Miller 等（2015）认为能源转型是用来描述能源生产中燃料来源的转换，以及利用这种燃料技术的转换。柳逸月（2017）对能源转型的定义是，基于新的用能技术构建与新的一次能源特性相匹配的能源生产、消费、运输体系的过程。顾海兵和张帅（2017）认为能源转型是同时包括新兴能源技术进步和能源体制深刻变革的长期过程，最终表现为新兴能源在传统能源结构中占据一定的比例，且新兴能源的成本不断下降。Bradshaw 和 Jannuzzi（2019）对能源转型的定义是，以化石能源为基础的能源体制向可再生能源占比更大的能源体制转型。李俊江和王宁（2019）认为能源转型是新能源对传统能源持续替代的长期过程，同时包括能源系统的转变，涉及人类社会生产的方方面面。

二 能源转型的模式分析

回顾已有能源转型的研究，能源转型模式可归纳为低碳能源转型（Low-carbon Energy Transition）、清洁能源转型（Clean Energy Transition）、可再生能源转型（Renewable Energy Transition）和可持续能源转型（Sustainable Energy Transition）。

在低碳能源转型或清洁能源转型方面，主要强调的是能源系统从高碳到低碳，再从低碳趋于无碳的过程，旨在通过能源转型实现绿色发展。其中，Yan 等（2015a，2015b）通过对 110 篇清洁能源转型的文章进行梳理，发现可再生能源发展、先进的节能技术和减排技术以及清洁的能源系统是实现清洁能源转型的必要条件。Chapman 和 Itaoka（2018）以日本电力市场作为研究对象，发现"3E+S"（Energy Security，Environmental Conservation，Economic Growth & Safety）政策可以促进能源向低碳方向转型，能够有效减少温室气体的排放。Chapman 和 Okushima（2019）发现低碳能源转型是限制气候变化的重要因素。在低碳能源转型和气候变化的研究中，Wen 等（2020）基于定量动态仿真模型计算了中国低碳能源转型的碳排放，并分析了累计的碳排放是否符合 2℃ 的气候目标。一些学者从政策视角上分析了低碳能源转型，如 Shem 等（2019）通过系统的文献回顾和多准则决策分析方法对越南低碳能源转型政策的有效性进行了评估，发现越有利于可再生能源技术创新的政策，越有利于低碳能源转型。Haley 等（2020）研究发现，合理的需求侧管理政策有助于低碳能源转型。Berry（2020）、Castrejon-Campos 等（2020）都强调了能源相关政策有助于实现清洁能源转型，尤其是清洁能源相关的政策对于清洁能源转型有至关重要的影响。

在可再生能源转型方面，主要强调的是从煤炭和石油先过渡到天然气，再从天然气过渡到可再生能源的过程。其中，Gillessen 等（2019）考察了德国的能源转型，发现能源系统从化石能源向可再生能源转变的过程中，天然气可以作为一种过渡能源，因为与煤炭和石油相比，天然气带来的污染排放较少。Guidolin 和 Alpcan（2019）分析了澳大利亚的能源转型，发现可再生能源的消费对煤炭施加了很大的竞争压力，与天然气共同推动了能源转型。此外，天然气也在煤炭的竞争中发挥了积极的作用。在其他视角的研究方面，Yuan 等（2018）采用遗传算法的层次分析法，对贵阳等城市的能源转型策略进行了研究，发现可再生能源是中国能源转型的重点。Murshed（2020）以 2000~2017 年 71 个国家的面板数据为样本，发现扩大贸易开放促进了低收入国家的可再生能源转型，同时延长了中低收入国家和中上收入国家的转型时间。Tzankova（2020）发现美国的公共政策溢出效应能够刺激可再生能源消费，进而加速能源转型。

在可持续能源转型方面，主要强调的是能源-经济-环境系统实现协调可持续发展的过程。其中，Adewuyi 等（2020）指出可持续能源转型强调的是能源-经济-环境（3E）系统的可持续发展，在实现能源可持续发展和经济可持续增长的同时不损害环境。Benasla 等（2019）提倡加快向可靠的、持续的、低碳的能源体系转型，这对当前和未来的能源安全和绿色发展具有深远的影响。Hong 等（2019）基于基准转型情景、中度转型情景、高级转型情景和过渡转型情景对韩国的能源转型进行了模拟分析，发现可再生能源消费比例的上升和能源需求的下降将保障能源安全，以及减少温室气体的排放。此外，Guo 等（2019）指出能源技术创新、能源市场和社会技术体制改革是推动中国可持续能源转型的中坚力量。Dioha 和 Kumar（2020）利用能源系统模型对尼日利亚的可持续能源转型进行了情景模拟，发现可持续能源转型只有在强有力和特定的政策驱动下才有可能实现。

三　能源转型的测度方法研究

如何测度能源转型是定量分析能源转型的前提和基础性工作。已有的能源转型测度方法可以分为两类：一是采用相对指标；二是采用综合指标。一般而言，采用相对指标的研究是以分类能源的比例来刻画能源转型，如 Best（2017）在考察全球 137 个国家的金融资本对能源转型的影响时，采用分类能源占一次能源供应量的比例衡量能源转型；Chen 等（2019）在对比中国和德国的能源转型时，采用可再生能源消费比例表示能源转型程度；Lee 和 Yang（2019）在分析全球能源转型和政治制度的关联时，采用可再生能源消费比例表示能源转型程度；Yu 等（2020a）在分析中国和德国的能源转型目标时，采用光伏发电、水电和风电的占比表示能源转型程度。结合能源转型模式来看，采用可再生能源生产或消费占比的研究侧重于刻画可再生能源转型，突出能源结构的变化。

然而，可再生能源在能源结构中占比的提高，以及不可再生能源在能源结构中占比的下降，有可能并不是有效的能源转型。York 和 Bell（2019）的研究指出，19 世纪煤炭在全球能源供应中所占份额超过了生物质能，20 世纪石油在全球能源供应中的份额超过了煤炭，以及 21 世纪可再生能源对不可再生能源的追赶，这些都可以更准确地描述为能源增加（Energy Additions）而不是能源转型（Energy Transitions）。York 和 Bell（2019）认为尽管新能源增长迅速，但是在此情况下，传统化石能源的使用量仍在继续增长。回顾近 30 年全球能源消费趋势，可以看出可再生能源在整个能源消费中所占的份额逐年增加，如果仅从这一点判断，可以认为能源系统正朝着积极的方向转型。与此相悖的是，现实中人民日益增长的物质需求需要更多的能源消费，能源消费总量在不断增长，化石能源消费总量和碳排放量也在不断增长。因此，可再生能源并没有取代化石能源，而仅仅是在增加能源消费总量。先前也有研究验证了这一观点，如 York（2012）发现增加非化石能源的消费对化石能源消费的影响是非常有限的，Greiner 等（2018）发现天然气消费的增加不会影响煤炭的消费。

现有能源转型相关的研究表明，任何一个国家或地区能源转型的目的都是同时实现经济可持续增长、能源安全和节能减排（Neofytou et al.，2020）。例如，欧美国家坚持"少油、多气、低碳"的能源转型战略，目标是实现绿色发展和确保能源安全（BP，2020）；日本能源转型的目标主要是限制气候变化和保障能源安全（Chapman and Okushima，2019）。中国能源转型的目标是建立一套安全、高效、绿色、可持续的现代新型能源体系（CEDNE，2020）。考虑到能源转型的目的涉及多个方面，简单的相对指标并不能反映能源系统与经济、社会和环境方面的复杂相互作用（Narula and Reddy，2015）。在过去几十年中，国内外已经发展出一些与能源相关的综合评价指标，如能源发展指数（Energy Development Index，EDI）、多维能源贫困指数（Multidimensional Energy Poverty Index，ME-PI）、可持续能源发展指数（Sustainable Energy Development Index，SEDI）等指标，但上述评价指标仅能跟踪能源转型的特定部分，如可持续性、能源安全等方面（IEA，2011；Nussbaumer et al.，2012；Iddrisu and Bhat-tacharyya，2015）。可持续能源转型不仅仅是这些独立的部分，一个有效的、现代化的能源转型应该是逐渐转向一个更加包容、可持续、安全的能源系统（Singh et al.，2019；Neofytou et al.，2020）。

为了评价全球各经济体的可持续能源转型，2018 年世界经济论坛首次提出了能源转型指数（Energy Transition Index，ETI），该指数设置了 2 个一级指标以及包括 40 个三级指标在内的 9 个二级指标。能源转型指数采用能源系统绩效得分（System Performance Score）和转型条件得分（Transition Readiness Score）的加权平均表示。其中，能源系统绩效得分由经济发展与增长、环境可持续与能源安全 3 个二级指标得到，转型条件得分由资本投资、政府承诺、制度与管制、基础设施与商业环境、人力资本与消费者参与和能源系统结构 6 个二级指标得到。不置可否的是，该指数能够评价能源系统绩效，是一种更为全面的测度指标，是对已有能源转型测度与评价方法的有效改进，在一定程度上填补了能源转型测度或评价的研究空白。然而，ETI 中的所有指标都被赋予了等额的权重，不利于揭示指标之间的异质性，且 ETI 仅适用于评估国家层面的能源转型。

四　能源转型的驱动因素研究

相比能源转型的定义、模式和测度方法，如何设计有效的能源转型路径是政策制定者最为关切的科学问题。近年来，一些研究对能源转型路径进行了探索，如 Best（2017）发现 1998～2013 年全球金融资本投资支持能源向资本密集型的方向转变，高收入国家的金融资本支持化石能源转向现代可再生能源，低收入国家的金融资本则支持生物质转向化石能源。Kittner 等（2017）指出新兴能源技术的创新、投资和政策部署的共同演进是能源转型的必要途径，尤其是能源储备技术。Şener 等（2018）系统梳理了 1431 项关于可再生能源的研究，将可再生能源的驱动因素归为七大类别，依次为经济、环境、政治、监管、社会、技术潜力和技术进步，但其中只有经济、环境和社会被认为是显著的驱动因素。李俊江和王宁（2019）在分析中国能源转型的路径选择时指出，促进煤炭高效利用，改善以煤炭为主导的能源结构，积极发挥市场机制的作用，推动可再生能源发展是能源转型的有效路径。Guo 等（2019）发现能源技术创新、能源市场和社会技术体制改革是中国能源转型的主要力量。技术因素对能源转型的影响是最为关键的，体现在创新战略、创新要素、创新政策、创新网络等方面。Schmidt 等（2019）发现欧洲过去的可再生能源成本一直在下降，但利率的提高扭转了可再生能源成本持续下降的趋势，阻碍了能源转型。Selvakkumaran 和 Ahlgren（2019）分析了家庭能源转型路径，发现经济因素、环境因素、个人偏好、社会因素、家庭特征因素和政策因素是家庭能源转型的重要影响因素。York 和 Bell（2019）强调了从化石能源到可再生能源的转型不能只依靠可再生能源的增长，只有可再生能源持续地对不可再生能源进行替代才是有效的能源转型路径，否则可再生能源的增长仅仅是一次简单的能源消费总量扩张。Freire-González 和 Puig-Ventosa（2019）发现对煤炭、石油和天然气的电力生产征收环境税，是比对其他任何形式的电力生产征收环境税更有利于能源转型的措施。W. Przychodzen 和 J. Przychodzen（2020）利用 1990～2014 年 27 个转型经济体的面板数据，分析了能源转型过程中可再生能源生产的影响因素，发现高速的经济增长、不断上升的失业率和政府债务水平刺激了可再生能源的生产，但人均碳排放的增加、能源政策的执行和能源市场竞争的加剧严重限制了可再生能源的生产。Dietzenbacher 等（2020）运用结构分解法分析了 2000~2014 年全球能源转型的驱动因素，发现研究期间可再生能源消费量明显增加，人均能源消费量和人口的增长是可再生能源使用量增长的最主要的原因，推动了能源转型。

第三节　有关可再生能源技术创新的研究

一　可再生能源技术创新的内涵界定

"可再生能源"一词最早用于与可耗尽的化石能源作对比，将"可再生"与"取之不尽、用之不竭"的能源区别开来，将动物能源和木材称为"可再生"，将太阳能、风能、潮汐和水电称为"取之不尽、用之不竭"。国际能源署（IEA）将可再生能源定义为"源自自然过程的能源，能够不断地得到补充"，包括太阳、风、海洋、水、生物质、地热资源，以及可再生资源衍生出来的生物燃料、氢产生的电和热。中国在 2005 年颁布的《中华人民共和国可再生能源法》指出可再生能源是指风能、太阳能、水能、生物质能、地热能、海洋能等非化石能源。2009 年对该法进行修订，但并未对定义做出修改，该定义一直沿用至今。

熊彼特在其 1912 年所著的《经济发展理论》中指出，创新是把一种尚未存在的关于生产要素的"新组合"引入生产体系，进而实现增加利润的目的。这种新的组合包括引进新产品、引用新工艺、开拓新市场、控制原材料新的来源以及实现一种新的工业组织。以 Solow（1956）和 Freeman（1975）为代表的经济学家对熊彼特创新理论进行了完善，认为技术创新是新产品、新工艺、新设备、新系统等商业化应用的首次成功实现。国内学者对技术创新概念的界定主要以张培刚（1991）、许庆瑞（1993）、傅家骥（2021）等技术创新与管理专家为代表，他们认为技术创新过程是将新思想用于生产过程，直至产出满足市场需求的新产品的全过程。结合娄伟（2019）的研究，可再生能源技术创新具有以下特征：①可再生能源技术创新能够解决可再生能源发展领域的技术制约性问题；②可再生能源技术相比传统能源技术，具有更强的竞争力，具有占据更大市场份额的能力；③以传统能源技术创新为基础，具有较好的技术可行性；④相比传统能源技术创新，可再生能源技术创新能够降低成本。

二 可再生能源技术创新的空间溢出效应研究

在技术创新领域，扩散效应和溢出效应是被频繁提及的两个概念，也是技术创新过程中两种不同的外部性。然而，现有文献经常出现技术扩散效应和技术溢出效应概念混用的现象。李成刚（2008）详细归纳了技术扩散与技术溢出的关系，指出技术扩散是指先进技术主体有意或者无意地转让或传播其技术，技术通过相关渠道在其他非技术主体之间传播和应用的过程；技术溢出是技术的非自愿性扩散过程，属于技术扩散的外部性，本质上是一个非主动的传播过程。但有一点是相同的，技术扩散和技术溢出均能产生经济外部性，会使先进技术在存在技术势差的单元之间扩散与溢出，有助于自主创新能力薄弱的经济体技术创新水平的提升。技术创新的非自愿性扩散和溢出使先进技术主体无法获取全部的技术创新收益，这也是技术壁垒存在的主要原因（孙本芝、赵世伟，2003）。按照邢菁（2014）的思路，技术扩散过程可以分为两个部分：一是技术溢出效应，二是技术吸收能力。前者主要依赖经济外部性，成本较小；后者则依赖技术引进，会产生一定的成本。一般来说，技术溢出效应和技术吸收效应同时存在于技术扩散的过程中。

可再生能源技术作为新兴的技术类型，研究更多关注的是其在环境和能源经济学领域的应用。近年来，一系列研究发现，可再生能源技术与传统能源技术一样存在显著的技术扩散效应和技术溢出效应。其中，Freitas等（2012）发现可再生能源技术创新在金砖国家之间具有溢出效应，《京都议定书》的签订是推动技术扩散的主要因素。Huh 和 Lee（2014）通过考虑竞争效应的技术扩散模型，发现韩国的可再生能源技术创新存在扩散效应，且扩散效应会影响可再生能源之间的相互竞争关系。Tigabu 等（2015）发现肯尼亚和卢旺达的可再生能源技术具有显著的扩散效应，这种扩散效应主要源于创新系统的运作。事实上，一些学者也得到了相似的结论。例如，Grafström 和 Lindman（2017）发现技术扩散效应发生在技术创新完成之后，与创新系统的作用关系密切；Chen 和 Lin（2020）发现中国可再生能源技术创新的溢出效应是有限的，主要是因为可再生能源技术创新的补贴较低。此外，Yang 等（2019）发现 2001～2015 年中国省级能源技术创新的积累有利于知识的纵向溢出，能够进一步推动能源技术的发展。周德群等（2022）基于过程划分视角，发现可再生能源技术创新具有扩散效应，主要包括技术获悉、效益计算和技术认可三个阶段。

三 可再生能源技术创新的能源-经济-环境效应研究

目前，全球用于消耗的能源是以石油和煤炭为主体的化石能源。不置可否的是，化石能源在过去一个多世纪里极大地推动了人类文明的发展，但化石能源的大量消耗也带来了一系列严重的能源和环境问题，例如能源濒临枯竭、环境污染和全球变暖等（Yang et al.，2020）。在此背景下，由于可再生能源具有清洁性和可再生性，开发和利用可再生能源逐渐成为国际社会应对化石能源濒临枯竭带来的能源危机的重要途径（Lee and Jung，2018）。全球各经济体积极推动可再生能源发展，制定多元化的可再生能源发展政策，旨在为社会、政治和经济发展提供新的驱动力，并进一步保障国家能源安全、减少环境污染和增加就业机会。[①] 然而，由于技术方面存在明显的瓶颈，可再生能源发展的速度极其缓慢，因此可再生能源技术创新是发展可再生能源最重要的因素之一（Araújo，2014）。从已有研究来看，可再生能源技术创新具有明显的能源-经济-环境效应，因此，本节分别从可再生能源技术创新对能源、经济和环境影

---

① 《浅析世界可再生能源政策及发展》，国家能源局网站，2014 年 5 月 14 日，http://www.nea.gov.cn/2014-05/14/c_133332280.htm。

响三个方面展开研究。

1. 可再生能源技术创新的能源效应

技术创新对能源生产与消费有不可忽略的影响，例如 Gökgöz 和 Güvercin（2018）发现技术创新是欧盟全要素生产率增长的主要驱动力，也是保障能源安全的重要因素。Bamati 和 Raoofi（2020）发现，1990～2015 年 25 个典型经济体技术创新对可再生能源生产有显著的正向影响。Vural（2021）发现，1991～2015 年拉丁美洲国家的技术创新对人均可再生能源生产量有显著的正向影响。Sharma 等（2021）发现，技术创新有助于金砖国家可再生能源消费。显然，有大量的研究证实了技术创新对可再生能源的生产与消费有显著的影响，但目前关于可再生能源技术创新和能源安全的关系没得到充分的论证。但有一点可以肯定的是，可再生能源技术创新是推动可再生能源发展重要的驱动因素，如 Zheng 等（2021）发现中国各省份的可再生能源技术创新有助于提高可再生能源发电量。可再生能源技术创新能够显著降低能源成本，有助于未来大规模采用可再生能源替代不可再生能源。Shields 等（2021）指出未来海上风能的成本将显著下降，这在很大程度上归因于技术创新效应。Zheng 等（2021）指出可再生能源技术创新在可再生能源发展中扮演着不可替代的角色，因为其不仅可以提高能源效率，也可以显著地降低可再生能源生产成本。通过上述文献梳理可以看出，可再生能源技术创新能够通过影响可再生能源的生产与消费，进而对能源安全产生影响，但具体影响还有待进一步探索。对外能源进出口差额决定了一个国家或地区的能源安全，技术创新能够提升竞争优势并影响能源进出口差额。例如，王志明和袁建新（2003）指出技术创新能够突破技术性贸易壁垒，促进出口进一步扩大。张杰等（2008）发现全要素生产率是决定中国本土企业出口的重要因素。

2. 可再生能源技术创新的经济效应

相比可再生能源技术创新的能源效应，其经济效应得到了更多的关注。通过相关文献梳理发现，可再生能源技术创新对经济增长与发展的影响可以归纳为两类。一类认为，可再生能源技术创新的经济效应显著为正。例如，曾乐民等（2006）认为可再生能源的发展能够促进区域经济增长，这主要是因为可再生能源可以带动相关产业的发展，从而形成新的经济增长点及新的产业链条。Ghisetti 和 Quatraro（2017）发现意大利的可再生能源技术创新与绿色生产率的增长呈显著正相关关系。Rasoulinezhad 和 Saboori（2018）发现可再生能源技术创新不仅减少了二氧化碳排放，而且促进了 GDP 的增长，对经济增长具有显著的正向作用。Azam 等（2020）以发展中国家为研究对象，发现可再生能源技术创新对 GDP 增长具有拉动作用。

另一类认为，可再生能源技术创新对经济增长的影响是非常有限的，甚至是负向影响。例如，Lee 和 Jung（2018）通过考察韩国可再生能源消费与经济增长之间的关系，发现可再生能源消费对经济增长具有负向影响。Xu 和 Lin（2018）指出可再生能源技术创新前期需要大量资金投入研发和改造，发展初期可再生能源的成本高于传统化石能源行业，降低了经济增长速度。Yan 等（2020）发现 1997~2015 年中国省级可再生能源技术创新对全要素生产率的影响只有在人均收入超过一定水平时才显著。

3. 可再生能源技术创新的环境效应

可再生能源消耗几乎不会产生污染排放，因此应用可再生能源被视为应对全球气候变化问题的潜在方案，已有研究证明大规模地使用可再生能源能够有效地减缓气候变化（Irandoust，2016）。考虑可再生能源在绿色发展中的重要作用，国内外学者围绕可再生能源技术创新的环境效应展开了大量的研究，产生了一批丰富的研究成果。经文献梳理后发现，可再生能源技术创新的环境效应主要有两类较为统一的研究结论。其中，一部分学者认为可再生能源技术创新有利于减少污染物排放，具有正向环境效应。例如，Lin 和 Zhu（2019）证实了 2000~2015 年中国省级可再生能源技术创新对二氧化碳排放有显著的负向影响，且这种影响受到能源结构的影响。Bai 等（2020）发现 2000~2015 年中国省级可再生能源技术创新显著降低了人均二氧化碳排放量。Zeqiraj 等（2020）发现 1980~2019 年欧盟成员国的可再生能源技术创新有效降低了碳排放强度。

不同的是，Zhu 等（2020）在检验 2011～2017 年中国省级可再生能源技术创新是否改善了大气污染时发现，可再生能源技术创新有助于降低氮氧化物和可吸入悬浮颗粒的浓度，但对二氧化硫的影响十分有限，这说明可再生能源技术创新可能只对某些特定污染物排放有显著的制约作用。Yan 等（2020）认为可再生能源技术创新的减排效果取决于地方经济发展水平，只有当一个省的相对收入水平超过一个临界点时，可再生能源技术创新对绿色生产率的影响才显著。结合《世界能源统计年鉴2020》的数据发现，尽管 1965～2019 年中国可再生能源消费比例和化石能源消费比例分别在持续上升和下降，但化石能源消费量和二氧化碳排放量却在持续增加。其中，2019 年的可再生能源消费量是 2000 年的 7.60倍，同期的化石能源消费量和二氧化碳排放量分别增长了 3.01 倍和 2.92倍。事实上，可再生能源生产规模的持续扩张，会加大可再生能源基础设施建设投资，助推了化石能源消费量的增加，进而间接地增加了二氧化碳等污染物的排放（Greiner et al.，2018）。

第四节　有关低碳技术创新的研究

一　低碳技术创新的内涵界定与测度方法

在界定低碳技术创新内涵之前，有必要简要介绍低碳技术的概念。低碳技术是指涉及电力、交通、建筑、冶金、化工、石化等部门以及在可再生能源及新能源、煤的干净高效应用、油气资源和煤层气的勘查开发、二氧化碳捕获与埋存等范畴开发的有效掌握温室气体排放的新技术。[①] 国内对低碳技术的概念界定比较有代表性的是黄栋（2010）和谢和平（2010）。其中，黄栋（2010）认为低碳技术就是零碳排放或低碳排放的可再生能源技术和碳捕捉与封存技术（Carbon Capture and Storage，CCS）；谢和平（2010）将低碳技术归纳为三类：源头控制的无碳技术、

---

① "低碳技术"百科，https://baike.so.com/doc/6449186-6662869.html。

过程控制的减碳技术和末端控制的去碳技术。国家发展改革委 2014 年印发的《节能低碳技术推广管理暂行办法》将低碳技术定义为，以资源的高效利用为基础，以减少或消除二氧化碳排放为基本特征的技术，广义上也包括以减少或消除其他温室气体排放为特征的技术。按照黄平（2015）的划分，中国情景下的低碳技术可分为零碳技术、减碳技术和储碳技术。从低碳技术类型可以看出，储碳技术、减碳技术和零碳技术对碳排放的容忍度在逐渐降低，储碳技术主要包括碳捕捉与封存技术，减碳技术主要包括高效能、低能耗、低污染和低排放相关技术，零碳技术主要包括可再生能源技术和核能技术等（韩冰，2019）。

近年来，尽管低碳技术的概念逐渐得到完善，但学术界对低碳技术创新并未形成较为一致的概念界定，其中一个主要原因是学者们对低碳技术创新概念界定的出发点有所不同。比如，一些学者从广义低碳技术视角进行定义，认为低碳技术创新是低碳发展和节能相关技术的突破与创新，主要包括储碳技术、减碳技术和零碳技术的创新（李宏伟、杨梅锦，2013；黄群慧、贺俊，2013）。另一些学者则从技术系统视角进行定义，认为低碳技术创新不仅是低碳技术本身的突破与进步，还包括低碳生产与消费、低碳创新服务与文化在内的低碳系统创新（叶伟巍等，2014；毕克新等，2017）。还有一些学者从低碳技术创新的目的进行定义，认为低碳技术创新就是能够实现低碳发展的一切技术的创新（饶扬德，2008；张延禄等，2013）。

低碳技术创新的测度是定量研究低碳技术的前提。目前，受限于低碳技术创新的投入与产出相关数据，任何一种低碳技术创新的测度方法都无法完整地衡量创新的全过程。现有研究大多采用低碳技术专利申请数量作为低碳技术创新的测度指标，一些学者质疑专利数量作为测度指标的可靠性，因为专利数量不等同于专利质量（Yan et al.，2017）。尽管专利数量不是一个测度创新的完美指标，但专利数量仍被认为是分析技术变化过程最可靠的数据，在专利数量的完整性、可得性和翔实性等方面，没有任何其他数据比专利数量更适用于衡量技术创新（Griliches，1990）。

二 低碳技术创新的空间溢出效应研究

空间计量经济学家 Anselin（2001）指出环境和资源经济学研究领域往往存在空间溢出效应，尤其是环境因素和技术因素，不仅对本区域产生影响，也会对其他区域产生空间溢出效应。对于这一论点，近年来的一系列研究证实了碳排放、技术创新和经济发展的确存在明显的空间溢出效应（马志云、刘云，2017；Meng and Huang，2018；Yang and Liu，2020）。同样，低碳技术创新也被证明存在显著的空间溢出效应。其中，付帼等（2016）发现 2006~2013 年中国省域绿色创新的空间格局相对稳定，但呈现显著的正向空间自相关，东部地区对中西部地区有明显的溢出效应。Yang 和 Liu（2020）发现 2004~2017 年中国各省份制造业低碳技术创新的空间关联网络密度高达 0.3483，东部和中部地区制造业低碳技术创新对西部地区制造业低碳技术创新有很强的空间溢出效应。此外，Shi 等（2021）、Fan 和 Xiao（2021）也得到了相似的研究结论。对于低碳技术创新的空间溢出效应，也有学者得出不同的结论，如王为东等（2018）发现 2004~2015 年中国 30 个省份低碳技术创新的空间溢出效应不显著，各省份低碳技术发展仍处于各自为战的阶段。

在技术创新的空间溢出效应基础上，学者们对产生空间溢出效应的原因进行了挖掘。一般而言，多数研究认为技术溢出效应来源于技术的流动和扩散，是经济外部性的一种表现。著名经济学大师马歇尔 1890 年在其出版的《经济学原理》一书中首次提出了"外部性"的概念。他将技术创新的溢出效应归结于技术创新的外部性，但溢出效应又不完全等同于外部性，因为技术溢出效应可以通过知识产权的转移来实现。Nelson（2009）认为技术创新的溢出效应主要来源于技术外部性和技术知识的转移。李平（2011）认为技术溢出效应是通过一些政策工具和手段，有意识、有目的地促使技术创新产生溢出效应，这一现象在发展中国家或相对欠发达地区更为明显。岐洁（2016）发现中国绿色技术创新存在显著的溢出效应，溢出效应主要是由知识溢出带来的。徐莹莹（2015）发现中国制造企业的低碳技术创新会产生溢出效应，与传统技术创新溢出效应不同的是，低碳技术创新需要从创新成果的供给者向潜在采纳者扩散，只有采纳者认同低碳技术创新的观点和理念，才有产生扩散和溢出效应的可能性。

三 低碳技术创新的能源-经济-环境效应研究

在可持续发展的目标下，通过抑制经济增长来减少污染排放的发展理念是不可行的，但只要存在经济活动就会有污染排放，因为期望产出和非期望产出之间存在弱可处置性，即期望产出和非期望产出存在某种生产约束关系，期望产出一定会产生非期望产出（Färe and Grosskopf，2003）。在此背景下，低碳技术创新是人类打开绿色可持续发展大门的关键钥匙（鄢哲明等，2017）。低碳技术创新本质上是技术创新的一种表现形式，是偏向"低碳化"的技术创新，属于技术创新领域和环境领域的交叉。因此，低碳技术创新对经济增长与发展的影响原理同技术创新是相似的。

从现有文献来看，关于低碳技术创新的能源效应和经济效应的研究相对较少，更多的则是关注低碳技术创新的环境效应。早在1776年，亚当·斯密在《国富论》中就指出技术进步是经济增长的主要驱动因素，之后也有大量的经典研究证实了这一观点。例如，Greene（2000）认为技术创新是希腊和罗马超过1500多年经济增长的主要因素；卫兴华和侯为民（2007）发现中国的技术创新会提高能源利用效率，并带动经济结构的优化，进而助推经济增长；唐未兵等（2014）发现1996~2011年中国各省份技术创新通过提高全要素生产率显著促进了经济增长；Li等（2021）发现低碳技术创新对中国制造业企业绩效有显著的正向影响。在能源经济与管理领域，技术创新一直被视为提高能效和节约能源最为有效的工具。例如，Herring和Roy（2007）发现技术创新能够显著提高能源利用效率，但考虑回弹效应的存在，技术创新不一定具有节能减排效应；宣烨和周绍东（2011）发现中国工业行业的原始创新行为对能源效率有微弱的正向影响，但二次创新行为对能源效率有较强的正向影响；徐建中和王曼曼（2018）发现2005~2014年中国绿色技术创新显著降低了制造业的能源强度。

相比能源效应与经济效应，低碳技术创新的环境效应是备受关注的话题。例如，何小钢（2015）发现绿色技术创新显著降低了中国行业污染排放，具有同时提高产品清洁度和企业生产效率的双重作用，是实现绿色可持续发展的内生动力；刘云强等（2018）发现长江经济带绿色技术创新对生态效率具有显著的正向影响，但这种正向影响表现出明显的区域异质性；Yu 和 Du（2019）发现技术创新对经济高速增长省份二氧化碳排放的抑制效应很弱，而对于低速增长的省份而言，技术创新对减少二氧化碳排放的贡献相对更大；Cheng 等（2021）发现技术创新显著减少了经济合作与发展组织（OECD）国家的二氧化碳排放量，但这种减排效应具有异质性和不对称性，这主要是因为中介效应和调节效应具有异质性。

第五节　文献评述

通过梳理现有研究发现，国内外学者对可再生能源技术创新、低碳技术创新和能源转型做了大量的研究，并形成了丰富的研究结论。但现有文献仍然存在一些值得继续探讨和研究的方面，具体如下。

（1）从既有研究来看，能源转型存在多种不同的发展模式，最多见的是可再生能源转型和可持续能源转型。前者重点强调可再生能源消费量和消费比例的提高，在一定程度上忽略了经济和环境效应；后者涉及能源、经济和环境可持续发展的多重目标，是相对更加全面的能源转型模式。可持续能源转型是一个多学科、多方法、多维度交叉的研究领域，涉及能源子系统、经济子系统和环境子系统的复杂变化，可再生能源转型是可持续能源转型的一个方面，但过往研究存在将可再生能源转型和可持续能源转型概念混用的情况。从研究对象来看，现有文献更多关注国家层面的能源转型问题，缺乏区域（省级）层面可持续能源转型的相关研究。此外，受限于可持续能源转型的测度方法，过往研究更多的是基于定性视角讨论可持续能源转型。尽管世界经济论坛提出的能源转型指数可用于评价和测度可持续能源转型，但该指数仅适用于国家层面，且同一层级下的指标均被赋予相同权重。更重要的是，一个国家内部多区域可持续能源转型评价需要结合各区域自身发展特征来筛选评价指标，而这一部分内容有待进一步挖掘。

（2）从过往研究可以看出，可再生能源技术创新和低碳技术创新具有明显的技术溢出效应，但在多数定量研究中没有考虑可再生能源技术创新和低碳技术创新溢出的影响，尤其是在可再生能源技术创新和低碳技术创新的测度方面，这对于测度可再生能源技术创新水平和低碳技术创新水平是不准确的。更重要的是，在有关可再生能源技术创新和低碳技术创新测度的研究中，可再生能源相关专利数量和碳减排相关专利数据分别被用于测度两类技术创新水平，但由于专利数量是流量数据，这种做法忽略了知识累积效应，会使测度结果存在偏差。

（3）现有文献对可再生能源技术创新、低碳技术创新和可持续能源转型的独立研究已经比较成熟，但缺乏可再生能源技术创新和低碳技术创新对可持续能源转型影响的相关研究，目前可再生能源技术创新和低碳技术创新对可持续能源转型影响的方向和大小还有待进一步研究。现有研究对可持续能源转型驱动因素做了大量的研究，但多侧重于国家层面的定性研究，鲜有研究从实证视角探讨可再生能源技术创新和低碳技术创新对区域可持续能源转型的影响。此外，鲜有文献探讨不同种类可再生能源技术创新和低碳技术创新对可持续能源转型影响的差异，而这种差异的揭示对政策制定与实践具有重要的参考意义。

（4）尽管可再生能源技术创新和低碳技术创新的空间溢出效应已经得到论证，但其对可持续能源转型影响的空间溢出效应还有待进一步探讨。已有研究已经证实中国各省份在不同区域、不同经济发展水平等方面存在显著的异质性，这可能会导致可再生能源技术创新和低碳技术创新对可持续能源转型的影响也存在异质性，但目前缺乏对这种异质性的相关实证研究。此外，有关可再生能源技术创新和低碳技术创新影响可持续能源转型的机制研究欠缺，尚无法清晰地揭示两类技术创新对可持续能源转型的影响路径。

第三章　中国省级可再生能源消费量的估算与分析

　　省级可再生能源消费量数据是开展中国区域可持续能源转型定量研究的基础。目前，国家能源局公布了 2015~2018 年各省份可再生能源消费量，更早时期的省级可再生能源消费量数据尚无法获取。在过往研究中，可再生能源生产量常被作为可再生能源消费量的代理变量，但由于可再生能源在区域间存在调入和调出的情况，上述处理会低估或高估各省份的可再生能源消费量，不能较为准确地衡量各省份可再生能源发展的实际情况。在此背景下，本章将遵循中国六大区域电网电力调动和分配的准则，估算 2000~2018 年中国 30 个省级行政区的可再生能源消费量，以期为第五章中国省级可持续能源转型的综合评价提供数据保障。

第一节　提出问题

　　可再生能源在我国经济社会可持续发展中的作用日益突出，成为现代能源领域研究的热点问题（马丽梅等，2018；Sovacool et al.，2020）。可再生能源的定量研究总是绕不开可再生能源消费量，可再生能源消费量涉及我国能源问题研究的方方面面，如能源消费结构（Ji and Zhang，2019）、能源安全（Zhao et al.，2020）、能源转型（Gosens et al.，2020）、能源效率（Zhang et al.，2021）等。上述定量研究均集中于国家宏观层面，国家层面的总量数据并不足以刻画研究对象的全貌，考虑可再生能源在不同省份之间的差异，从省级层面分析可再生能源发展问题十分必要（陈诗一，2011）。然而，目前仅有国家能源局发布了 2015~2018 年可再生能源消费量数据，2015 年之前该数据尚无法获取，这限制了更早时期中国省级可再生能源的定量研究。由于《中国电力年鉴》公布了省级可再生能源（水电、风电和太阳能电力）生产量，学者们通常采用可再生能源生产量代替消费量进行实证研究（Wang et al.，2019，2021；Yu et al.，2020b）。然而，由于区域间和电网间存在可再生能源的调入与调出，采用可再生能源生产量代替消费量会高估或低估某些省份的实际可再生能源消费量。

为了突破这一局限，Huang 和 Zou（2020）首次比较清晰地估算了中国省级可再生能源消费量，其估算过程包括四个核心步骤，较为充分地考虑了区域间电力的调动和分配。然而，他们在估算过程中重复计算了可再生电力调出量，这在一定程度上低估了各省份的可再生能源消费量，可能会致使相关的实证结果存在偏误。东部沿海地区是中国电力消费需求量最大的区域，其中省份大多为可再生能源净调入地区，而中西部地区的大部分省份则属于可再生能源净调出地区。例如，2018 年广东的可再生能源发电量为 393 亿千瓦时，当年净调入电量为 1748 亿千瓦时；四川的可再生能源发电量为 3326 亿千瓦时，当年的净调出电量为 1301 亿千瓦时。《中国能源统计年鉴 2019》数据显示，2018 年全国有 26 个省级行政区的电力净调入或净调出量超过 100 亿千瓦时，有 16 个省级行政区超过了 500 亿千瓦时，这表明这些省份的可再生能源发电量和消费量存在明显差异。

因此，本章将对 2000~2018 年中国 30 个省级行政区的可再生能源消费量进行估算。与其他数据估算相比，可再生能源消费量的估算需要克服两个难题：其一，目前鲜有研究估算省级可再生能源消费量，使得本章的估算结果缺乏比较；其二，缺少统一的估算标准，这对估算结果的科学性和准确性提出了更高的要求。在省级可再生能源消费量的估算过程中，主要涉及四类基础数据，它们均可通过《中国能源统计年鉴》、《中国电力年鉴》和国家统计局等官方数据库获取。此外，省级可再生能源消费量估算在变量的选取上具有一致性，这表明本章所估算的数据具有良好的重复性和可扩展性。

第二节　估算准则与方法

国家发展改革委将国家电网划分为六大区域电网，分别为华北、东北、华东、华中、西北和南方区域电网。其中，华北区域电网包括北京、天津、河北、山西、山东和内蒙古6个省份，东北区域电网包括辽宁、吉林和黑龙江3个省份，华东区域电网包括上海、江苏、浙江、安徽和福建5个省份，华中区域电网包括河南、湖北、湖南、江西、四川和重庆6个省份，西北区域电网包括陕西、甘肃、青海、宁夏和新疆5个省份，南方区域电网包括广东、广西、云南、贵州和海南5个省份（见表3-1）。

表3-1　中国六大区域电网及覆盖的省份情况

区域电网	覆盖的省份
华北	北京、天津、河北、山西、山东、内蒙古
东北	辽宁、吉林、黑龙江
华东	上海、江苏、浙江、安徽、福建
华中	河南、湖北、湖南、江西、四川、重庆
西北	陕西、甘肃、青海、宁夏、新疆
南方	广东、广西、云南、贵州、海南

对于任何一个区域电网而言，各省份所生产的电力（火电、核电和可再生电力）需要统一入网后重新分配给各省份，因此同一电网中各省份的各类电力消费量在电力消费总量中的份额是相同的。基于这一特征，能够从电力消费总量中分离出可再生电力消费的部分，这也为估算省级可再生能源消费量提供了契机。事实上，电力不只是在区域电网内部重新分配，各区域电网间也存在电力输送的情况。因此，在估算省级可再生能源消费量时还需要考虑区域电网间电力调入与调出。我国电力资源分布不均，具有明显的区域异质性，经济相对落后的西北地区拥有

得天独厚的风电优势，山西和内蒙古拥有丰富的火电资源，四川、云南和湖北等省份拥有丰富的水电资源，而经济相对发达的东部地区的电力资源禀赋较差。然而，东部地区的多数省份电力需求量明显高于中西部地区的省份，前者自身的电力供给无法满足电力消费需求。正是由于电力资源生产错位，电力资源在全国范围内输送成为必然。目前，"西电东送"是我国突破电力供给与需求错位困境的主要策略，电力输送主要包括北线、中线和南线三条通道。① 基于此，本章根据电力输送通道将六大区域电网重新整合为四大区域联合电网，分别为"西北+华北区域联合电网""华中+华东区域联合电网""南方区域联合电网""东北区域联合电网"。

在上述讨论的基础上，省级可再生能源消费量的估算可分为如下四个步骤。

1. 计算本省可再生能源调出量

由于各省份所生产的电力需要统一入网，因此可从本省电力调出量中分离出可再生电力调出的部分，公式为：

$$RES_i = ES_i \times (REP_i / EP_i) \tag{3-1}$$

在式（3-1）中，下标 i 表示省份，RES 表示可再生电力调出量，ES 表示电力调出量，REP 表示可再生电力生产量，EP 表示电力生产量。

2. 计算外省可再生能源调入量

考虑外省调入可再生电力需要先统一入网后再重新分配，这里按照四大区域联合电网进行分配。对于任一电网而言，各省份调入的电力中可再生电力的比例是相同的。因此，采用式（3-2）计算外省可再生能源调入量。

---

① 北线涉及西北区域电网和华北区域电网，主要将黄河上游水电和山西、内蒙古坑口火电厂的电能送往京津唐地区；中线涉及华中区域电网和华东区域电网，主要将三峡和金沙江干支流水电送往华东地区；南线仅涉及南方区域电网，属于电网内部电力输送，主要将贵州乌江、云南澜沧江和广西、云南、贵州交界处的南盘江、北盘江、红水河的水电以及云南、贵州两省坑口火电厂的电能开发出来输送到广东。

$$REL_i = \sum_{i=1}^{n_j} RES_i \times \left(EL_i \Big/ \sum_{i=1}^{n_j} EL_i \right) \qquad (3-2)$$

在式（3-2）中，REL 表示可再生电力调入量，EL 表示电力调入量，n_j 表示由 j 区域电网组成的区域联合电网。

3. 计算各省份可再生能源净调入量

基于式（3-1）和式（3-2），可再生能源净调入量可表示为：

$$NREL_i = REL_i - RES_i \qquad (3-3)$$

在式（3-3）中，$NREL$ 表示可再生电力净调入量。当 $NREL > 0$ 时，表示该省份属于可再生能源输入型地区；当 $NREL < 0$ 时，表示该省份属于可再生能源输出型地区；当 $NREL = 0$ 时，表示该省份的可再生能源输入量等于输出量。

4. 计算各省份可再生能源消费量

结合各区域电网的电力输送与分配模式，省级可再生能源消费量同时取决于本省可再生能源生产量和可再生能源净调入量。因此，采用式（3-4）计算可再生能源消费量。

$$REC_i = NREL_i + REP_i \qquad (3-4)$$

在式（3-4）中，REC 表示可再生能源消费量。

第三节　数据来源与处理

本章尝试估算 2000~2018 年中国 30 个省级行政区的可再生能源消费量。根据估算准则，省级可再生能源消费量的估算需要采用四类基础数据，分别是地区可再生能源生产量、地区电力生产量、本省电力调出量和外省电力调入量。

一　地区可再生能源生产量

现有的官方数据库尚未正式发布历年省级可再生能源生产量，需要进一步计算。可再生能源是相对于会穷尽的不可再生能源的一种能源，对环境无害或危害极小，而且资源分布广泛，适宜就地开发利用，且"取之不尽、用之不竭"，主要包括风能、水能、海洋能、潮汐能、太阳能和生物质能等。可再生能源主要以电力形态存在，水电、风电和太阳能电力是可再生能源电力最重要的组成部分，其他可再生能源所占份额很小。按照《世界能源统计年鉴2020》数据，2019年中国水电、风电和太阳能电力约占可再生能源电力的95%，而其他可再生能源的占比仅为5%。此外，《中国电力年鉴》只公布了各地区水电、风电和太阳能电力的生产量。在此背景下，本章采用水电、风电和太阳能电力的生产量加总表示可再生能源生产量。① 对于水电而言，2008年天津和2005年山东的水力发电量缺失，本书按照平均值插值法予以填补。对于风电而言，2000~2005年，所有省份均无风力发电，自2006年起，内蒙古等15个省份开始采用风力发电，全国发电量仅为28.30亿千瓦时。自2012年起，中国30个省份均开始采用风力发电。太阳能发电相对较晚，2000~2010年，所有省份均无太阳能发电，自2011年起，江苏等省份开始采用太阳能发电。因此，2000~2005年的可再生能源电力生产量实际上只包括水力发电量，2006~2010年的可再生能源电力生产量包括水力和风力发电量，2011~2018年的可再生能源电力生产量则包括水力、风力和太阳能发电量。

二 地区电力生产量、本省电力调出量和外省电力调入量

对于地区电力生产量，国家统计局公布了完整的各省份历年发电量，本章所采用的地区电力生产量来源于国家统计局。对于电力调出和调入数据，《中国能源统计年鉴》中的地区能源平衡表详细地统计了本省电力调出量和外省电力调入量。需要注意的是，能源平衡表中本省电力调出量均采用负值表示，本章在估算过程中做了正值化处理。

---

① 需要说明的是，由于无法获取生物质能等其他可再生能源生产量数据，这里可再生能源生产量略低于实际可再生能源生产量，但鉴于其他可再生能源生产量占比很小，故本章的处理方式不会对估算结果产生明显的影响。

第四节　可再生能源消费量的估算结果

一　中国省级可再生能源消费量

表 3-2 给出了 2000~2018 年中国 30 个省级行政区可再生能源消费量的估算结果。可以看出，2018 年全国可再生能源消费量是 2000 年的 7.6 倍，在此期间所有省份的消费量均有明显增加。截至 2018 年，四川、广东、云南、湖北和浙江是中国可再生能源消费量较高的 5 个省份，四川、广东、云南和湖北的消费量均超过了 1000 亿千瓦时，分别为 2097 亿千瓦时、1973 亿千瓦时、1533 亿千瓦时和 1176 亿千瓦时。在这 5 个省份中，广东是 2000~2018 年消费量增长相对较快的省份，增长了 11.6 倍；湖北增长则较慢，增长了 3.2 倍。海南、天津、黑龙江、吉林和安徽是中国可再生能源消费量较低的 5 个省份，这些省份的消费量均低于 200 亿千瓦时，分别为 40 亿千瓦时、86 亿千瓦时、155 亿千瓦时、162 亿千瓦时和 186 亿千瓦时。在这 5 个省份中，天津是 2000~2018 年消费量增长较快的省份，增长了 42.0 倍；而海南增长较慢，仅增长了 1.9 倍。对于所有省份而言，增长较快的省份是山东，由 2000 年的 0.3 亿千瓦时增至 2018 年的 582 亿千瓦时，增长了惊人的 1939.0 倍；福建则是增长较慢的省份，由 2000 年的 194 亿千瓦时增至 2018 年的 387 亿千瓦时，仅增长了 1.0 倍。通过截面对比发现，各省间可再生能源消费量存在明显差异，其中 2018 年可再生能源消费量超过 500 亿千瓦时的省份有 16 个，消费量低于 200 亿千瓦时的省份则有 5 个，四川的消费量是海南的 52.4 倍。

表 3-2　2000~2018 年中国省级可再生能源消费量

单位：亿千瓦时

省份	2000 年	2001 年	2002 年	2003 年	2004 年	2005 年	2006 年	2007 年	2008 年	2009 年
北京	33	31	18	25	22	33	26	24	34	43
天津	2	3	0	0	0	2	4	5	8	12
河北	7	5	5	6	7	16	27	30	53	77

省份	2000 年	2001 年	2002 年	2003 年	2004 年	2005 年	2006 年	2007 年	2008 年	2009 年
山西	13	13	14	14	16	16	17	21	17	18
内蒙古	5	5	4	5	7	10	13	18	30	66
辽宁	24	33	22	28	53	81	57	55	62	68
吉林	43	52	41	36	50	60	50	58	59	69
黑龙江	13	15	17	12	11	15	14	12	19	33
上海	8	9	9	27	17	86	97	132	131	131
江苏	8	12	17	68	150	139	103	127	158	192
浙江	95	113	149	148	161	220	202	191	224	243
安徽	8	8	11	12	10	14	16	20	23	21
福建	194	231	224	181	157	283	334	304	335	276
江西	53	55	61	36	41	58	92	80	107	107
山东	0	0	0	0	0	1	4	5	9	13
河南	25	38	51	62	82	78	90	103	100	106
湖北	281	271	281	298	444	481	475	585	720	702
湖南	214	217	256	241	249	255	283	314	396	390
广东	157	191	189	210	176	289	371	414	593	546
广西	168	175	190	202	181	203	249	307	440	441
海南	14	16	16	15	12	13	9	12	11	22
重庆	42	40	44	55	99	113	100	122	151	165
四川	339	392	399	454	536	592	650	737	815	872
贵州	91	96	95	69	192	183	125	199	211	200
云南	216	216	228	232	292	306	303	366	519	488
陕西	37	29	29	42	65	43	39	48	47	65
甘肃	106	98	108	89	108	150	169	191	204	263
青海	93	77	84	69	113	145	175	183	196	233
宁夏	9	8	9	10	10	12	17	17	18	21
新疆	31	34	38	36	37	42	54	75	82	96

省份	2010 年	2011 年	2012 年	2013 年	2014 年	2015 年	2016 年	2017 年	2018 年
北京	74	73	114	107	74	121	148	179	240
天津	13	13	29	35	29	50	57	68	86
河北	144	179	254	295	276	335	421	595	677

省份	2010年	2011年	2012年	2013年	2014年	2015年	2016年	2017年	2018年
山西	33	34	59	70	80	101	157	214	285
内蒙古	111	140	181	253	422	328	381	452	574
辽宁	126	135	171	237	190	178	224	252	305
吉林	118	89	106	140	102	96	128	143	162
黑龙江	52	57	58	83	76	77	104	128	155
上海	129	89	148	194	271	296	335	359	339
江苏	212	155	223	296	405	460	553	673	755
浙江	319	239	340	377	492	524	661	735	771
安徽	28	22	32	38	45	60	111	138	186
福建	452	295	491	431	449	476	671	471	387
江西	123	98	181	152	198	231	273	278	265
山东	52	94	146	177	163	237	298	383	582
河南	150	140	205	208	298	385	382	420	518
湖北	808	872	894	890	1018	1035	1108	1182	1176
湖南	423	349	521	482	579	636	691	622	592
广东	644	534	878	1087	1399	1616	1876	1921	1973
广西	456	445	526	499	654	820	669	675	767
海南	22	31	29	31	36	26	32	35	40
重庆	194	188	258	252	322	337	353	378	374
四川	1027	1154	1407	1501	1701	1677	1828	1923	2097
贵州	232	272	359	292	505	502	490	537	585
云南	624	803	916	1039	1296	1288	1282	1413	1533
陕西	77	74	66	60	65	80	122	178	275
甘肃	230	318	355	404	411	443	426	509	559
青海	325	348	418	445	467	453	404	450	582
宁夏	26	26	51	69	84	109	150	178	224
新疆	126	144	184	228	309	364	433	583	620

　　为了说明可再生能源生产量和消费量的差异，图3-1给出了2000年、2006年、2012年和2018年中国30个省份二者的比较情况。可以看出，2000年各省份可再生能源生产量和消费量差距相对较小。其中，四

川是可再生能源生产量和消费量差距最大的省份，二者的差距为 29.7 亿千瓦时，湖北、海南、贵州、宁夏和新疆属于"自产自用"型省份，所有省份二者的平均差距为 4.5 亿千瓦时，这表明 2000 年可再生能源省间传送规模较小，多用于本省消费。2006 年相对于 2000 年而言，所有省份可再生能源生产量和消费量差距均有不同程度的扩大。其中，湖北二者差距最大，相差超 200 亿千瓦时；广东居次，相差 114.9 亿千瓦时，海南和新疆的生产量等于消费量，所有省份二者的平均差距扩大至 33.6 亿千瓦时。相对于 2006 年，2012 年各省份可再生能源生产量和消费量的差距进一步被拉大。其中，广东是二者差距最大的省份，相差 555.8 亿千瓦时，湖北

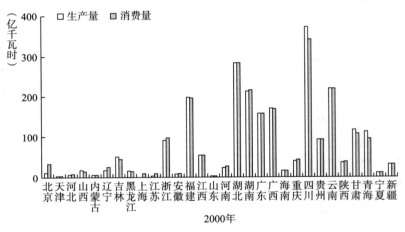

2000年

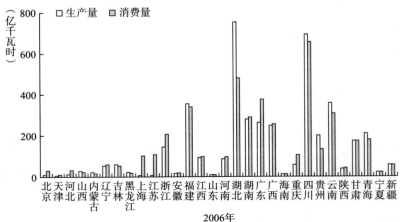

2006年

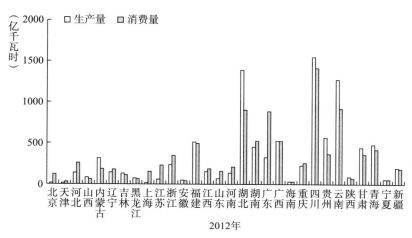

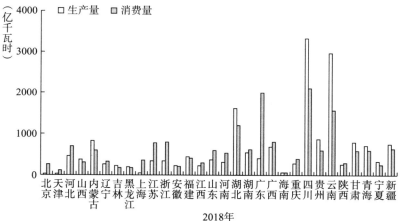

图3-1　主要年份中国30个省份可再生能源生产量和消费量

居次，相差487.9亿千瓦时，全国共有11个省份二者差距超过100亿千瓦时，且没有省份的生产量等于消费量，所有省份二者的平均差距为104.1亿千瓦时。截至2018年，各省份可再生能源生产量和消费量的差距是所有年份中最大的。其中，广东是二者差距最大的省份，差距高达1580.0亿千瓦时，云南和四川均超过了1000亿千瓦时，分别为1419.9亿千瓦时和1229.2亿千瓦时，全国有18个省份的差距超过了100亿千瓦时，所有省份二者的平均差距达到282.2亿千瓦时，这表明随着时间的推移，各省间可再生能源存在大规模的调动，进一步说明采用生产量代替消费量是不准确的。

为了更清晰地区分各省份可再生能源输送情况，本节按照 2000～2018 年各省份平均可再生能源净调入量是否大于 0 作为划分依据，对 30 个省份进行了归类处理（见表 3-3）。可再生能源净调入省和可再生能源净调出省各包括 15 个省份，其中华北区域电网中北京、天津、河北和山东是净调入省，其他属于净调出省；东北区域电网中辽宁属于净调入省，吉林和黑龙江属于净调出省；华东区域电网中上海、江苏和浙江属于净调入省，安徽和福建属于净调出省；华中区域电网中湖北和四川属于净调出省，其他属于净调入省；西北区域电网中所有省份均归属于净调出省；南方区域电网中贵州和云南属于净调出省，其他属于净调入省。总体上，大部分可再生能源净调入省属于东北沿海地区和华中地区，而大多数净调出省属于西部欠发达地区，例如西北区域电网所有省份均属于可再生能源净调出省。

表 3-3　中国省际可再生能源输送情况（2000～2018 年）

区域电网	可再生能源净调入省	可再生能源净调出省
华北	北京、天津、河北、山东	山西、内蒙古
东北	辽宁	吉林、黑龙江
华东	上海、江苏、浙江	安徽、福建
华中	河南、湖南、江西、重庆	湖北、四川
西北	—	陕西、甘肃、青海、宁夏、新疆
南方	广东、广西、海南	贵州、云南

二　中国省级分类可再生能源消费量

在上一节的基础上，本节进一步估算了 2000～2018 年各省份分类可再生能源（水电、风电和太阳能电力）消费量，详细估算结果见附录 A。图 3-2（a）呈现了 2011～2018 年中国 30 个省份分类可再生能源分布情况。这里需要说明的是，选择 2011 年作为起始节点的原因在于，2006 年之前所有省份无风电消费，2011 年之前无太阳能电力消费，如果使用

2000～2018 年平均值进行处理，会低估风电和太阳能电力的贡献。从图 3-2（a）中可以看出，2011～2018 年全国有 9 个省份的风电消费量高于水电和太阳能电力消费量，分别是北京、天津、河北、山西、内蒙古、辽宁、黑龙江、山东和宁夏。其中，内蒙古是风电消费量最多的省份，其间平均消费 281.5 亿千瓦时；天津则是风电消费量最少的省份，其间平均消费 24.8 亿千瓦时。除了上述 9 个省份外，同期其他省份的水电消费量明显高于风电和太阳能电力消费量。其中，四川、广东和云南是水电消费量最高的三个省份，平均消费分别高达 1646.6 亿千瓦时、1303.1 亿千瓦时和 1135.9 亿千瓦时，且有 12 个省份超过 300 亿千瓦时。综合来看，以风电消费为主的省份均分布在风力资源比较丰富的北方地区，而水电消费大省则主要分布在水资源相对丰富的华中、西南和华南地区。

图 3-2（b）汇报了 2000～2018 年分类可再生能源时间变化趋势，可以看出，水电、风电和太阳能电力的消费量均随着时间变化呈递增趋势，水电消费量明显高于风电和太阳能电力，这主要是因为水力发电的规模明显大于风力和太阳能发电规模，在 2006 年实施新能源法之前，风力发电处于试验阶段，其发电规模十分有限；在 2011 年之前，太阳能电力的供给能力也十分有限。因此，中国省级可再生能源消费表现出三个不同的阶段：第一阶段是 2000～2005 年以水电为主的消费模式，第二阶段是

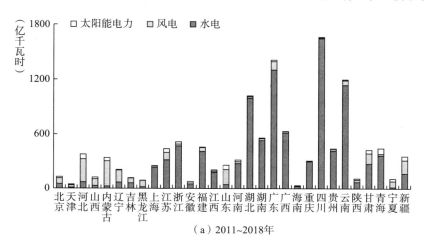

（a）2011~2018 年

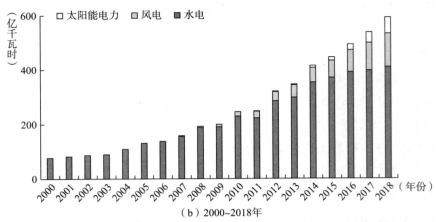

图 3-2　2000~2018 年中国分类可再生能源消费量的省级差异与时间变化趋势

2006~2010 年以水电和风电为主的消费模式，第三阶段是 2011~2018 年以水电、风电和太阳能电力为主的消费模式。值得关注的是，尽管风电和太阳能电力消费量相对较低，但二者的增加速度明显高于水电，如 2018 年风电消费量相对于 2006 年增长了 125 倍，2018 年太阳能电力消费量相对于 2011 年增长了 351 倍，而 2018 年水电消费量相对于 2000 年仅增长了 4 倍，这表明我国水电和风电消费潜力还很大，预计未来一段时期内二者消费量仍将高速增长。

第五节　可再生能源消费量估算结果的比较

国家能源局公布的《全国可再生能源电力发展监测评价报告》展示了 2015~2018 年省级可再生能源消费量，这也是目前获取省级可再生能源消费量的唯一途径。基于此，本节将 2015~2018 年各省份估算的可再生能源消费量与报告中同期数据进行比较，详见图 3-3。可以看出，本书估算值与报告中的消费量非常接近，这表明本书估算数据与报告中的数据具有高度的截面相似性，在一定程度上说明了本书估算的省级可再生能源消费量是相对准确的。

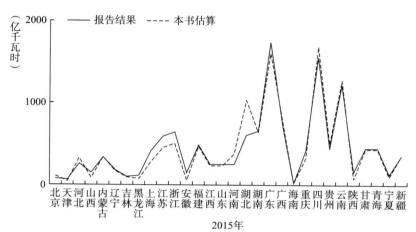

2015年

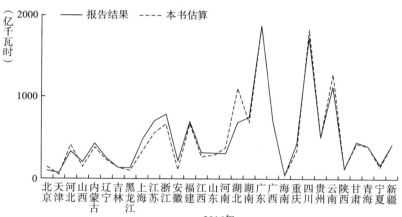

2016年

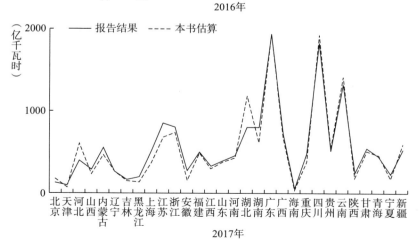

2017年

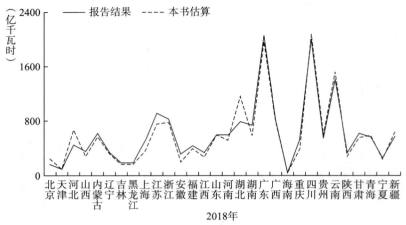

图3-3 本书估算结果与《全国可再生能源电力发展监测评价报告》结果对比

这里有必要说明的是，本书所估算的湖北可再生能源消费量高于报告中的消费量，存在潜在被高估的可能性。追溯到湖北估算所需要的基础数据，以 2018 年为例，湖北可再生能源生产量为 1584 亿千瓦时，本省电力净调出 664 亿千瓦时，即使本省净调出的全部电力均为可再生电力，湖北的可可再生能源消费量也应该达到 920 亿千瓦时，但 2018 年报告中湖北的可再生能源消费量为 788 亿千瓦时。因此，若《中国能源统计年鉴》中的数据客观正确，则评价报告中湖北的可再生能源消费量存在被低估的可能性。

在对比了省级估算结果后，本书进一步从总量上比较了时间趋势变化。目前，《世界能源统计年鉴》是全球主要国家和地区可再生能源消费量权威的数据来源，本节把估算的省级可再生能源消费量加总，进而与《世界能源统计年鉴》所发布的中国可再生能源消费量进行比较，详见图 3-4。可以看出，2000~2018 年二者的时间变化趋势基本一致，表现出密切的时序一致性。其中，2000~2009 年两条曲线基本重合，尽管 2009 年以后估算的数据略高于年鉴中的数据，但二者的波动趋势相似。究其原因，2010~2018 年《中国电力年鉴》统计的可再生能源生产量始终高于同期的《世界能源统计年鉴》中的数据，但二者在生产量的时间变化趋势上完全吻合消费量的时间变化趋势。因此，通过多个维度的结果对比，

有充分的证据支持本书所估算的中国省级可再生能源消费量的准确性和
科学性，这表明该数据能够用于后续的实证分析。

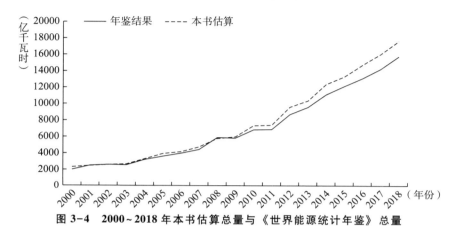

图 3-4　2000~2018 年本书估算总量与《世界能源统计年鉴》总量

第六节　本章小结

中国省级可再生能源消费量的估算是一项富有意义的基础性研究，
能够拓展学者对现代能源问题定量研究的范畴。本章运用地区可再生能
源发电量、地区发电量、本省电力调出量和外省电力调入量四类基础数
据，将中国六大区域电网整合为四大区域联合电网，对 2000~2018 年中
国 30 个省级行政区的可再生能源消费量进行了估算。估算结果表明，研
究期间所有省份的可再生能源消费量在稳步增加，但各省间存在大规模
的可再生能源调入与调出。为了说明估算结果的准确性，本章分别从省
级可再生能源消费量和中国可再生能源消费总量两个维度，与《全国可
再生能源电力发展监测评价报告》和《世界能源统计年鉴》公布的官方
数据进行了比较分析，发现估算数据与官方数据具有高度的截面相似性
和时序一致性。

第四章 中国省级可再生能源技术创新和低碳技术创新的测度与分析

　　根据目前能源和环境相关技术的主要形态，技术创新可分为两类：第一类是清洁能源技术创新，主要包括水能、风能、太阳能、潮汐能、生物质能、储能等可再生能源技术创新；第二类是经济活动中直接实现碳减排技术创新，主要涉及电力、交通、建筑、冶金、化工、石化等部门有效控制二氧化碳排放的低碳技术创新。因此，本书将兼顾可再生能源技术创新和低碳技术创新，以更全面地探索可持续能源转型的路径。本章主要包括三部分核心内容：第一节是可再生能源技术创新和低碳技术创新的联系与区别，第二节是可再生能源技术创新水平的测度与分析，第三节是低碳技术创新水平的测度与分析。

第一节 可再生能源技术创新和低碳技术创新的联系与区别

　　为了更清晰地说明可再生能源技术创新和低碳技术创新的联系与区别，本节分别从产生背景、创新领域、涵盖内容和创新目的四个方面比较了二者的区别与联系（见表4-1）。其中，可再生能源技术是在化石能源枯竭、全球变暖的背景下发展而来的技术形态，可再生能源技术创新是为了发展可再生能源，实现可再生能源对化石能源的替代，保障能源安全和实现绿色发展。可再生能源几乎不会产生污染排放，是相对清洁的能源种类，可再生能源技术创新通过增加可再生能源的生产和消费，间接减少碳排放。由于可再生能源技术创新具有间接污染减排效应，现有研究将可再生能源技术归属于低碳技术和绿色技术的范畴。例如，Zhang 等（2021）在测度低碳技术创新时，将可再生能源技术纳入低碳技术范畴；Herman 和 Xiang（2020）在测度绿色技术创新时，将可再生能源技术纳入绿色技术范畴。

表 4-1　可再生能源技术创新和低碳技术创新的区别与联系

异同		可再生能源技术创新	低碳技术创新
区别	产生背景不同	是在化石能源枯竭、全球变暖的背景下发展而来的技术形态	是在构建生态经济、践行绿色使命的背景下发展而来的技术形态
	创新领域不同	归属于能源技术创新领域	归属于环境技术创新领域
	涵盖内容不同	包括水能、风能、太阳能、潮汐能、生物质能、储能等新能源技术	包括建筑、能源、交通等与生产或生活密切相关领域的低碳或者零碳排放技术
	创新目的不同	发展可再生能源，实现可再生能源对化石能源的替代，保障能源安全和实现绿色发展	适应低碳经济发展的需要，减少温室气体排放，防止全球变暖
联系		可再生能源技术创新和低碳技术创新均归属于绿色技术创新范畴，且都不能涵盖绿色技术的全部内容。可再生能源技术创新同低碳技术创新一样具有碳减排效应，前者通过可再生能源替代化石能源，间接减少碳排放，后者通过低碳技术直接减少碳排放	

低碳技术是在构建生态经济、践行绿色使命的背景下发展而来的技术形态，低碳技术创新是为了适应低碳经济发展的需要，减少温室气体排放，防止全球变暖。由于低碳技术创新具有显著的碳减排效应，现有研究将低碳技术和绿色技术视为等同的概念（Fujii and Managi，2016）。事实上，低碳技术主要包括能够控制二氧化碳排放的相关技术，归属于绿色技术范畴，但不能涵盖绿色技术的全部内容。一般而言，绿色技术除了控制温室气体排放的技术以外，还包括水污染治理技术（侯立安、李明，2015）、除霾技术（Singh and Kumar，2018）和固体废弃物处理技术（Hannan et al.，2015）等其他技术形态。

尽管可再生能源技术和低碳技术均归属于绿色技术范畴，且可再生能源技术创新同低碳技术创新一样具有碳减排效应，但二者却有本质上的差异。低碳技术是侧重于控制二氧化碳排放的环境技术，可再生能源技术是侧重于可再生能源生产与消费的能源技术，其产生碳减排效应的前提是可再生能源实现了对化石能源的替代。因此，两类技术创新归属于不同技术创新领域。相比低碳技术创新，可再生能源技术创新除了具有碳减排效应以外，对其他污染物同样具有显著的减排效应，如 PM2.5、SO_2、NO_x 等（Zhu et al.，2020）。显然，可再生能源技术创新的污染减排效应相对于低碳技术创新更加宽泛。

本书的研究目的是检验可再生能源技术创新和低碳技术创新对可持续能源转型的影响，可持续能源转型涉及经济增长与发展、能源安全与保障、环境可持续发展和能源结构优化等多个维度。结合上述分析可知，可再生能源技术创新和低碳技术创新对可持续能源转型的影响具有潜在的差异。因此，本书将可再生能源技术创新和低碳技术创新作为两种不同的技术创新形态分别开展研究，以更清晰地揭示二者对中国可持续能源转型影响的差异。

第二节　可再生能源技术创新水平的测度与分析

一　可再生能源技术创新水平的测度模型

可再生能源技术创新尚无清晰一致的内涵界定，如何准确地定义可再生能源及其技术创新是测度和分析可再生能源技术的基础性工作。国际能源署将可再生能源定义为"源自自然过程的能源，能够不断地得到补充"，包括太阳、风、海洋、水、生物质、地热资源，以及可再生资源衍生出来的生物燃料、氢产生的电和热。熊彼特在其 1912 年所著的《经济发展理论》中指出，创新是把一种尚未存在的关于生产要素的"新组合"引入生产体系。这种新的组合包括引进新产品、引用新工艺、开拓新市场、控制原材料新的来源以及实现一种新的工业组织。基于熊彼特创新理论，本书将可再生能源技术创新定义为一个从产生可再生能源新产品或新工艺的设想到市场应用的完整过程，它主要包括可再生能源电力的生产、输送、储存、利用等一系列相关的技术创新活动。

近年来，可再生能源技术创新是能源研究领域被广泛关注的热点话题，但尚未形成较为统一的测度方法。已有研究多以可再生能源专利数量表征可再生能源技术创新（Johnstone et al.，2010；Zhu et al.，2020）。然而，技术创新是一个长期积累的过程，它捕捉了知识生产的全过程，专利数量仅能追踪动态变化程度（Yan et al.，2017）。更重要的是，采用专利数量表征技术创新既不能客观反映专利折旧，也不能反映技术创新的扩散效应。林毅夫等（2004）指出技术创新活动始终存在技术扩散效应，创新个体间的技术差异会随着扩散效应的增强而缩小；Chen 和 Lin（2020）也发现 2006～2017 年中国 28 个省份的可再生能源技术创新存在扩散效应。Yan 等（2017）发现旧的专利会不断被新的专利替代，这表明任何专利随着时间的推移都会被折旧，其价值在不断下降。因此，在测度可再生能源技术创新的过程中，很有必要考虑技术折旧效应和扩散效应的影响。

近年来，学者尝试从存量的角度构建可再生能源技术创新测度指标，如 Yan 等（2017）采用永续盘存法构建了一个考虑折旧率的低碳技术创新测度指标；Lin 和 Zhu（2019）构建了一个同时考虑专利折旧和技术扩散的可再生能源技术创新测度指标。相比之下，Lin 和 Zhu（2019）的测度方法更具全面性，得到了学者的广泛运用（Lin and Zhu，2019；Bai et al.，2020）。因此，本章构建如下可再生能源技术创新测度指标：

$$RETI_{it} = \sum_{s=0}^{t} e^{-\beta_1(t-s)} \left[1 - e^{\beta_2(t-s)} \right] REPAT_{it} \qquad (4-1)$$

其中，$RETI$ 代表可再生能源技术创新水平，$REPAT$ 是可再生能源专利数量。β_1 和 β_2 分别表示专利折旧率和技术扩散率，可以看出专利折旧率与可再生能源技术创新水平呈负相关，技术扩散率与可再生能源技术创新水平呈正相关。参考 Popp（2002）的做法，β_1 和 β_2 分别取值 0.36 和 0.03。可再生能源专利包括水能、风能、太阳能、潮汐能、生物质能及储能等专利，相关专利数据来源于《中国专利全文数据库（知网版）》。与通常的专利数据库（国家知识产权局专利检索与分析系统）相比，《中国专利全文数据库（知网版）》每条专利的知网节集成了与该专利相关的最新文献、科技成果、标准等信息，可以完整地展现该专利产生的背景、最新发展动态、相关领域的发展趋势。可再生能源专利分类号采用最新国际专利分类（International Patent Classification，IPC）法进行分类，详见表4-2。

表4-2　可再生能源技术专利的IPC分类号

技术分类	技术类型	IPC分类号
可再生能源技术	风能	F03D
	太阳能	F03G6；F24J2；F26B3/28；H01L27/142；H01L31/042-058
	潮汐能	E02B9/08；F03B13/10-26；F03G7/05
	水能	E02B9但不含E02B9/08；F03B3；F03B7；F03B13/06-08；F03B15但不含F03B13/10-26
	生物质能	C10L5/42-44；F02B43/08
	储能	H01M10/06-18；H01M10/24-32；H01M10/34；H01M10/36-40

资料来源：Lin和Zhu（2019）。

尽管本书研究的时间窗口是2000~2018年，但可再生能源技术专利存量的估算是始于1985年的，其原因在于中国于1985年加入《保护工业产权巴黎公约》，且从1985年开始使用IPC分类。同时，中国官方公开的专利数据库中可再生能源专利数据最早可追溯至1985年。因此，本章的可再生能源技术创新数据是以1985年为基期的存量数据。表4-3报告了不同种类可再生能源技术专利存量的描述性统计。研究对象涵盖中国30个省份，样本量为570个。从平均值可以看出，不同种类可再生能源技术创新存在明显差异，太阳能技术专利存量明显高于其他技术专利存量，潮汐能、生物质能和储能的技术专利存量均处于很低的水平。截至2018年，中国分别有6个、13个和12个省份尚未开展潮汐能、生物质能和储能技术创新活动。从标准差、最小值和最大值可以看出，太阳能技术专利存量在各省份间的差异是最大的，其次是风能和水能。

表 4-3　描述性统计：不同种类可再生能源技术专利存量

技术类型	符号	样本量	平均值	标准差	最小值	最大值
风能	*Wind*	570	31.331	62.615	0.000	438.914
太阳能	*Solar*	570	57.177	107.493	0.169	689.645
潮汐能	*Tidal*	570	0.277	0.613	0.000	4.770
水能	*Hydroenergy*	570	7.272	12.337	0.000	77.091
生物质能	*Biomass*	570	0.071	0.165	0.000	1.222
储能	*Storage*	570	0.068	0.223	0.000	2.153
可再生能源	*RETI*	570	96.197	174.893	0.480	1198.820

二　可再生能源技术创新水平的测算结果分析

图 4-1 报告了 2000~2018 年中国可再生能源技术创新时间变化趋势，以及各类可再生能源技术创新对整体可再生能源技术创新的贡献比例。可以看出：①2000~2018 年可再生能源技术创新水平稳步提升，由 2000 年的 7.26 增长至 2018 年的 270.66，增长了 36.28 倍。②2000~2018 年太阳能技术创新水平始终高于其他种类的可再生能源技术创新水平，由 2000 年的 5.66 增长至 2018 年的 147.00，其间对可再生能源技术创新的贡献率高达 59.44%。③2000~2018 年风能技术创新水平仅低于太阳能技术创新水平，由 2000 年的 1.06 增长至 2018 年的 97.55，其间对可再生能

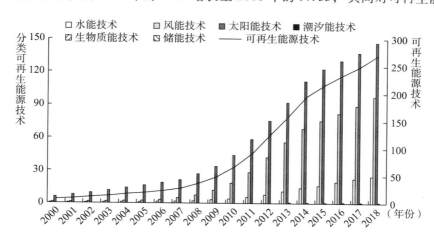

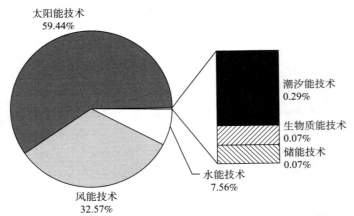

图 4-1　2000~2018 年中国可再生能源技术创新时间变化趋势

及其分类技术创新占比

源技术创新的贡献率为 32.57%。④2000~2018 年水能技术创新水平明显低于太阳能和风能技术创新水平，由 2000 年的 0.51 增长至 2018 年的 24.80，其间对可再生能源技术创新的贡献率为 7.56%。⑤2000~2018 年除太阳能、风能和水能技术以外，其他类型的可再生能源技术创新水平提升相对缓慢。其中，潮汐能由 2000 年的 0.02 增长至 2018 年的 0.94，生物质能和储能则分别从 0 增长至 0.12 和 0.25。由此可见，太阳能技术创新是可再生能源技术创新最主要的类型，其次是风能和水能，三者对总体可再生能源技术创新的贡献率合计超过 99%。

图 4-2 报告了 2000 年、2009 年和 2018 年中国 30 个省份不同种类可再生能源技术创新水平。可以看出：①随着时间的推移，所有省份的可再生能源技术创新水平均有不同程度的提高。其中，2000~2018 年，江苏、北京、浙江、山东和广东是可再生能源技术创新水平增幅最明显的 5 个省份，对应的专利存量分别增长了 1175 项、830 项、804 项、740 项和 620 项；增幅最小的 5 个省份是海南、青海、宁夏、贵州和吉林，对应的专利存量分别增长了 13 项、18 项、32 项、47 项和 66 项。②各省份可再生能源技术创新水平提升速度有明显差异。其中，北京是 2000 年所有省份中可再生能源技术专利存量最高的省份，山东、江苏、云南和河北次

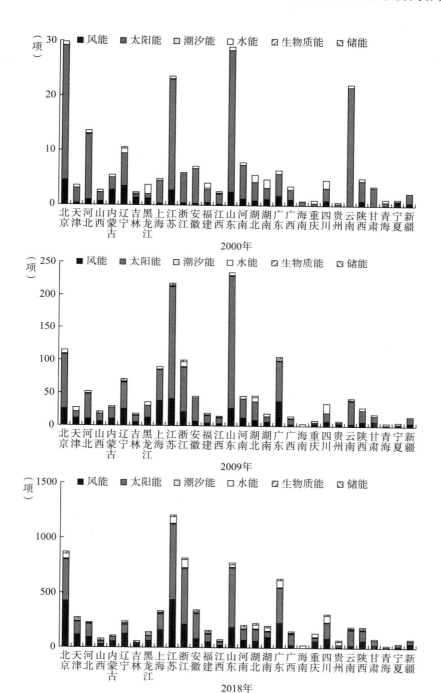

图4-2 部分年份中国30个省份可再生能源技术创新水平

之；2009 年山东和江苏超越北京成为可再生能源技术专利存量最高的两个省份，北京次之，广东和浙江紧随其后；2018 年江苏是可再生能源技术专利存量最高的省份，北京、浙江、山东和广东次之。③省级可再生能源技术创新表现出明显的区域异质性，且随时间推移该异质性越发明显。其中，在这三个时间节点上，东部地区可再生能源技术专利存量明显高于中西部地区，2009 年和 2018 年存量较多的省份均位于东部沿海地区，主要包括华北地区的北京，华东地区的江苏、浙江和山东以及华南地区的广东。事实上，在 2000~2018 年整个样本期间，上述地区的可再生能源技术创新均处于领先地位。相比之下，西部地区的可再生能源技术专利存量相对较低，尤其是西北地区，除了陕西以外，2000~2018 年其余四个省份的可再生能源技术专利存量均不足 100 项。④太阳能、风能和水能技术创新是各省份可再生能源技术创新的主体，2000 年、2009 年和 2018 年所有省份这三类技术创新对可再生能源技术创新的贡献率超过了 90%。其中，2000 年除了河北、辽宁、吉林、江苏、福建和江西以外，其余省份除了太阳能、风能和水能技术创新以外，尚未开展潮汐能、生物质能和储能技术创新活动；2009 年，仍然有天津等 14 个省份尚无潮汐能、生物质能和储能技术创新活动；截至 2018 年，甘肃、青海、宁夏和新疆 4 个省份依然仅有太阳能、风能和水能技术创新。⑤对于所有省份而言，潮汐能、生物质能和储能技术创新水平偏低且起步较晚，对可再生能源技术创新的贡献十分有限。其中，对于潮汐能而言，2005 年之前全国仅有江苏等 7 个省份开始发展潮汐能技术，截至 2018 年仍有内蒙古等 6 个省份尚未开展潮汐能技术创新活动；对于生物质能而言，2005 年之前全国所有省份均无生物质能技术创新活动，截至 2018 年全国仍有 14 个省份尚未开展生物质能技术创新活动；对于储能而言，2010 年之前全国仅有 5 个省份存在储能技术创新，截至 2018 年全国有 12 个省份依然处于储能技术创新的空白阶段。

在图 4-1 和图 4-2 的基础上，本节进一步在图 4-3 中报告了 2000~2018 年省级不同种类可再生能源技术专利，并据此测度了其对整体可再生能源技术创新的平均贡献情况。可以看出：①全国有 25 个省份的太阳能技术创新对可再生能源技术创新贡献率高于其他种类的可再生能源技术创新。其中，这 25 个省份的贡献率均超过 40%，19 个省份的贡献率超过 50%，11 个省份的贡献率超过了 60%，云南的贡献率最高，达到了 85%。此外，这 25 个省份中除了贵州以外，其余 24 个省份的风能技术创新的贡献率均高于水能技术创新，所有省份的生物质能和储能技术创新的贡献率均低于 1%。③各类可再生能源技术创新表现出明显的区域异质性。其中，东北地区的可再生能源技术创新主要依赖于太阳能和风能技术创新，辽宁、吉林和黑龙江这两类技术的总贡献率分别为 93%、86% 和 85%；华东地区主要依赖于太阳能技术创新，如山东、江苏、浙江和安徽的太阳能技术创新的贡献率分别为 78%、64%、66% 和 77%。值得关注的是，省级可再生能源技术创新多依赖于其资源禀赋条件，例如内蒙古的风能资源丰富，其风能技术创新的贡献率高于其他类型可再生能源；西南地区的水资源丰富，大多数省份水能技术创新的贡献率高于其他省份。

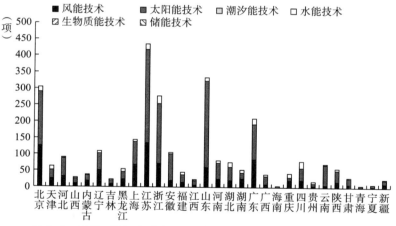

图 4-3 2000~2018 年中国 30 个省份分类可再生能源技术专利

第三节 低碳技术创新水平的测度与分析

一 低碳技术创新水平的测度模型

低碳技术创新是推动可持续能源转型最关键的驱动因素之一，选择科学的方法测度低碳技术创新水平是关键。国家发展改革委和国家能源局发布的《能源技术革命创新行动计划（2016—2030年）》指出，低碳技术被广泛应用于建筑、能源、交通等与生产或生活密切相关的领域，它既包含维持能源系统长期可持续发展的、产生零碳排放的清洁技术，又包含旨在提升化石能源利用效率并降低化石能源需求的灰色技术。在绿色发展领域，低碳技术创新水平主要存在四种测算方法：①基于研究与试验发展（R&D）投入数据（Gallagher et al.，2011）；②基于科学出版物数据（Doranova et al.，2010）；③基于考虑非期望产出的数据包络分析（DEA）方法（景维民、张璐，2014）；④基于专利统计数据（Yan et al.，2017）。其中，低碳专利数量是近年来应用最为广泛的测度指标，这主要是因为专利数据具有良好的稳定性、客观性与可得性，且专利数量是十分可靠的用于反映创新水平的指标（王为东等，2018）。

低碳技术专利数据主要有两种分类检索方式：国际专利分类（IPC）和联合专利分类（Cooperative Patent Classification，CPC）。其中，CPC分类号是在IPC分类体系的结构、层级、分类思想和分类定义的基础上发展而来的专利分类。相较于IPC分类体系，CPC分类体系的条目更细、层次清晰、分类精确以及便于检索。以低碳技术专利数据检索为例，IPC绿色排放清单中的低碳技术专利的分类号层次分散、条目不清晰，例如分类号F23B80/02代表将烟气返回燃烧室或燃烧区相关技术专利，无法识别烟气中特定气体的技术专利，但CPC分类体系中的Y02C代表温室气体的捕捉和处置，其中Y02C20/40可具体追踪到二氧化碳相关的技术专利，Y02C20/10可追踪到氧化亚氮相关的技术专利。CPC分类体系针对IPC分类体系的不足，做出了修正和改进，提高了技术专利检索的准确性和效率，被视为更好的专利分类体系（王黎明，2020）。更重要的是，CPC分类体系在A-H部基础上新增了Y部分类号，其中的Y02代表缓解或适应气候变化的技术或应用，覆盖八类气候变化相关的技术，详见表4-4。

表 4-4　低碳技术专利的 CPC 分类号

CPC 分类号	技术类型	是否属于低碳技术
Y02A	适应气候变化的技术	否
Y02B	建筑业相关碳减排技术	是
Y02C	碳捕捉、封存及利用技术	是
Y02D	信息和通信技术中的气候变化减缓技术	否
Y02E	能源生产、运输或分配相关碳减排技术	是
Y02P	商品生产或加工相关碳减排技术	是
Y02T	交通相关碳减排技术	是
Y02W	污水或废物处理相关碳减排技术	是

资料来源：鄢哲明等（2017）、王为东等（2018）。

基于王为东等（2018）的做法，本节选取 *Y02B*、*Y02C*、*Y02E*、*Y02P*、*Y02T* 和 *Y02W* 六类低碳技术专利测度低碳技术创新水平。为了考虑技术累积效应，采用低碳技术专利存量表示低碳技术创新水平。从已有文献来看，低碳技术专利存量多采用永续盘存法计算，例如 Yan 等（2017）采用永续盘存法估算了 19 个 OECD 国家的低碳技术创新水平，但他们的估算忽略了低碳技术的扩散效应，仅考虑了技术折旧。因此，本节沿用可再生能源技术创新水平的测度方法，构建如下指标测度低碳技术创新水平。

$$LCTI_{it} = \sum_{s=0}^{t} e^{-\beta_1(t-s)} \left[1 - e^{\beta_2(t-s)} \right] LCPAT_{it} \qquad (4-2)$$

其中，*LCTI* 代表低碳技术创新水平，*LCPAT* 是低碳技术专利数量。β_1 和 β_2 定义与取值参考式（4-1）。低碳技术专利数据来源于壹专利（Patyee）数据库，专利类型包括发明申请、发明授权、实用新型、外观设计和其他五类，数据检索范围仅限中国 30 个省份，以申请日作为专利检索的限定时间节点。需要说明的是，处于审查中、失效或无效和其他的专利均被剔除，仅检索有效专利。

同可再生能源技术创新一样，低碳技术创新数据也是以 1985 年为基期折算的数据，截取 2000～2018 年 30 个省份的数据作为本节的研究样本，共计 570 个样本。表 4-5 报告了不同种类低碳技术专利存量的描述性统计。从平均值来看，能源生产、运输或分配相关碳减排技术和商品生产或加工相关碳减排技术是低碳技术创新的重要组成部分；建筑业相关碳减排技术、交通相关碳减排技术和污水或废物处理相关碳减排技术则较为接近，表明三类技术创新对低碳技术创新的贡献相差不大；碳捕捉、封存及利用技术则相对偏低，对低碳技术创新的贡献微小。从标准差、最小值和最大值来看，除了碳捕捉、封存及利用技术以外，其他类型低碳技术创新存在明显的波动。

表 4-5　描述性统计：不同种类低碳技术专利存量

技术类型	符号	样本量	平均值	标准差	最小值	最大值
建筑业相关碳减排技术	$Y02B$	570	45.713	149.436	0.000	1856.230
碳捕捉、封存及利用技术	$Y02C$	570	0.551	1.575	0.000	15.315
能源生产、运输或分配相关碳减排技术	$Y02E$	570	198.098	549.715	0.000	5070.550
商品生产或加工相关碳减排技术	$Y02P$	570	137.495	320.717	0.000	2502.700
交通相关碳减排技术	$Y02T$	570	30.275	82.656	0.000	719.696
污水或废物处理相关碳减排技术	$Y02W$	570	41.945	99.132	0.000	860.227
低碳技术	$LCTI$	570	454.078	1171.682	0.000	9885.350

二　低碳技术创新水平的测算结果分析

图 4-4 报告了 2000~2018 年中国低碳技术创新水平的时间变化趋势，以及不同种类低碳技术对整体低碳技术创新的贡献情况。可以看出：①低碳技术发展起步晚，属于新兴技术类型。2002 年之前，中国尚无低碳相关技术创新活动，2002~2006 年低碳技术创新作为新兴的技术创新类型出现在技术创新领域，但其创新水平相对较低，2006 年的低碳技术专利存量仅为 23 项。2007 年之后，低碳技术创新迎来了快速发展阶

段，其专利存量由 2007 年的 37 项增加至 2018 年的 2238 项，增长超过 59 倍。②在此期间，能源生产、运输或分配相关碳减排技术对低碳技术创新的贡献最大，商品生产或加工相关碳减排技术居次，二者对低碳技术创新的贡献率达到了 73.91%。能源生产、运输或分配相关碳减排技术创新水平的提升速度快于其他低碳技术，且差异有进一步拉大的趋势。建筑业、污水或废物处理和交通相关碳减排技术对低碳技术创新的贡献率分别为 10.07%、9.24% 和 6.67%，三者的贡献率远低于能源生产、运输或分配相关碳减排技术和商品生产或加工相关碳减排技术的贡

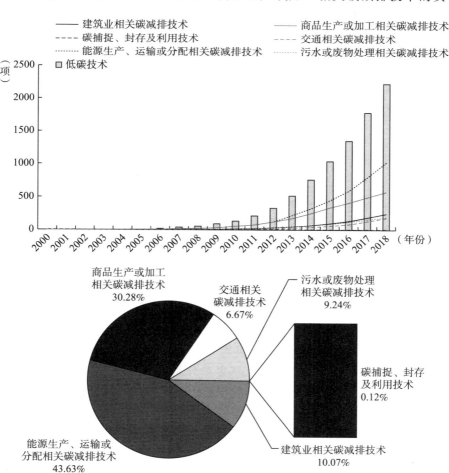

图 4-4 2000～2018 年中国低碳技术创新时间变化趋势及其分类技术创新占比

献率。③碳捕捉、封存及利用技术对低碳技术创新的贡献率远远低于其他低碳技术。2000～2018 年，其对低碳技术创新的贡献仅为 0.12%，在低碳技术水平提升中的作用是十分有限的。此外，碳捕捉、封存及利用技术专利存量增长缓慢，由 2006 年的 0.01 项增长至 2018 年的 2.94 项。现有研究认为，发展碳捕捉、封存及利用技术是减缓气候变化和实现可持续发展的最佳选择（Mikunda et al.，2021）。然而，该技术在中国无论是总量上还是发展速度上，都处于初步阶段。

图 4-5 报告了 2002 年、2009 年和 2018 年中国 30 个省份不同种类低碳技术创新水平。可以看出：①随着时间推移，所有省份的低碳技术创新水平均有不同程度的提高。其中，2002～2018 年各省份低碳技术专利存量平均增长了 2237 项。广东、江苏、北京、浙江和山东是低碳技术专利存量增幅较大的 5 个省份，分别增长了 9882 项、9141 项、8271 项、5803 项和 3877 项；海南、青海、宁夏、新疆和内蒙古是同期增幅较小的 5 个省份，分别增长了 94 项、121 项、163 项、304 项和 320 项。②各省份低碳技术创新水平提升速度有明显差异。例如，2002 年北京是所有省份中低碳技术专利存量最高的省份，但截至 2018 年，广东和江苏的低碳技术专利存量明显高于北京；此外，2002～2018 年四川和山西低碳技术专利存量在 30 个省份中的位置有所下滑。③各省份低碳技术创新水平表现出明显的区域异质性。2002 年，河北、内蒙古、吉林、江苏、安徽、福建、江西、湖南、海南、重庆、贵州、云南、甘肃、青海、新疆 15 个省份尚未开展低碳技术创新活动，北京、上海、广东、四川存量较多，但仅有北京的存量超过了 5 项；相较于 2002 年，2009 年所有省份均存在低碳技术创新活动，此时北京、宁夏及海南分别是低碳技术专利存量最高、最低的省份，专利存量分别为 660 项、1 项、1 项，所有省份的平均存量为 90 项；截至 2018 年，广东和海南分别是低碳技术专利存量最高和最低的省份，专利存量分别为 9885 项和 94 项，所有省份的平均存量为 2238 项。此外，华北地区的北京，华东地区的上海、江苏、浙江，以及华南地区的广东的低碳技术专利存量明显高于其他省份，且这些省份均位于东部沿海地区；西部地区则是低碳技术创新的洼

地，除了四川和陕西以外，其余省份的低碳技术创新均位于较低水平。
④能源生产、运输或分配相关碳减排技术和商品生产或加工相关碳减排技术是低碳技术创新的重要组成部分。2002 年，除了北京、上海和山东以外，其余有低碳技术创新活动的省份中，能源生产、运输或分配相关碳减排技术和商品生产或加工相关碳减排技术对低碳技术创新的贡献均为 100%；2009 年，除了安徽、广西、海南和宁夏以外，其余 26 个省份这两类技术创新对低碳技术创新的贡献均超过了 60%，所有省份的平均贡献率高达 73%；2018 年，所有省份这两类技术创新对低碳技术创新的贡献均超过了 60%，且有 23 个省份超过了 70%。⑤碳捕捉、封存及利用技术创新起步晚且发展缓慢，对低碳技术创新的贡献十分有限。2002 年，所有省份均未开展碳捕捉、封存及利用技术创新活动；到了 2009 年，仅有北京、辽宁、浙江、河南、广东、陕西 6 个省份存在该技术创新活动，仅河南和陕西两省这类技术对低碳技术创新的贡献率超过了 1%，所有省份的平均贡献率为 0.13%；2018 年，黑龙江、海南、甘肃、青海和宁夏 5 个省份仍然没有碳捕捉、封存及利用技术创新活动，且所有省份该技术创新对低碳技术创新的贡献率均低于 1%，平均贡献率仅为 0.15%。

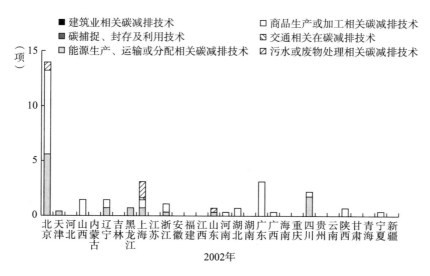

2002年

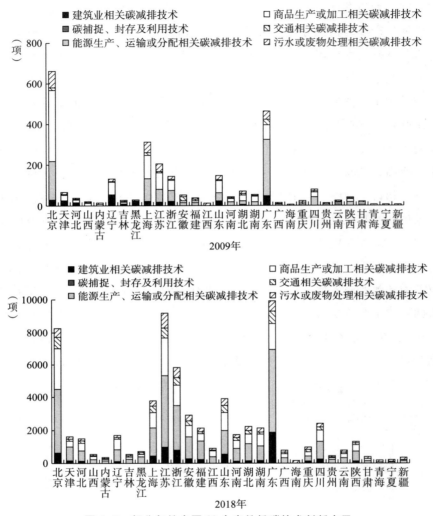

图 4-5　部分年份中国 30 个省份低碳技术创新水平

图 4-6 是 2000~2018 年中国 30 个省份不同种类低碳技术专利，并据此测算了其对整体低碳技术创新的平均贡献情况。可以看出：①能源生产、运输或分配相关碳减排技术和商品生产或加工相关碳减排技术是所有省份低碳技术创新的重要组成部分。②碳捕捉、封存及利用技术对各省份低碳技术创新的贡献是所有低碳技术中最小的。对于所有省份而言，碳捕捉、封存及利用技术对低碳技术创新的贡献均低于 0.5%，其间贡献

率最高的省份（辽宁）仅有 0.38%。30 个省份中仅有辽宁、陕西、河南、浙江和北京的贡献率高于 0.1%，其余省份均低于 0.1%，这说明碳捕捉、封存及利用技术不是样本期间我国低碳技术创新的核心组成部分。对于部分省份，例如黑龙江、海南、甘肃、青海和宁夏，在 2018 年及之前的低碳技术创新中仍然没有碳捕捉、封存及利用技术创新活动。③建筑业、交通和污水或废物处理相关碳减排技术是各省份低碳技术创新的重要组成部分。对于所有省份而言，三类低碳技术对低碳技术创新的总平均贡献率均超过了 10%。其中，3 个省份的平均贡献率超过了 30%，13 个省份超过了 20%，24 个省份超过了 15%。青海是平均贡献率最低的省份，其间平均贡献率为 6%。

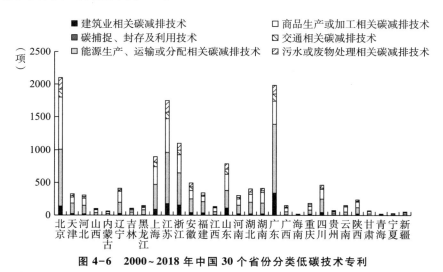

图 4-6　2000~2018 年中国 30 个省份分类低碳技术专利

第四节　本章小结

可再生能源技术创新和低碳技术创新是目前能源和环境技术创新的两种主要形态。本章在过往研究对二者概念界定和测度的基础上，采用永续盘存法，同时纳入技术扩散和技术折旧因素，测度与分析了 2000~2018 年中国 30 个省份的可再生能源技术创新水平和低碳技术创新水平。本章的核心内容主要包括两个方面。

（1）基于最新国际专利分类号，将风能、太阳能、潮汐能、水能、生物质能和储能技术作为可再生能源技术，采用永续盘存法测度了 2000～2018 年中国 30 个省份可再生能源技术创新水平。结果发现，2000～2018 年，中国所有省份可再生能源技术创新水平均有不同程度的提升，但表现出明显的区域异质性。同时，太阳能、风能和水能技术创新是所有省份可再生能源技术创新的重要组成部分，潮汐能、生物质能和储能技术创新水平相对较低。

（2）基于最新联合专利分类号中的 Y02 部类，从中筛选出六类与碳减排相关的技术作为低碳技术，采用永续盘存法测度了 2000～2018 年中国 30 个省份低碳技术创新水平。结果发现，2000～2001 年中国所有省份均未开展低碳技术创新活动，2002～2018 年所有省份低碳技术创新水平均有大幅度提高，但表现出明显的省间异质性。在六类低碳技术创新中，能源生产、运输或分配相关碳减排技术和商品生产或加工相关碳减排技术是低碳技术创新的重要组成部分，而碳捕捉、封存及利用技术对低碳技术创新的贡献十分有限。

第五章 中国省级可持续能源转型的
综合评价与分析

第四章分别对中国省级可再生能源技术创新和低碳技术创新进行了测度，并对测度结果做了简要分析。为了实证研究可再生能源技术创新和低碳技术创新对中国可持续能源转型的影响，如何科学测度中国可持续能源转型是本章的重点工作。目前，鲜有研究从综合视角全面地评价中国可持续能源转型。因此，本章的研究目的是构建一套评价中国可持续能源转型的综合指标体系，采用组合赋权模型分配指标权重，对2000~2018年中国30个省份的可持续能源转型进行评价与分析，为第六章与第七章的计量分析提供数据保障。本章主要包括三部分核心内容：第一节是综合评价体系的构建；第二节是指标权重分配与综合评价方法；第三节是评价结果与讨论。

第一节 综合评价体系的构建

一 综合评价体系的构建准则

构建一套科学的中国省级可持续能源转型综合评价体系是一个综合性的系统工程，在遵循中国可持续能源转型客观发展的前提下，选择能够全面符合研究对象特征事实且具有代表性的评价指标是重中之重。因此，综合评价体系的构建应遵循如下四大原则。

1. 科学性和系统性相结合

本章的综合评价体系的基础框架来源于世界经济论坛构建的能源转型指数（Energy Transition Index，ETI），具有良好的理论基础。2018 年世界经济论坛首次构建了能源转型指数综合评价体系，该体系包括能源系统绩效和能源转型条件两个维度，主要用于评价全球各经济体的能源转型进展。本章的综合评价体系沿用了 ETI 中所采用的能源三角理论（经济增长与发展、能源安全与保障和环境可持续发展）来评价能源系统绩效。不同的是，本章摒弃了 ETI 中的能源转型条件，而将能源结构优化作为一个新的维度，目的在于揭示中国省级能源结构的优化是否有利于提高能源系统绩效。

2. 全面性和代表性相结合

"统筹兼顾"是综合评价体系构建最基本的准则之一，每个评价子系统所包含的内容应该全面反映子系统，在此背景下往往容易选取过多的评价指标。基于此，本章在选取评价指标时充分考虑各省份可持续能源转型的客观事实，选取最具代表性的指标，避免指标间的相互重复，坚持全面性和代表性相结合的原则。

3. 数据可比性和可获得性相结合

只有不同量纲、不同时期和不同地区的数据之间具有可比性，综合评价结果才可用于比较分析。中国省级可持续能源转型综合评价数据均来源于中国官方数据库，数据属于面板数据，不同省份间各指标的统计口径一致，可直接用于不同时期和不同区域的比较分析，且数据具有良好的可获得性。

4. 专家咨询和特征事实相结合

尽管本章的综合评价体系是基于 ETI 的框架构建的，但 ETI 仅适用于国家层面的能源转型评价。本章的主要目的是评价中国省级层面的可持续能源转型，需要基于中国省级可持续能源转型的特征事实、发展规律和主要矛盾构建综合评价体系。因此，在评价体系构建的过程中，通过专家咨询获取有效反馈信息，并结合省级可持续能源转型的特征事实，对综合评价体系做了反复的完善和修正。

二　综合评价指标的选取与含义

世界经济论坛所构建的 ETI 主要用于评价国家层面的能源转型进展，但当其用于评价某一国家内部区域的能源转型时，尚存在诸多需要完善和修正的地方，主要体现在：①ETI 忽略了不同国家或区域之间各项评价指标的重要性，不同区域之间能源转型的主要矛盾往往存在差异；②ETI 部分评价指标仅适用于全球能源转型进展的评估，而不适用于某一国家内部的能源转型评估；③ETI 中采用了部分难以评估的定性指标和预期性指标，例如政策稳定性、腐败程度等；④ETI 中的部分指标在中国情境下从未统计过，且数据难以获取。由上述分析可知，ETI 无法直接应用于中国情境下能源转型进展的评估。因此，本书沿用 ETI 指标框架构建的基本思路，结合中国省级可持续能源转型情景，对综合评价指标进行了修正与完善。参考邵超峰等（2021）的指标体系优化方案，本章评价指标的选取遵循了四个步骤：①剔除 ETI 中不适合评价中国省级可持续能源转型的指标；②保留在中国省级层面可统计的评价指标；③新增能够体现中国情境下省级可持续能源转型特征的评价指标；④修正与中国情境下指标表述相近，且能够被完善的指标。

基于上述指标选取依据，本章构建了一套由 2 个一级指标、5 个二级指标和 19 个三级指标组成的中国省级可持续能源转型综合评价体系（见图 5-1）。其中，一级指标包括能源系统绩效和能源结构优化。能源系统绩效包括 3 个二级指标，分别是经济增长与发展、能源安全与保障和环境可持续发展，主要用于衡量当前能源系统实现经济增长与发展、能源安全与保障以及环境可持续发展的能力；能源结构优化包括 2 个二级指标，分别是可再生能源供给和化石能源供给，主要用于刻画已有的能源结构是否正在持续地过渡为一个更加依赖可再生能源的新能源结构。5 个二级指标共包括 19 个三级指标，具体的内容描述如下。

（1）经济增长与发展包括 4 个三级指标，分别是能源效率、能源成本、能源市场化和能源产业建设，主要用于衡量能源转型是否有利于实现经济增长与发展。其中，能源效率用于反映能源利用效率，采用能源

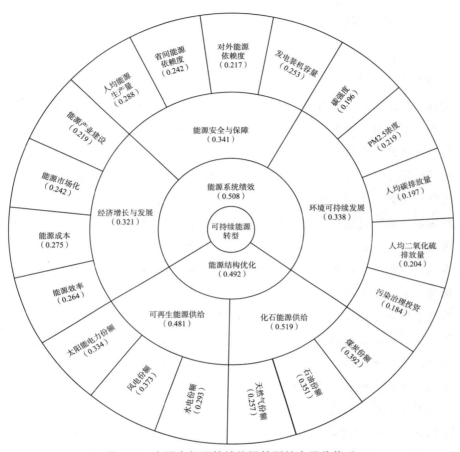

图 5-1　中国省级可持续能源转型综合评价体系

注：括号中为指标权重。

强度的倒数表示；能源成本用于反映能源购进成本，采用动力燃料购进价格指数表示；能源市场化用于反映能源市场化程度，采用非国有控股工业企业主营业务收入在规模以上工业企业主营业务收入中的份额表示；能源产业建设用于反映能源基础设施建设，采用 GDP 与能源工业投资的比值表示。

（2）能源安全与保障包括 4 个三级指标，分别是人均能源生产量、省间能源依赖度、对外能源依赖度和发电装机容量，主要用于衡量能源转型是否有利于保障能源安全。其中，人均能源生产量用于反映能源供给能力，采用能源生产量与总人口的比值表示；省间能源依赖度和对外能源依赖度用于反映能源依赖度，省间能源依赖度采用外省能源调入量与本省能源调出量的差额在能源消费总量中的比例表示，对外能源依赖度采用能源进口量占能源消费总量的比例表示；发电装机容量用于反映能源供给潜力，采用各省份发电装机容量表示。

（3）环境可持续发展包括 5 个三级指标，分别是碳强度、PM2.5 浓度、人均碳排放量、人均二氧化硫排放量和污染治理投资，主要用于衡量能源转型是否有利于环境可持续发展。其中，碳强度用于反映二氧化碳排放强度，采用单位 GDP 二氧化碳排放量表示；PM2.5 浓度、人均碳排放量和人均二氧化硫排放量用于反映污染排放影响，PM2.5 浓度采用人口加权平均 PM2.5 浓度表示，人均碳排放量和人均二氧化硫排放量分别采用二氧化碳排放量和二氧化硫排放量与总人口的比值表示；污染治理投资用于反映环境规制强度，采用污染治理投资总额表示。

（4）可再生能源供给包括 3 个三级指标，分别是水电份额、风电份额和太阳能电力份额，主要用于反映能源转型是否有助于增加可再生能源消费。其中，水电份额、风电份额和太阳能电力份额用于反映可再生能源消费份额，依次采用水电、风电和太阳能的消费量占能源消费总量[①]的比例表示。

（5）化石能源供给包括 3 个三级指标，分别是煤炭份额、石油份额和天然气份额，主要用于反映能源转型是否有助于减少化石能源的消费。其中，煤炭份额、石油份额和天然气份额用于反映化石能源消费份额，依次采用煤炭、石油和天然气的消费量占能源消费总量的比例表示。

三 数据处理与说明

可持续能源转型综合评价对象是中国 30 个省级行政区，时间窗口设置为 2000~2018 年。综合评价共涉及 19 个三级指标，数据来源于国家统

---

① 此处的能源消费总量采用煤炭、石油、天然气、水电、风电和太阳能电力消费量的加总表示。

计局、《中国统计年鉴》、《中国能源统计年鉴》、《中国电力年鉴》、各省份统计年鉴和达尔豪斯大学数据库。表 5-1 报告了各评价指标的描述性统计，并说明了各评价指标的属性。

表 5-1　描述性统计：可持续能源转型评价指标

变量	单位	属性	平均值	标准差	最小值	最大值
能源效率	吨标准煤/万元	正	1.29	0.78	0.22	4.55
能源成本	—	负	105.28	9.55	68.30	137.90
能源市场化	%	正	69.07	26.18	12.17	113.01
能源产业建设	—	正	29.36	27.82	3.10	217.69
人均能源生产量	吨标准煤	正	3.23	5.08	0.04	55.66
省间能源依赖度	%	负	102.58	85.45	0.00	581.65
对外能源依赖度	%	负	10.61	18.03	0.00	124.11
发电装机容量	万千瓦	正	3159.58	2646.89	175.96	13107.00
碳强度	吨/万元	负	4.12	2.99	0.41	19.84
PM2.5 浓度	微克/米^3	负	37.45	16.01	7.95	85.57
人均碳排放量	吨	负	9.20	6.74	1.23	45.82
人均二氧化硫排放量	吨	负	0.02	0.01	0.00	0.06
污染治理投资	亿元	正	170.80	181.09	1.33	1000.85
煤炭份额	%	正	70.13	16.28	3.61	97.24
石油份额	%	正	20.10	11.15	1.92	53.22
天然气份额	%	正	6.08	7.55	0.00	45.68
水电份额	%	负	3.34	4.12	0.00	21.56
风电份额	%	负	0.26	0.46	0.00	3.11
太阳能电力份额	%	负	0.09	0.39	0.00	4.51

第二节　指标权重分配与综合评价方法

一　指标权重的分配

综合评价的另一个关键问题是评价指标的权重分配，指标权重分配的合理性直接影响评价结果的准确性。常见的指标权重分配方法包括主观赋权法、客观赋权法和综合集成赋权法。主观赋权法是基于"功能驱动"原理对指标设置权重的一种方法，其特点是可以依据专家的经验使赋权结果具有较强的理论依据，但赋权结果容易受专家主观偏好干扰（Lin and Tan，2013）。客观赋权法是基于"差异驱动"原理对指标进行赋权的一种方法，客观权重是根据各个指标在指标总体中的变异程度或者提供信息量的多少来确定（Liu et al.，2017）。相比主观赋权法，客观赋权法具有比较稳固的数学理论基础，但忽略了指标的经济学含义，致使得到的部分评价结果可能与实际情况相悖，不易解释（Ma et al.，2017）。综合集成赋权法是将主观赋权法和客观赋权法结合的一种方法，该方法能同时考虑主观赋权信息和客观赋权信息，可以在一定程度上弥补主观赋权法和客观赋权法的不足（Ma et al.，2017）。因此，综合集成赋权法被广泛用于分配指标权重。

（一）数据标准化处理

对于正向指标，标准化处理方法为：

$$p_{ij} = \frac{V_{ij} - \min\limits_{1 \leq j \leq n}(V_{ij})}{\max\limits_{1 \leq j \leq n}(V_{ij}) - \min\limits_{1 \leq j \leq n}(V_{ij})} \qquad (5-1)$$

对于逆向指标，标准化处理方法为：

$$p_{ij} = \frac{\max\limits_{1 \leq j \leq n}(V_{ij}) - V_{ij}}{\max\limits_{1 \leq j \leq n}(V_{ij}) - \min\limits_{1 \leq j \leq n}(V_{ij})} \qquad (5-2)$$

其中，V_{ij} 表示第 j 个对象第 i 个指标的值；p_{ij} 表示 V_{ij} 标准化后的值；n 是评价指标的个数。

（二）主观权重的计算

对于主观赋权法而言，常见的主要包括层次分析法、德尔菲法、特征值法、序关系分析法（G1 法）等（Yu et al.，2019；Zhang et al.，2018；Wang et al.，2017；王学军、郭亚军，2005）。相较其他主观赋权法，G1 法无须构建判断矩阵和进行一致性检验，且具有强保序性、简便易算等性质，从而被认为是更为科学合理的主观赋权法（Qian et al.，2014），因此，本节选取该方法对指标进行主观赋权。

1. 确定序关系

定义 1：若评价指标 x_i 在某评价准则下的重要程度大于 x_j，记为 $x_i > x_j$（符号 > 表示优先关系）；

定义 2：若评价指标 x_1，x_2，$\cdots$，x_m 在某评价准则下具有如下关系：

$$x_1^* > x_2^* > \cdots > x_m^* \tag{5-3}$$

则 x_1，x_2，$\cdots$，x_m 之间按 > 确立了序关系，x_i^* 表示 $\{x_i\}$ 按序关系排序后的第 i 个评价指标（$i = 1$，2，$\cdots$，m）。

2. 评价指标权重系数的计算

假设专家对两相邻指标 x_{k-1} 和 x_k 的重要程度 ω_{k-1} 和 ω_k 的理性赋值为：

$$\omega_{k-1} / \omega_k = r_k, k = m, m-1, \cdots, 3, 2 \tag{5-4}$$

其中，若 x_1，x_2，$\cdots$，x_m 满足式（5-3）中给出的序关系，则：

$$r_{k-1} / r_k > 1, k = m, m-1, \cdots, 3, 2 \tag{5-5}$$

在式（5-5）的基础上，可得 x_m 的权重系数 ω_m：

$$\omega_m = \left(1 + \sum_{k=2}^{m} \prod_{i=k}^{m} r_i \right)^{-1} \tag{5-6}$$

（三）客观权重的计算

对于客观赋权法而言，常见的主要包括逼近理想点法、"拉开档次法"、熵值法、夹角余弦赋权法等（Zou et al.，2006；Krohling and Pacheco，2015；石宝峰等，2016）。相比之下，夹角余弦赋权法计算过程更加简单，因此，本节选取该方法对指标进行客观赋权。

1. 构造最优值向量和最差值向量

对于正向指标集（I_1），构造方法为：

$$S^* = (S_1^*, S_2^*, \cdots, S_m^*)^{\mathrm{T}} \tag{5-7}$$

$$S_i^* = \begin{cases} \max_{1 \leqslant j \leqslant n} (V_{ij}), i \in I_1 \\ \min_{1 \leqslant j \leqslant n} (V_{ij}), i \in I_2 \end{cases} \tag{5-8}$$

对于逆向指标集（I_2），构造方法为：

$$s_* = (s_*^1, s_*^2, \cdots, s_*^m)^\mathrm{T} \tag{5-9}$$

$$s_*^i = \begin{cases} \min\limits_{1 \leqslant j \leqslant n}(V_{ij}), i \in I_1 \\ \max\limits_{1 \leqslant j \leqslant n}(V_{ij}), i \in I_2 \end{cases} \tag{5-10}$$

其中，S^* 表示评价指标最优值向量；s_* 表示评价指标最差值向量；S_i^* 表示第 i 个评价指标的最优值；s_*^i 表示第 i 个评价指标的最差值。

2. 构造相对偏差矩阵

评价方案与 S^* 的相对偏差矩阵（R）为：

$$R = (r_{ij})_{m \times n} = \left[\frac{|V_{ij} - S_i^*|}{\max\limits_{1 \leqslant j \leqslant n}(V_{ij}) - \min\limits_{1 \leqslant j \leqslant n}(V_{ij})} \right]_{m \times n} \tag{5-11}$$

评价方案与 s_* 的相对偏差矩阵（Δ）为：

$$\Delta = (\delta_{ij})_{m \times n} = \left[\frac{|V_{ij} - s_*^i|}{\max\limits_{1 \leqslant j \leqslant n}(V_{ij}) - \min\limits_{1 \leqslant j \leqslant n}(V_{ij})} \right]_{m \times n} \tag{5-12}$$

其中，r_{ij} 表示第 j 个对象第 i 个指标值与 S_i^* 的偏差；δ_{ij} 表示第 j 个对象第 i 个指标值与 s_*^i 的偏差。r_{ij} 越大表明指标评价值与最优值的差距越大，则评价越差；r_{ij} 越小表示指标评价值与最优值的差距越小，则评价越好。δ_{ij} 的含义恰好相反，此处不再赘述。

3. 基于夹角余弦值指标权重的计算

在式（5-11）和式（5-12）的基础上，本节通过式（5-13）计算最优偏差矩阵行向量 r_i 和最差偏差矩阵行向量 δ_i 的夹角余弦值。

$$c_i = \cos(r_i, \delta_i) = \sum_{j=1}^n r_{ij}\delta_{ij} \Big/ \left(\sum_{j=1}^n r_{ij} \sum_{j=1}^n \delta_{ij} \right)^{1/2} \tag{5-13}$$

其中，c_i 是夹角余弦值，用于刻画评价对象与 S_i^* 和 s_*^i 的偏差对第 i 个指标权重的影响程度。行向量 r_i 和行向量 δ_i 的夹角越小，表明第 i 个指标的权重越大，可具体表示为：

$$\omega_i^c = c_i \Big/ \sum_{i=1}^m c_i \tag{5-14}$$

对式（5-14）进行标准化处理，进而可得夹角余弦权重向量 ω^c：

$$\omega^c = (\omega_1^c, \omega_2^c, \cdots, \omega_m^c)^{\mathrm{T}}, i = 1, 2, \cdots, m \tag{5-15}$$

（四）综合集成权重的确定

在主观权重和客观权重的基础上，利用变异系数法将主观赋权法和客观赋权法进行集成处理。

集成赋权后的指标 x_i 权重可表示为：

$$\omega_i = \alpha \omega_i^m + \beta \omega_i^c \tag{5-16}$$

其中，ω_i 是同时具有主观信息和客观信息综合集成特征的权重系数；α 和 β 分别是主观权重和客观权重的比例。显然，综合集成赋权法指标权重确定的关键在于确定 α 和 β 的分配比例。下面给出变异系数法求解 α 和 β 的过程。

$$\max D = \sum_{j=1}^{n} \sum_{i=1}^{m} b_i (\alpha \omega_i^m + \beta \omega_i^c)$$
$$\mathrm{s.\,t.}\ \alpha > 0, \beta > 0 \tag{5-17}$$
$$\alpha^2 + \beta^2 = 1$$

其中，b_i 是指标 x_i 的变异系数，b_i 越大表明指标 x_i 的信息量越大，对应的权重也应该越大。引入 Lagrange 条件极值法求解目标函数，可得：

$$\alpha = \frac{\sum\limits_{j=1}^{n} \sum\limits_{i=1}^{m} b_i \omega_i^m}{\left[\left(\sum\limits_{j=1}^{n} \sum\limits_{i=1}^{m} b_i \omega_i^m \right)^2 + \left(\sum\limits_{j=1}^{n} \sum\limits_{i=1}^{m} b_i \omega_i^c \right)^2 \right]^{1/2}} \tag{5-18}$$

$$\beta = \frac{\sum\limits_{j=1}^{n} \sum\limits_{i=1}^{m} b_i \omega_i^c}{\left[\left(\sum\limits_{j=1}^{n} \sum\limits_{i=1}^{m} b_i \omega_i^m \right)^2 + \left(\sum\limits_{j=1}^{n} \sum\limits_{i=1}^{m} b_i \omega_i^c \right)^2 \right]^{1/2}} \tag{5-19}$$

令标准化后的 α 和 β 分别为 α^* 和 β^*，则标准化后指标 x_i 的综合集成权重 ω_i^* 为：

$$\omega_i^* = \alpha^* \omega_i^m + \beta^* \omega_i^c \tag{5-20}$$

二 综合评价方法

线性加权法被用于评价 2000~2018 年中国省级可持续能源转型。可持续能源转型得分介于 0 和 1 之间，可持续能源转型得分越趋近于 1，表示转型程度越好；可持续能源转型得分越趋于 0，表示转型程度越差。基于综合评价体系，可持续能源转型得分可表示为：

$$ETI = A_1 \times \omega_{A_1} + A_2 \times \omega_{A_2} \tag{5-21}$$

其中，ETI 代表可持续能源转型得分，A_1 和 A_2 分别表示能源系统绩效和能源结构优化，ω_{A_1} 和 ω_{A_2} 分别对应 A_1 和 A_2 的权重。A_1 和 A_2 可通过如下公式求解：

$$A_1 = B_1 \times \omega_{B_1} + B_2 \times \omega_{B_2} + B_3 \times \omega_{B_3}; A_2 = B_4 \times \omega_{B_4} + B_5 \times \omega_{B_5} \tag{5-22}$$

其中，B_1、B_2 和 B_3 依次表示经济增长与发展、能源安全与保障和环境可持续发展，ω_{B_1}、ω_{B_2} 和 ω_{B_3} 则依次是它们的权重；B_4 和 B_5 依次表示可再生能源供给和化石能源供给，ω_{B_4} 和 ω_{B_5} 则是二者的权重。B_1 至 B_5 可通过如下公式求解：

$$B_1 = \sum_{i=1}^{4} C_i \times \omega_{C_i}; B_2' = \sum_{i=5}^{8} C_i \times \omega_{C_i}; B_3 = \sum_{i=9}^{13} C_i \times \omega_{C_i};$$
$$B_4 = \sum_{i=14}^{16} C_i \times \omega_{C_i}; B_5 = \sum_{i=17}^{19} C_i \times \omega_{C_i} \tag{5-23}$$

其中，C_i 表示各三级指标，ω_{C_i} 则是其权重。

第三节 评价结果与讨论

一 中国省级可持续能源转型综合评价结果分析

图 5-2 是 2000~2018 年中国 30 个省份可持续能源转型平均得分。在样本期间内，中国 30 个省份的可持续能源转型平均得分为 0.44。在可持续能源转型评估中，各省份呈现显著的差异化发展态势。从综合表现

来看，云南、四川、青海、福建和广东的平均得分相对较高。在能源系统绩效方面，广东表现尤为优异，青海相对较差，其余三省均处于较高水平；而在能源结构优化方面，青海表现突出，广东相对滞后，其他三省同样位居前列。相比之下，天津、宁夏、山西、上海和海南的综合评估结果整体偏差。在能源系统绩效方面，海南在这五省中表现相对较好，宁夏则处于相对滞后状态，其余三省亦处于较低水平；在能源结构优化方面，宁夏表现相对较好，上海相对落后，海南与天津也处于相对靠后的位置。

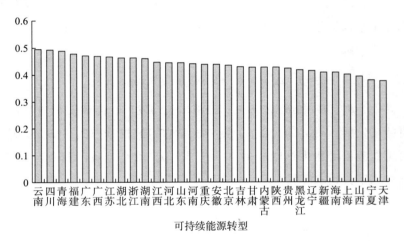

可持续能源转型

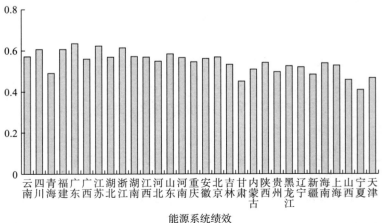

能源系统绩效

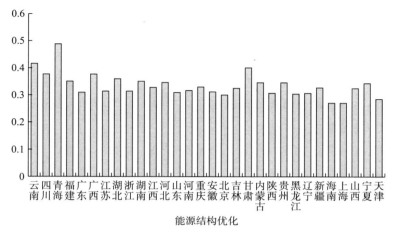

图 5-2　2000~2018 年中国 30 个省份可持续能源转型平均得分

　　为了更直观地展示省级能源系统绩效得分和能源结构优化得分的分布情况，按照两组得分的平均值划分为四个象限，依次为"高能源系统绩效得分+高能源结构优化得分"（第Ⅰ象限）、"低能源系统绩效得分+高能源结构优化得分"（第Ⅱ象限）、"低能源系统绩效得分+低能源结构优化得分"（第Ⅲ象限）和"高能源系统绩效得分+低能源结构优化得分"（第Ⅳ象限），详见图 5-3。

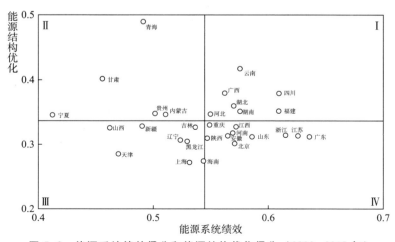

图 5-3　能源系统绩效得分和能源结构优化得分（2000~2018 年）

第 I 象限共包含 7 个省份，分别为云南、四川、福建、广西、湖北、湖南和河北，其可持续能源转型平均得分相对较高。各省份在能源转型路径上呈现差异化特征：其中四川和福建在能源系统效率方面的表现优于其结构优化水平，其余省份则在能源结构优化方面更具优势。值得注意的是，这些省份在能源结构优化方面均位居全国前列，显示出较强的清洁能源转型能力。

第 II 象限共包含 5 个省份，分别为青海、甘肃、内蒙古、贵州和宁夏。这些省份在能源发展路径上具有一个共同特征：其在能源结构优化方面的表现明显优于能源系统效率水平。具体而言，尽管这些省份在能源系统绩效方面仍存在一定提升空间，但在清洁能源转型与结构优化方面已取得较为突出的进展，整体处于全国中上游水平。

第 III 象限共包括 8 个省份，分别为吉林、黑龙江、辽宁、新疆、海南、上海、山西和天津。整体来看，这些省份在能源系统绩效与结构优化方面均存在一定的发展瓶颈，亟须制定并实施具有针对性的政策措施，以推动其可持续能源转型进程。

第 IV 象限共包括 10 个省份，分别为广东、江苏、浙江、江西、山东、河南、重庆、安徽、北京和陕西。值得关注的是，这些省份在能源发展方面呈现一定的结构性特征：除个别省份外，大多数省份在能源系统效率方面表现相对优异，但在能源结构调整与优化方面仍存在明显短板，亟须在清洁能源转型方面加大政策支持与资源投入力度。

为比较综合评价法与可再生能源消费比例在能源转型测度中的差异，本节分析了 2018 年的相关数据，以说明两种方法对省级能源转型情况的评估结果。结果显示，仅有浙江、四川、云南和青海在两种方法下的测算结果保持一致，其余省份则表现出不同程度的偏差。例如，山东在综合评价法中获得较高的可持续能源转型得分，但其可再生能源消费比例却相对较低，反映出该省能源转型程度可能存在被低估的可能；相比之下，上海在综合评价法中的得分偏低，但其可再生能源消费比例较高，表明其实际转型水平可能被高估。此外，部分省份的实际可持续能源转型水平与评估结果存在不一致现象。其中，东部和中部地区的多数省份存在被低估的可能，而西部地区则普遍被高估。这一现象主要源于东中部地区能源消费仍以化石能源为主，且总体规模较大，导致西部地区的可再生能源消费比例相对较高。以青海为例，尽管其可再生能源消费比例较高，但其实际消费总量并不理想。

二　能源系统绩效综合评价结果分析

图 5-4 展示了 2000~2018 年中国 30 个省份在能源系统绩效、经济增长与发展、能源安全与保障以及环境可持续发展四个维度上的平均得分情况。分析结果显示，广东、江苏、浙江、四川和福建在能源系统绩效

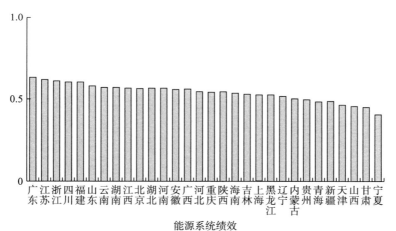

能源系统绩效

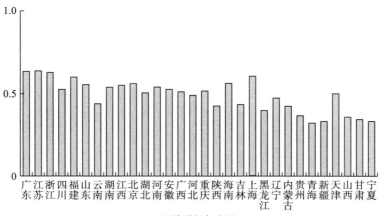

经济增长与发展

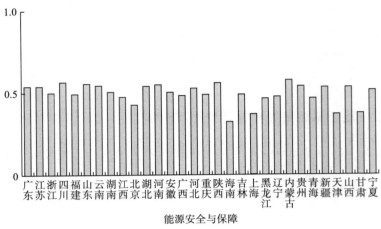

能源安全与保障

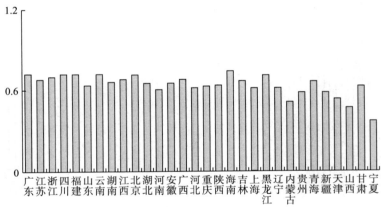

环境可持续发展

图 5-4　2000~2018 年能源系统绩效及其子系统平均得分

方面表现相对较好，得分较高。在经济增长与发展方面，四川的得分相对较低，而广东、江苏、浙江和福建表现较为突出。在能源安全与保障方面，各省间差异显著，四川得分较高，福建得分相对较低。在环境可持续发展方面，除江苏得分相对较低外，其他四省整体表现良好。

　　在能源系统绩效得分较低的省份中，宁夏、甘肃、山西、天津和新疆的表现相对较差。在经济增长与发展方面，除天津外，其余四省得分普遍偏低。在能源安全与保障方面，山西和新疆得分相对较高，天津得分较低。在环境可持续发展方面，甘肃得分较高，其余省份的整体得分偏低。

　　图 5-5 更直观地呈现了经济增长与发展、能源安全与保障和环境可

持续发展对能源系统绩效的贡献情况。可以看出，除了山西、内蒙古和宁夏以外，其余 27 个省份环境可持续发展对能源系统绩效得分的平均贡献率均高于经济增长与发展和能源安全与保障。其中，北京、天津、上海、江苏、浙江、福建、江西、广东和海南的经济增长与发展对能源系统绩效得分的贡献率高于能源安全与保障，其余的则是能源安全与保障高于经济增长与发展。山西、内蒙古和宁夏的能源安全与保障的贡献率高于经济增长与发展和环境可持续发展，同时这 3 个省份的环境可持续发展对能源系统绩效的贡献均高于经济增长与发展。

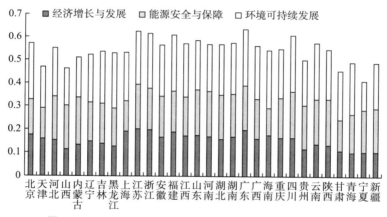

图 5-5　2000~2018 年子系统对能源系统绩效的贡献情况

为了解释经济增长与发展、能源安全与保障和环境可持续发展的省际差异与变化，本节进一步对这三者依次展开分析，具体结果见图 5-6。

1. 经济增长与发展

根据图 5-6（a）可以看出，除了青海和宁夏以外，其余 28 个省份的能源效率对经济增长与发展的贡献均超过了其他因素。其中，陕西、新疆、甘肃、黑龙江和云南是能源效率贡献率处于第一梯队的 5 个省份，平均贡献率均超过了 45%，有 15 个省份的贡献率超过了 40%，且 30 个省份的贡献率均超过了 30%，这表明能源效率是经济增长与发展最为关键的驱动因素。青海和宁夏则是能源成本对经济增长与发展的贡献最大，贡献率分别为 43.3% 和 37.0%。此外，对于所有省份而言，能源产业建设的贡献均小于其他三个因素，仅有上海和北京的贡献率超过了 10%，分别为 17.5% 和 16.6%，其余省份均低于 10%，这表明 2000~2018 年能源产业建设对经济增长与发展的贡献是相对有限的。

2. 能源安全与保障

根据图 5-6 （b） 可以看出，2000~2018 年所有省份的能源依赖度（省间能源依赖度和对外能源依赖度）对能源安全与保障的贡献是最大的，而人均能源生产量和发电装机容量的贡献相对较小。其中，有 9 个省份的能源依赖度的贡献率超过了 90%，24 个省份超过了 80%，且所有省份的贡献率均超过了 65%，这表明能源依赖度是决定能源安全与保障最重要的影响因素。广东、山东、江苏、浙江和内蒙古发电装机容量的贡献率依次为 24.7%、22.5%、22.2%、20.5% 和 19.4%，而海南、北京、重庆、天津和青海的贡献率均不足 5%。对于所有省份而言，人均能源生产量的贡献则是这些因素中最小的，仅有山西和内蒙古的贡献率超过了 10%，分别为 14.7% 和 13.0%，其余省份均小于 10%，且有 25 个省份不足 5%。

3. 环境可持续发展

根据图 5-6 （c） 可以看出，2000~2018 年各省份碳强度对环境可持续发展的贡献是比较接近的。其中，天津的贡献率处于第一梯队，达到了 31.3%，山西相对较低，达到了 18.1%，其余省份均介于 20% 和 30%

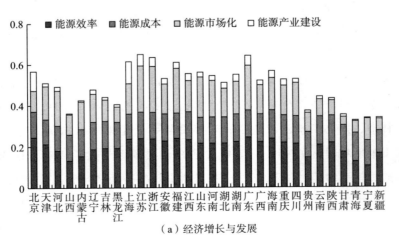

（a）经济增长与发展

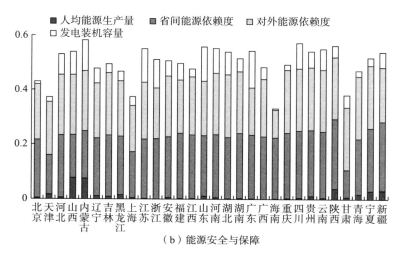

（b）能源安全与保障

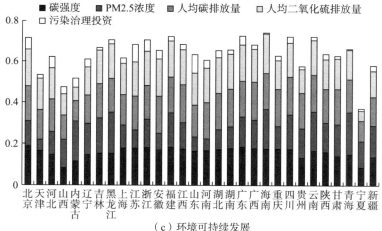

（c）环境可持续发展

图 5-6　2000~2018 年经济增长与发展、能源安全与保障和环境可持续发展得分

之间。此外，各省份人均碳排放量和人均二氧化硫排放量对环境可持续发展的贡献也比较接近，除内蒙古和宁夏以外，其余省份二者的贡献率均介于 20% 和 30% 之间。相比之下，各省份 PM2.5 浓度的贡献则有所不同，内蒙古的贡献率处于第一梯队，高达 37.4%，河南相对偏低，仅有 9.3%。值得关注的是，各省份污染治理投资对环境可持续发展的贡献是这些因素中最小的，仅有山东和江苏的贡献率超过了 10%，其余省份均低于 10%，且有 18 个省份的贡献率不足 5%。

三 能源结构优化综合评价结果分析

图 5-7 报告了 2000~2018 年中国 30 个省份的能源结构优化、可再生能源供给和化石能源供给的平均得分情况。其中，青海、云南、甘肃、广西和四川是能源结构优化得分位于第一梯队的 5 个省份。在这些省份中，2018 年甘肃的能源结构优化得分从 2000 年的第二梯队进入第一梯队。在可再生能源供给方面，青海、甘肃、云南、四川和广西在所有省份中位于第一梯队，在样本期间内仅有甘肃的梯队有所提升，其余省份则保持不变。在化石能源供给方面，青海、云南、甘肃、广西和四川处

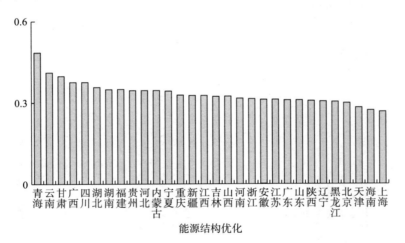

能源结构优化

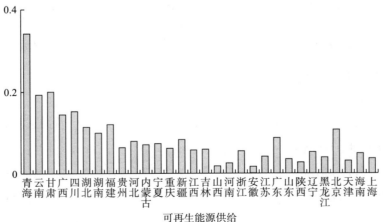

可再生能源供给

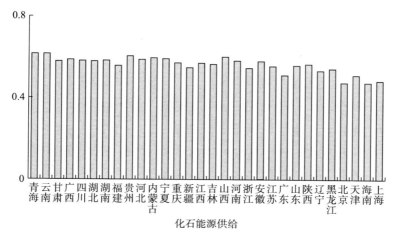

图 5-7　2000~2018 年能源结构优化及其子系统平均得分

于所有省份的中上游水平，在样本期间甘肃的梯队提升明显，而其余省份变化不大。

　　上海、海南、天津、北京和黑龙江是能源结构优化得分较低的 5 个省份。在可再生能源供给方面，除了北京得分较高外，上海、海南、天津和黑龙江得分均相对较低。在化石能源供给方面，这 5 个省份的得分较低。

　　图 5-8 更直观地呈现了可再生能源供给和化石能源供给对能源结构优化的贡献情况。可以看出，所有省份的化石能源供给对能源结构优化

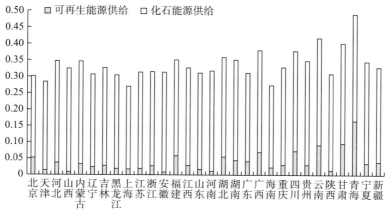

图 5-8　2000~2018 年子系统对能源结构优化的贡献情况

的贡献均远高于可再生能源供给，这表明减少化石能源消费是最有利于优化能源结构的手段。其中，安徽、山西、河南、山东和天津是化石能源供给贡献率最高的5个省份，贡献率分别高达97.5%、97.3%、96.3%、95.9%和94.7%，在所有省份中仅有甘肃、青海和云南化石能源供给的贡献率低于80%，有17个省份的贡献率超过了90%。青海、甘肃、云南、四川和广西是可再生能源供给贡献率最高的5个省份，贡献率分别为33.7%、24.0%、22.2%、19.2%和18.3%，有27个省份可再生能源供给的贡献率不足20%，有17个省份不足10%。

同样，为了解释可再生能源供给和化石能源供给的省际差异与变化，本节进一步对二者展开分析，具体结果见图5-9。

1. 可再生能源供给

在图5-9（a）中，根据各省份水电份额、风电份额和太阳能电力份额对可再生能源供给的贡献率，所有省份可划分为两类：第一类是水电份额的贡献率高于风电份额和太阳能电力份额；第二类是风电份额的贡献率高于水电份额和太阳能电力份额。第一类包括16个省份，只有陕西的水电份额的贡献率低于50%，其余15个省份的贡献率均超过50%，有11个省份的贡献率超过了70%。其中，四川、重庆、广西、湖北的水电份额的贡献率均超过了90%，分别为96.7%、91.5%、91.4%和91.4%。此外，除了青海以外，其余省份的风电份额的贡献率均高于太阳能电力份额。第二类包括14个省份，只有安徽和江苏风电份额的贡献率低于50%，分别为43.8%和48.9%，其余12个省份的贡献率均高于50%，且有10个省份的贡献率超过70%。其中，内蒙古、黑龙江、河北、辽宁和山东是贡献率最高的5个省份，分别是91.8%、90.3%、86.1%、85.5%和84.3%。此外，内蒙古、河北、山东、山西、天津、宁夏和安徽的太阳能电力份额的贡献率高于水电份额，其余7个省份则是水电份额的贡献率高于太阳能电力份额。

2. 化石能源供给

在图5-9（b）中，根据各省份的煤炭份额、石油份额和天然气份额对化石能源供给的贡献率，所有省份可划分为三类：第一类是煤炭份额的贡献率高于石油份额和天然气份额；第二类是石油份额的贡献率高于煤炭份额和天然气份额；第三类是天然气份额的贡献率在三者之间相对较高。第一类只包括 2 个省份，分别是海南和北京，二者煤炭份额的贡献率分别为 53.5% 和 51.3%。其中，海南石油份额的贡献率高于天然气份额，北京天然气份额的贡献率高于石油份额。第二类包括 13 个省份，这些省份石油份额的贡献率均高于 40%。其中，山西、内蒙古、宁夏、河北和贵州是石油份额贡献率最高的 5 个省份，贡献率分别为 55.9%、53.3%、52.4%、51.0% 和 50.9%。此外，第二类中仅有青海的煤炭份额

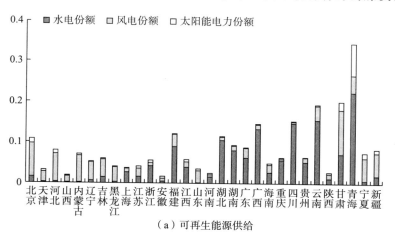

（a）可再生能源供给

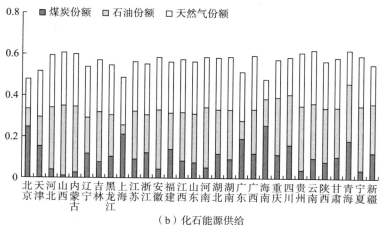

（b）化石能源供给

图 5-9　2000~2018 年可再生能源供给和化石能源供给得分

的贡献率高于天然气份额，其余 12 个省份均是天然气份额的贡献率高于煤炭份额。第三类包括 15 个省份，这些省份天然气份额的贡献率均高于40%。其中，上海、广东、辽宁、山东和江西是贡献率最高的 5 个省份，贡献率分别为 47.2%、46.1%、46.0%、44.9% 和 44.7%。此外，在第三类中仅有上海、广东和天津的煤炭份额的贡献率高于石油份额，其余 12 个省份均是石油份额的贡献率高于煤炭份额。

四 组群特征分析

中国各省份在区位优势、收入水平和资源禀赋方面具有显著的群体特征（Zha et al.，2019）。因此，组群特征分析有助于制定针对群体异质性的能源转型政策。因此，本节根据区域、人均收入水平、省间能源调动和能源对外贸易进行了分组分析，旨在为第七章异质性讨论提供基本事实依据。

1. 按区域分组

基于 Zha 等（2019）的做法，将中国划分为东部、中部和西部三大地区。其中，东部地区包括 11 个省份，中部地区包括 9 个省份，西部地区包括 10 个省份。图 5-10 呈现了按区域分组的能源系统绩效和能源结构优化得分的分布情况。在能源系统绩效方面，有 17 个省份的能源系统绩效得分高于平均水平。其中，东部地区包括 7 个省份，且得分较高的 5个省份中有 4 个（广东、江苏、浙江和福建）位于东部地区；中部地区包括 5 个省份，这些省份的能源系统绩效的分布相对集中；西部地区包括 5 个省份，这些省份的能源系统绩效的分布则相对分散。在能源结构优化方面，有 12 个省份的能源结构优化得分高于平均水平。其中，东部地区包括 2 个省份，分别是福建和河北；中部地区包括 3 个省份，分别是湖北、湖南和内蒙古；西部地区包括 7 个省份，且得分较高的 5 个省份均位于西部地区。综合来看，东部地区大多数省份的能源系统绩效得分相对较高，但能源结构优化得分相对较低，中部地区二者的分布相对均匀，西部地区大多数省份的能源结构优化得分相对较高，但能源系统绩效得分相对较低。

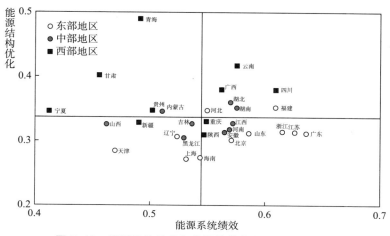

图 5-10 能源系统绩效和能源结构优化：按区域分组

2. 按人均收入水平分组

为了分析不同收入水平下省级能源系统绩效得分和能源结构优化得分分布的异质性，本节将 30 个省份按照人均收入水平划分为高等收入地区、中等收入地区和低等收入地区。高等收入地区由人均收入水平较高的 10 个省份组成，中等收入地区由人均收入水平居中的 10 个省份组成，低等收入地区由人均收入水平较低的 10 个省份组成。图 5-11 呈现了按人均收入水平分组的能源系统绩效和能源结构优化得分的分布情况。对于高等收入地区，有 6 个省份的能源系统绩效得分高于平均值，且得分较高的 5 个省份中有 4 个属于高等收入地区，但仅有 2 个省份（内蒙古和福建）的能源结构优化得分高于平均值。不仅如此，高等收入地区中的天津、上海和辽宁的能源系统绩效得分和能源结构优化得分均低于平均值，仅有福建在二者得分上同时高于平均值。对于中等收入地区，有 5 个省份的能源系统绩效得分高于平均值，有 4 个省份的能源结构优化得分高于平均值。其中，能源系统绩效得分和能源结构优化得分同时高于平均值的省份有 3 个（湖北、湖南和河北），同时低于平均值的省份有 4 个（吉林、黑龙江、海南和新疆）；宁夏的能源结构优化得分高于平均值，但能源系统绩效得分是所有省份中最低的；重庆和陕西则是能源系统绩效得分高于平均值，但二者的能源结构优化得分低于平均值。对于低等收入地区，有6个省份的能源系统绩效得分高于平均值，有6个省份的能源结构优化得分高于平均值。其中，能源系统绩效得分和能源结构优化得分同时高于平均值的省份有3个（四川、云南和广西），同时低于平均值的只有山西；青海、甘肃和贵州的能源结构优化得分高于平均值，但三者的能源系统绩效得分低于平均值；江西、河南和安徽的能源系统绩效得分高于平均值，但三者的能源结构优化得分低于平均值。

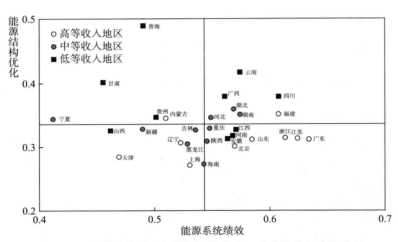

图5-11　能源系统绩效和能源结构优化：按人均收入水平分组

3. 按省间能源调动分组

为了分析省间能源调动下能源系统绩效得分和能源结构优化得分的分布情况，本节将30个省份按照省间能源调动情况划分为能源净调入地区和能源净调出地区。其中，能源净调入地区由本省能源调出量小于外省能源调入量的省份组成，包括23个省份；能源净调出地区由本省能源调出量大于外省能源调入量的省份组成，包括7个省份。图5-12报告了按省间能源调动分组的能源系统绩效和能源结构优化得分的分布情况。可以看出，能源系统绩效得分高于平均值的17个省份中，仅有陕西属于能源净调出地区，且陕西的能源结构优化得分低于平均值，即能源系统绩效得分和能源结构优化得分同时高于平均值的7个省份均属于能源净调入地区。能源结构优化得分高于平均值的 12 个省份中，青海、贵州、内蒙古属于能源净调出地区，其他省份均属于能源净调入地区。二者得分同时低于平均值的 8 个省份中，包括 3 个能源净调出地区（黑龙江、新疆和山西）、5 个能源净调入地区（吉林、海南、辽宁、上海和天津）。总体而言，能源净调入地区的能源系统绩效平均得分高于能源净调出地区，能源结构优化平均得分恰好相反。

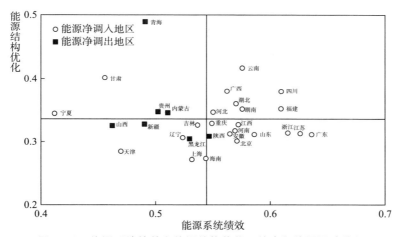

图 5-12　能源系统绩效和能源结构优化：按省间能源调动分组

4. 按能源对外贸易分组

为了分析能源对外贸易下能源系统绩效得分和能源结构优化得分的分布情况，本节将 30 个省份按照能源进出口差额划分为能源净进口地区、能源净出口地区和能源贸易平衡地区。其中，能源净进口地区由能源出口量小于能源进口量的省份组成，包括 21 个省份；能源净出口地区由能源出口量大于能源进口量的省份组成，包括 4 个省份；能源贸易平衡地区由能源出口量等于进口量（或者不存在能源对外贸易）的省份组成，包括 5 个省份。图 5-13 报告了按能源对外贸易分组的能源系统绩效和能源结构优化得分的分布情况。对于能源净进口地区，仅有 6 个省份的能源结构优化得分超过了平均值，其余 15 个省份均低于平均值，仅有 4 个省份的能源系统绩效得分和能源结构优化得分同时超过了平均值，且同时低于平均值的 8 个省份中有 7 个属于能源净进口地区。对于能源净出口地区，云南和湖北的能源系统绩效得分和能源结构优化得分同时高于平均值，山西和陕西的能源结构优化得分则低于平均值。对于能源贸易平衡地区，仅有重庆的能源结构优化得分低于平均值，四川二者得分均高于平均值，青海、甘肃和宁夏能源系统绩效得分则低于平均值。总体而言，能源净进口地区的能源系统绩效平均得分高于能源净出口地区，能源净出口地区又高于能源贸易平衡地区，但能源结构优化平均得分则恰好相反。

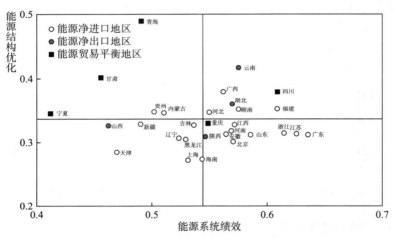

图 5-13　能源系统绩效和能源结构优化：按能源对外贸易分组

第四节　本章小结

　　本章立足现有能源转型测度方法的不足，基于能源系统绩效和能源结构优化两个维度，构建了中国省级可持续能源转型综合评价体系，并采用综合集成赋权法分配了指标权重，进而评价与分析了 2000~2018 年中国 30 个省份可持续能源转型。本章主要包括四个核心部分。

　　（1）基于能源转型指数综合评价体系的构建思想，本章结合中国省级能源转型特征，构建了包括 19 个三级指标在内的中国省级可持续能源转型综合评价体系。相对于 ETI，该指标体系的优势在于不仅能刻画能源结构优化的过程，还能反映能源结构优化过程中能源系统绩效（即能源三角，包括经济增长与发展、能源安全与保障和环境可持续发展）的变化。更重要的是，本章的综合评价体系适用于评价中国省级层面的可持续能源转型，在一定程度上弥补了已有能源转型测度方法忽略经济增长、环境污染和能源安全的局限性。

（2）指标分配能够直接影响综合评价结果，本章摒弃了 ETI 中所采用的等权思想，采用综合集成赋权法分配指标权重。该方法的优势在于能够兼顾主观赋权法和客观赋权法的优势，相对于客观赋权法和主观赋权法而言，更能准确地分配权重，这有助于提高综合评价结果的精度。

（3）从综合评价结果来看，2000～2018 年所有省份的可持续能源转型得分具有不同程度的提高，这表明省级可持续能源转型正在进行。其中，云南、四川、青海、福建和广东是可持续能源转型平均得分最高的 5 个省份，天津、宁夏、山西、上海和海南则是平均得分最低的 5 个省份。为了追踪各省份可持续能源转型得分变化的原因，进一步从能源系统绩效和能源结构优化依次展开分析，清晰地揭示了省级可持续能源转型得分变化的根源。这里需要强调的是，综合评价所得省级可持续能源转型得分与采用可再生能源消费比例所测算的省级能源转型得分有明显差距，主要体现在后者低估了东部和中部地区多数省份的可持续能源转型，且高估了西部地区大多数省份的可持续能源转型。

（4）基于综合评价结果，进一步发现省级可持续能源转型存在明显的组群特征。例如，东部地区的能源系统绩效得分明显高于中西部地区，低等收入地区的能源结构优化得分明显高于中高等收入地区，能源净调入地区的能源系统绩效得分明显高于能源净调出地区，这为第七章的异质性讨论提供了动机。

第六章 可再生能源技术创新和低碳技术创新对可持续能源转型影响的初步特征事实检验

可再生能源技术创新和低碳技术创新是绿色技术创新的主体内容，可能会对可持续能源转型产生重要的影响。然而，目前鲜有文献对可再生能源技术创新和低碳技术创新对可持续能源转型的影响展开研究，这两类技术创新是否推动了中国的可持续能源转型还缺乏有力的事实证据。在此背景下，本章在第二章、第四章和第五章的基础上，分别就可再生能源技术创新和低碳技术创新对可持续能源转型影响的初步特征事实进行分析。为了提供一组令人信服的结果，本章进行了严格的计量检验与分析，共包括六部分核心内容：第一节是理论分析与研究假设；第二节是模型设定、指标选取与数据处理；第三节主要对计量模型进行截面依赖性、面板平稳性和协整关系检验；第四节是基准估计与稳健性检验；第五节是面板分位数模型估计与分析；第六节是不同种类可再生能源技术创新和低碳技术创新的估计结果与分析。

第一节 理论分析与研究假设

由于可持续能源转型涉及社会、经济、能源、环境等各个方面，因此，对一个国家或地区可持续能源转型产生影响的因素诸多，包括能源和环境技术创新、收入水平、产业结构、对外开放、环境政策和能源政策等，其中能源和环境技术创新被视为最关键的因素之一（Kern and

Smith，2008；Månberger and Stenqvist，2018；Huang and Zou，2020；Xu et al.，2021a）。从已有研究来看，可再生能源技术和低碳技术是目前能源和环境技术的两种主要形态（张勇军，2017）。基于此，本节分别从可再生能源技术创新和低碳技术创新对经济增长与发展、能源安全与保障和环境可持续发展的影响这三个方面进行理论溯源。

相关理论和实证研究都证明技术创新是一个国家或地区经济长期增长最重要的驱动因素。自熊彼特提出创新理论后，新古典经济学派代表Solow（1974）运用新古典生产函数原理，将经济增长率分解为两种来源：一是因生产要素数量增加而产生的"增长效应"；二是因要素技术水平提高而产生的"水平效应"。Garg 和 Sweeney（1978）采用新古典经济增长模型，发现要素数量增加产生的"增长效应"是有限的，而技术创新带来的"水平效应"才是经济长期增长的主要推动力。在这些理论的基础上，可再生能源技术创新和低碳技术创新对经济增长与发展的巨大推动作用已经得到了经济学界的广泛认可。Zhang 等（2018）发现低碳清洁技术创新能推动对外贸易，降低生产成本，进而推动经济增长。Ahmed 和Bhatti（2019）发现清洁技术创新能够实现减排和推动经济增长的双赢目标。Liu 等（2020）发现在一定的环境规制强度下，绿色技术创新显著提高了中国长三角经济带的生态效率。Ali 等（2021）研究了 2008~2018 年G7 国家清洁技术创新的经济效应，表明可再生能源技术创新是实现经济可持续发展的重要手段。尽管有一些学者发出了质疑的声音，例如许秀川等（2008）、Azam（2020）均认为技术创新对经济增长的影响是非常有限的，但多数学者仍然支持技术创新推动经济增长的结论。

追溯过往研究可以发现，有丰富的研究证据表明，可再生能源技术创新和低碳技术创新对能源安全有显著影响（Hanaoka and Kainuma，2012；Mouraviev，2021；Vural，2021）。对于可再生能源技术创新而言，其与可再生能源生产和消费有密不可分的联系。有研究发现，可再生能源技术创新对可再生能源发电量有显著的正向影响，这主要是由能源成本和能源效率提升引起的（Chen and Lei，2018；Shields et al.，2021）。对于低碳技术创新而言，其无法像可再生能源技术创新一样直接影响可再生能源的生产与消费，但可以通过提高全要素生产率与改善能源结构等途径间接地影响节能减排，进而影响可持续能源转型（Uddin and Rahman，2012；Blanco et al.，2018）。除了可再生能源技术创新和低碳技术创新的能源与经济效应以外，可再生能源技术创新与低碳技术创新的环境效应也是学者们普遍关注的研究主题，随之涌现出许多优秀的研究成果（Werbos，2008；卢娜等，2019；Ulucak，2021）。从研究结果来看，多数研究支持可再生能源技术创新和低碳技术创新有利于减少污染排放的研究结论。例如，Zhu 等（2020）发现可再生能源技术创新有助于减少中国大气污染；殷贺等（2020）发现低碳技术进步能够抑制中国碳排放；Adebayo 等（2021）发现技术创新提高了巴西的环境质量。

作为全球最大的能源消费国，中国近年来多元发力、多措并举，着力推进能源生产和消费革命，努力构建清洁低碳、安全高效的现代能源体系。中国不同地区之间由于技术水平、资源禀赋、经济发展水平、能源政策等方面存在较大差异，不同区域之间的能源转型面临不同驱动因素组合，这会导致不同区域的可持续能源转型具有一定的差异（李慧、涂家豪，2020）。事实上，第五章综合评价结果表明，省级可持续能源转型存在明显的省际差异。不仅如此，各省份之间的可再生能源技术创新和低碳技术创新也表现出较大的差异。例如，Cheng 和 Yao（2021）发现可再生能源技术创新对碳减排的影响具有明显异质性，这种异质性主要来源于中国 30 个省份可再生能源技术创新水平的差异；Liu 和 Sun（2021）证实了碳试点省份的低碳技术创新水平明显高于其他省份。此外，第四章的测度结果也表明，可再生能源技术创新和低碳技术创新存在明显的省间异质性。从可再生能源技术创新来源来看，太阳能、风能和水能技术创新是可再生能源技术创新的重要组成部分。自 2000 年以来，中国 30 个省份的可再生能源技术创新水平持续提高，在此期间主要依靠太阳能、风能和水能三大类技术创新的拉动，而其他可再生能源技术创新的贡献是非常有限的（Lin and Zhu，2019；Lin and Chen，2019）。从低碳技术创新来源来看，能源生产、运输或分配相关碳减排技术和商品生产或加工相关碳减排技术是低碳技术创新的核心组成部分，碳捕捉、封存及利用技术对低碳技术创新的贡献是有限的（鄢哲明等，2017）。

基于上述事实分析，本章提出如下研究假设。

H1：可再生能源技术创新和低碳技术创新对可持续能源转型具有正向影响。

H2：不同种类可再生能源技术创新和低碳技术创新对可持续能源转型的影响有所不同。

第二节　基准估计模型设定、指标选取与数据处理

一　基准估计模型设定

本章的目的是初步检验可再生能源技术创新和低碳技术创新对可持续能源转型的影响，故选取可持续能源转型作为被解释变量，并将可再生能源技术创新和低碳技术创新设置为核心解释变量。为了控制其他可能影响可持续能源转型的重要因素，本节还引入收入水平、产业结构、外商直接投资、贸易开放度、环境规制和能源政策作为控制变量。基于此，变量间的关系可表示为如下关系式：

$$ET_{it} = f(RETI_{it}, INC_{it}, IS_{it}, FDI_{it}, TO_{it}, ER_{it}, EP_{it}) \tag{6-1}$$

$$ET_{it} = f(LCTI_{it}, INC_{it}, IS_{it}, FDI_{it}, TO_{it}, ER_{it}, EP_{it}) \tag{6-2}$$

其中，模型（6-1）和模型（6-2）分别用于估计可再生能源技术创新和低碳技术创新对可持续能源转型的影响。ET 代表可持续能源转型，$RETI$ 代表可再生能源技术创新，$LCTI$ 代表低碳技术创新，INC、IS、FDI、TO、ER 和 EP 分别代表收入水平、产业结构、外商直接投资、贸易开放度、环境规制和能源政策。在此基础上，参考经典线性计量经济模型，模型（6-1）和模型（6-2）可进一步简化为模型（6-3）和模型（6-4）。

$$ET_{it} = \alpha_0 + \alpha_1 RETI_{it} + \sum_{k=2}^{7} \alpha_k X_{it} + \nu_i + \mu_t + \varepsilon_{it} \tag{6-3}$$

$$ET_{it} = \beta_0 + \beta_1 LCTI_{it} + \sum_{k=2}^{7} \beta_k X_{it} + \nu_i + \mu_t + \varepsilon_{it} \tag{6-4}$$

其中，i 代表省份，t 代表年份，ν 和 μ 分别用于捕捉个体固定效应和时间固定效应，ε 是随机扰动项。X 代表控制变量，用于控制除可再生能源技术创新和低碳技术创新以外其他影响可持续能源转型的重要因素。α_1 和 β_1 是本章最为关注的弹性系数，若二者显著异于 0，则表明可再生能源技术创新和低碳技术创新对可持续能源转型有显著影响。其中，若 $\alpha_1 > 0$（$\beta_1 > 0$），表明可再生能源技术创新（低碳技术创新）有利于可持续能源转型；若 $\alpha_1 < 0$（$\beta_1 < 0$），表明可再生能源技术创新（低碳技术创新）不利于可持续能源转型。

二 指标选取

（一）被解释变量

根据模型设定，可持续能源转型是本章的被解释变量。能源转型的测度方法各不相同，已有文献多是采用能源消费结构（即可再生能源消费量在能源消费总量中的比例）作为能源转型的代理变量，但其忽略了在能源消费结构变化时环境和经济可持续发展与能源安全的问题。在此背景下，本书基于中国省级能源转型的特征，构建了一套综合评价体系，用于测度中国省级可持续能源转型，重点突出了能源转型过程中"可持续"的重要性，详见第五章。

（二）解释变量

可再生能源技术和低碳技术是目前技术创新领域备受关注的类型，在实现绿色、高效和可持续发展中发挥着重要的作用。本章选取可再生能源技术创新和低碳技术创新作为解释变量，尝试揭示这两类技术创新对可持续能源转型的影响。本书采用永续盘存法，兼顾技术折旧和技术扩散效应，测度了 2000~2018 年中国省级可再生能源技术创新和低碳技术创新，详见第四章。

（三）控制变量

为了避免遗漏重要变量，在归纳梳理已有文献的基础上，本章选择了一系列潜在影响可持续能源转型的变量作为控制变量，具体如下。

1. 收入水平（*INC*）

随着经济发展水平的持续提高和可再生能源消费总量的不断增加，收入水平和能源转型的关系受到越来越多学者的关注。由于研究对象和研究方法的差异，二者的关系目前并未形成较为一致的结论。其中，比较有代表性的是 I. Kraft 和 A. Kraft（1978）提出的守恒假说，指出人均收入水平与能源消费呈现单向因果关系，即人均收入水平的提高能显著提高能源消费。近年来，这一观点得到了诸多学者的论证，Eren 等（2019）发现 1971~2015 年印度经济增长在可再生能源发展中发挥着重要的作用；Li 和 Leung（2021）发现经济增长对可再生能源转型具有重要的推动作用；Vural（2021）发现人均收入水平的提高显著推动了拉丁美洲国家的可再生能源发展。在此背景下，本章将收入水平作为控制变量之一，采用各省份人均 GDP（2000 年不变价格）作为收入水平的代替变量。

2. 产业结构（*IS*）

第二产业是我国能源消费量最大的产业，据《中国能源统计年鉴》统计，2019 年工业终端能源消费量占能源消费总量的比重超过了 50%，而煤炭又是工业用能的重要组成部分。随着可再生能源生产规模的不断扩张，产业结构升级对我国能源转型具有重要的影响，能够改变产业用能比例，进而影响可持续能源转型。例如，Yang 和 Li（2011）发现降低第二产业比例能够显著减少化石能源消费；Mi 等（2015）发现产业结构调整能够改变能源消费模式。由此可见，产业结构是可持续能源转型潜在的驱动因素。在此背景下，本章将产业结构作为控制变量之一，采用各省份第二产业产值占 GDP 的比重表示。

3. 外商直接投资（*FDI*）

外商直接投资是我国早期引进国外先进技术的有效渠道，但对能源消费的影响尚未形成一致的结论。其中，一部分学者支持"污染天堂假说"，认为外商直接投资加速了化石能源的消费，造成了环境污染，例如 Salim 等（2017）发现外商直接投资通过规模效应，增加了化石能源消费；另一部分学者则支持"污染光环假说"，认为外商直接投资通过技术溢出效应，增加了可再生能源消费，例如 Doytch 和 Narayan（2016）发现外商直接投资推动了可再生能源消费。在此背景下，本章将外商直接投资作为控制变量之一，采用各省份外商投资企业投资总额占 GDP 的比重表示。需要说明的是，我国官方公布的外商投资企业投资总额以美元作为量纲，本章采用各年份的汇率将美元统一折算为人民币。

4. 贸易开放度（TO）

在国际贸易形势错综复杂的背景下，作为全球主要的能源进口国之一，对外开放对中国能源转型具有重要的战略意义。自改革开放以来，中国能源进口量逐年增加，贸易开放充分发挥了能源进口补充调节作用，为能源转型提供了供给保障。既有研究也支持贸易开放在能源转型中具有重要作用，例如 Alam 和 Murad（2020）发现贸易开放度的提高对 25 个 OECD 成员国的可再生能源消费有长期的正向影响，Wang 和 Zhang（2021）发现自由贸易显著增加了可再生能源消费量。基于此，本章将贸易开放度作为控制变量之一，采用省内目的地和货源地进出口总额占 GDP 的比重表示。同外商直接投资一样，进出口总额的量纲也按照汇率统一折算为人民币。

5. 环境规制（ER）

环境持续恶化是推动能源转型的根本性原因之一，环境规制是地方政府解决能源环境问题的有效应用工具。一般来说，环境规制能够倒逼技术创新，引发"创新补偿"效应，进而有助于提高能源利用效率和降低能源成本（李卫红、白杨，2018）。此外，Liu 等（2018）发现环境规制对化石能源消费的净效应显著为负；Huang 和 Zou（2020）发现能源相关的环境规制显著推动了中国的能源转型。基于此，本章将环境规制作为控制变量之一，采用各省份污染治理投资总额占 GDP 的比重表示。

6. 能源政策（EP）

2005 年 2 月 28 日颁布的《中华人民共和国可再生能源法》是我国首部比较完整的能源法，主要是为了促进可再生能源的开发利用，增加能源供应，改善能源结构，保障能源安全，助力可再生能源转型。不可否认的是，已有研究已经证明能源法对我国可再生能源发展和应对气候变化起到了至关重要的作用（王军等，2009；曹明德、赵鑫鑫，2012）。Hille 等（2020）发现实施可再生能源政策有助于提高可再生能源技术创新水平，进而推动能源转型。因此，本章将能源政策作为控制变量之一，采用能源法颁布时间作为可再生能源政策的代理变量。考虑能源法正式实施的时间节点是 2006 年 1 月 1 日，这里采用 0-1 虚拟变量作为可再生能源政策的代理变量。具体地，将 2000~2005 年全部赋值为 0，用于表示可再生能源政策颁布前可持续能源转型的变化；将 2006~2018 年全部赋值为 1，用于表示颁布可再生能源政策之后可持续能源转型的变化。

三　数据处理

本章以中国 30 个省级行政区为研究对象，时间跨度为 2000~2018 年。关键变量的数据介绍如下。①可持续能源转型。可持续能源转型得分采用综合评价方法计算而得，共涉及 19 个评价指标，详细数据来源与处理过程参见第五章。②可再生能源技术创新与低碳技术创新。两类技术创新均采用永续盘存法估算而得，主要涉及专利存量数据，详细数据来源、专利分类标准和处理过程参见第四章。③控制变量。对于收入水平，为了避免通货膨胀的影响，通过 GDP 平减指数将名义 GDP 统一折算为基于 2000 年不变价的实际 GDP，采用年末常住人口表示各省份人口数量，相关数据来源于国家统计局；对于产业结构，各省份第二产业产值和地区生产总值数据来源于国家统计局；对于外商直接投资，外商投资企业投资总额、汇率和地区生产总值数据来源于国家统计局；对于贸易开放度，省内目的地和货源地进出口总额数据来源于中国研究数据服务平台，汇率和地区生产总值数据来源于国家统计局；对于环境规制，污染治理投资总额数据来源于《中国环境统计年鉴》，地区生产总值数据来源于国家统计局。

表 6-1 是变量的描述性统计。对于可持续能源转型，2000~2018 年各省份平均值为 0.44，最大值和最小值分别为 0.61 和 0.33，存在明显的差异。对于可再生能源技术创新和低碳技术创新，2000~2018 年低碳技术创新水平的平均值远高于可再生能源技术创新水平，且这两类技术创

新的最大值和最小值存在巨大的差异，这表明数据存在明显的波动。此外，所有控制变量在省域之间也有较为明显的变化。通过描述性统计分析可以看出，变量均存在明显的波动，具有良好的实证分析基础。

表6-1 变量的描述性统计

变量	符号	样本量	平均值	标准差	最小值	最大值	单位
可持续能源转型	*ET*	570	0.44	0.05	0.33	0.61	——
可再生能源技术创新	*RETI*	570	96.20	174.89	0.48	1198.82	项
低碳技术创新	*LCTI*	570	454.08	1171.68	0.00	9885.35	项
收入水平	*INC*	570	2.23	1.64	0.27	10.38	亿元/万人
产业结构	*IS*	570	43.18	7.99	16.55	61.96	%
外商直接投资	*FDI*	570	45.32	53.64	4.76	579.86	%
贸易开放度	*TO*	570	30.87	34.96	1.23	166.40	%
环境规制	*ER*	570	1.39	0.83	0.06	5.14	%
能源政策	*EP*	570	0.63	0.48	0.00	1.00	——

第三节 模型检验与估计方法

为了避免伪回归问题，在基准模型估计之前，本章进行了严格的计量检验，目的在于判断面板数据模型是否适用于最佳线性无偏估计。具体流程如图6-1所示，主要流程为：①进行截面依赖性和异方差检验，目的在于判断模型是否存在截面相关性；②在存在截面依赖性和异方差的基础上，进行平稳性检验，主要采用第二代面板单位根检验方法来检验变量是否平稳；③若面板数据满足平稳性要求，则进行协整检验，主要采用Kao面板协整检验来验证变量之间是否存在长期稳定关系；④若变量之间具有长期稳定关系，表明模型和数据适用于计量估计；⑤采用完全修正最小二乘法（FMOLS）、动态最小二乘法（DOLS）、可行性广义最小二乘法（FGLS）和面板分位数模型对平均效应进行估计。

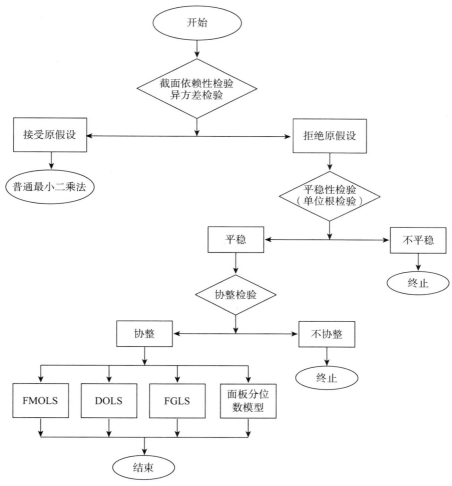

图 6-1　基准模型检验与估计流程

一　截面依赖性检验

随着空间计量经济学的发展，已有研究已经证实中国区域经济活动存在空间溢出效应，各经济单元不再是独立的个体，具有潜在的截面依赖性（Bilgili et al.，2017）。一般来说，面板数据的截面依赖性主要发生在截面数量较多的情况下，但近年来的一些研究表明，截面依赖性也经常存在于截面数量较少的面板数据模型中（Dong et al.，2021）。若在进行面板模型估计之前忽略截面依赖性，则容易导致不一致和无效的估计结果（Grossman and Krueger，1995）。基于此，在进行基准模型估计之前，有必要对面板数据模型的截面依赖性进行检验。常见的截面依赖性检验方法主要包括 Breusch-Pagan LM 检验、Pesaran CD 检验、Friedman 检验和 Frees 检验，这些检验方法能够准确识别出模型是否存在组间自相关。为了保证检验结果的真实性，本节依次进行了这四类检验，其原假设均为不存在截面依赖性，检验结果报告于表 6-2 中。可以看出，模型（6-3）和模型（6-4）的四类检验结果均通过了 1% 的显著性水平检验，强烈拒绝了不存在截面依赖性的原假设，表明样本数据具有显著的截面依赖性，但是否适用于计量估计需要进一步检验面板数据是否平稳。

表 6-2　截面依赖性检验

检验方法	模型（6-3）		模型（6-4）	
	统计量	p 值	统计量	p 值
Breusch-Pagan LM 检验	77.09 ***	0.000	52.72 ***	0.000
Pesaran CD 检验	24.40 ***	0.000	24.42 ***	0.000
Friedman 检验	155.24 ***	0.000	155.27 ***	0.000
Frees 检验	8.46 ***	0.000	8.48 ***	0.000

注：*** 表示在 1% 的水平下显著。

二　面板平稳性检验

前文已经证明模型（6-3）和模型（6-4）存在截面依赖性，如果忽略面板平稳性检验容易造成伪回归，特别是在面板数据不平稳的情形下。一般来说，第一代面板单位根检验方法，例如 LLC、IPS、ADF 和 PP 检验法，常被用于检验面板的平稳性，但这里一个重要的前提是面板模型不存在截面依赖性。因此，本节基于 Khan 等（2021）的做法，摒弃第一代面板单位根检验方法，采用 Pesaran CADF 检验方法（即第二代面板单位根检验方法）进行变量平稳性检验。第二代面板单位根检验相比第一代的优点在于，能够克服检验过程中存在截面依赖性的问题，能够在很大程度上增强结论的可靠性（杨子晖等，2015）。表 6-3 报告了考虑截面依赖性的平稳性检验结果，该检验的原假设为存在单位根。可以看出，所有变量中仅有 *ET* 和 *ER* 是平稳的，分别通过了 1% 和 10% 的显著性检验。在此基础上，对所有变量进行一阶差分处理后重新检验，可以看出 *RETI* 依然是不平稳的，但对所有变量进行二阶差分处理后的结果均通过了显著性检验，这表明所有变量都属于二阶单整 [Ⅰ（2）]。需要说明的是，由于 *EP* 属于 0-1 虚拟变量，参考 Lin 和 Omoju（2017）的做法，本节在面板平稳性检验中暂未考虑 *EP*。

表 6-3　考虑截面依赖性的平稳性检验结果

变量	原始值		一阶差分		二阶差分	
	常数项	常数项+ 时间趋势	常数项	常数项+ 时间趋势	常数项	常数项+ 时间趋势
ET	− 2. 429 ***	− 2. 946 ***	− 4. 461 ***	− 4. 734 ***	− 5. 636 ***	− 5. 675 ***
RETI	− 0. 929	− 1. 284	− 1. 841	− 2. 461	− 3. 711 ***	− 3. 830 ***
LCTI	− 0. 988	− 1. 751	− 2. 129 **	− 2. 325	− 3. 148 ***	− 3. 041 ***
INC	− 1. 060	− 1. 346	− 2. 253 ***	− 2. 588 *	− 4. 203 ***	− 4. 277 ***
IS	− 1. 569	− 2. 088	− 3. 150 ***	− 3. 204 ***	− 4. 728 ***	− 4. 638 ***
FDI	− 1. 219	− 1. 434	− 2. 849 ***	− 3. 070 ***	− 4. 994 ***	− 5. 050 ***
TO	− 1. 449	− 1. 916	− 3. 296 ***	− 3. 372 ***	− 5. 017 ***	− 4. 926 ***
ER	− 2. 005 *	− 2. 563 *	− 4. 166 ***	− 4. 114 ***	− 5. 433 ***	− 5. 332 ***

注：***、** 和 * 分别表示在 1%、5% 和 10% 的水平下显著。

按照 Khan 等（2021）的做法，在确定单整阶数后，本节进一步对模型（6-3）和模型（6-4）进行 Kao 协整检验，用于检验变量之间是否存在长期稳定的关系，检验结果报告于表 6-4 中。可以看出，检验结果支持拒绝不协整的原假设，这表明两种模型内的变量均存在长期稳定的协整关系，适用于计量经济分析。

表 6-4　协整检验结果

检验方法	模型（6-3）		模型（6-4）	
	统计量	p 值	统计量	p 值
Modified Dickey-Fuller	2. 335 **	0. 010	2. 533 ***	0. 006
Dickey-Fuller	3. 221 ***	0. 001	3. 464 ***	0. 000

检验方法	模型（6-3）		模型（6-4）	
	统计量	p 值	统计量	p 值
Augmented Dickey-Fuller	4.129 ***	0.000	4.392 ***	0.000
Unadjusted modified Dickey-Fuller	1.981 **	0.024	1.951 **	0.026
Unadjusted Dickey-Fuller	2.816 ***	0.002	2.784 ***	0.003

注：*** 、** 分别表示在 1%、5%的水平下显著。

三 基准模型估计方法

最常见的面板数据模型的参数估计方法主要包括混合普通最小二乘法（Pooled OLS）、固定效应（FE）模型和随机效应（RE）模型，但当存在协整变量时使用这些估计方法会得到有偏不一致的估计结果（Lin and Omoju，2017）。考虑到模型（6-3）和模型（6-4）中的变量具有显著的截面依赖性和协整关系，因此，本章对基准模型的估计暂时摒弃上述三种方法。在相关计量检验的基础上，选择基准模型估计方法的主要原则是能有效解决内生性、截面依赖性和变量协整的多种不利于有效估计的问题。

为了实现对存在协整变量的面板数据模型的有效估计，一些更有效的估计方法被发展与推广使用，如动态最小二乘法（DOLS）和完全修正最小二乘法（FMOLS）。其中，DOLS 的估计原理与 OLS 完全一致，均属于参数估计方法。不同之处在于：DOLS 的估计模型中纳入了变量的一阶差分项（McCoskey and Kao，1998）；FMOLS 则属于非参数估计方法，主要用于修正内生性问题（Phillips and Moon，1999）。DOLS 和 FMOLS 估计方法相较于 OLS 的优势在于，能解决协整变量的内生性问题和残差的序列相关问题，所估计的弹性系数是线性无偏最优估计量。因此，上述两类估计方法同时被用于估计基准模型。

除了截面依赖性以外，影响面板模型有效估计的一个重要因素是异方差，尤其是组间异方差。例如，在估计中无法期望不同省份间的可持续能源转型、可再生能源技术创新和低碳技术创新的波动保持一致。事实上，第四章和第五章已经证明核心变量在省份间的波动差异明显。FGLS 估计法的优势是，不仅能缓解组间异方差对估计结果的干扰，也能克服组内相关和组间同期相关（即截面依赖性）的问题（Greene，2018）。在此背景下，FGLS 估计法也被用于估计基准模型。

第四节　基准估计与稳健性检验

一　基准估计结果与分析

表 6-5 报告了基准模型估计结果，第（1）～（3）列为可再生能源技术创新对可持续能源转型影响的参数估计结果，第（4）～（6）列为低碳技术创新对可持续能源转型影响的参数估计结果。基准模型的估计得到了一些预期的结果。

表 6-5　基准模型估计结果

变量	模型（6-3）			模型（6-4）		
	FMOLS	DOLS	FGLS	FMOLS	DOLS	FGLS
	（1）	（2）	（3）	（4）	（5）	（6）
RETI	0.267 *** （0.000）	0.184 *** （0.003）	0.244 *** （0.001）			
LCTI				0.030 *** （0.000）	0.054 ** （0.031）	0.029 *** （0.003）
INC	−81.725 *** （0.000）	−122.654 *** （0.000）	−56.720 *** （0.005）	−76.010 *** （0.000）	−105.007 *** （0.000）	−55.746 *** （0.006）
IS	1.601 *** （0.000）	3.436 ** （0.013）	−2.399 （0.190）	0.449 （0.179）	2.502 * （0.052）	−3.591 * （0.050）
FDI	0.125 *** （0.000）	1.118 *** （0.000）	−0.386 * （0.087）	0.116 *** （0.001）	1.136 *** （0.000）	−0.423 * （0.063）
TO	0.098 * （0.069）	−2.061 *** （0.000）	0.016 （0.978）	0.516 *** （0.000）	−1.458 *** （0.009）	0.281 （0.648）
ER	26.830 *** （0.000）	30.434 *** （0.000）	47.159 *** （0.000）	24.975 *** （0.000）	28.775 *** （0.000）	46.874 *** （0.000）
EP	1176.956 *** （0.000）	366.834 *** （0.000）	1081.515 *** （0.000）	1158.791 *** （0.000）	660.357 *** （0.000）	1077.701 *** （0.000）

变量	模型（6-3）			模型（6-4）		
	FMOLS	DOLS	FGLS	FMOLS	DOLS	FGLS
	（1）	（2）	（3）	（4）	（5）	（6）
个体固定效应	控制	控制	控制	控制	控制	控制
时间固定效应	控制	控制	控制	控制	控制	控制
常数项	4172.146 *** （0.000）	4534.258 *** （0.000）	4191.724 *** （0.000）	4167.751 *** （0.000）	4293.207 *** （0.000）	4204.605 *** （0.000）
样本量	569	567	570	569	567	570
R^2	0.851	0.953	—	0.848	0.953	—
标准差	198.691	129.942	—	200.905	130.888	—

注：括号内为 p 值；*** 、** 和 * 分别表示在 1%、5% 和 10% 的水平下显著。

首先，可再生能源技术创新显著推动了可持续能源转型。其中，FMOLS、DOLS 和 FGLS 所估计的可再生能源技术创新的弹性系数分别为 0.267、0.184 和 0.244，且均通过了 1% 的显著性水平检验，说明可再生能源技术创新专利存量每增加 1 万项，可持续能源转型对应提高大约 0.23 个单位。其次，低碳技术创新显著推动了可持续能源转型。其中，FMOLS、DOLS 和 FGLS 所估计的低碳技术创新的弹性系数分别为 0.030、0.054 和 0.029，且对应统计量的 p 值均小于 0.05，说明低碳技术创新专利存量每增加 1 万项，能够推动可持续能源转型提高约 0.038 个单位。上述研究结果表明两类技术创新均有利于可持续能源转型，可能的解释是，可再生能源技术创新和低碳技术创新不仅能显著促进经济增长、保障能源安全和实现低碳发展，也有助于推动可再生能源发展，进而优化能源结构。因此，可再生能源技术创新和低碳技术创新均对可持续能源转型具有显著正向影响。现有研究结论也支持本书的实证结果，如 Ali 等（2021）发现清洁技术创新有助于推动经济增长和碳减排；Shields 等（2021）发现可再生能源技术创新有助于保障能源安全；马丽梅和王俊杰（2021）发现可再生能源技术创新对可再生能源发展的影响显著，有助于能源转型。最后，从两类技术创新的弹性系数来看，可再生能源技术创新在可持续能源转型过程中的作用明显强于低碳技术创新。其中，三种不同估计方法所估计的可再生能源技术创新的弹性系数均大于 0.18，但所估计的低碳技术创新的弹性系数均小于 0.055。造成二者差异的潜在原因主要在于：首先，可再生能源技术在既有研究中被诸多学者视为低碳技术，能够发挥与低碳技术相似的绿色效应，但低碳技术无法像可再生能源技术一样直接改变可再生能源成本和能源消费结构；其次，在第五章可持续能源转型综合评价体系中，低碳技术创新可能仅对经济增长与发展和环境可持续发展有显著作用，而可再生能源技术创新对能源消费结构和能源系统均有不同程度的影响；最后，低碳技术创新相对于可再生能源技术创新起步更晚，属于更新型的技术类别，技术扩散效应相对较弱，尚未在可持续能源转型过程中充分发挥作用。

二　稳健性检验结果与分析

为了保证基准估计结果的可靠性，本节分别采用系统广义矩估计法、更换被解释变量和工具变量法进行稳健性检验。

（1）系统广义矩估计法（SYS-GMM）。面板数据的一个优点是可以对个体的动态行为进行建模，考虑到经济活动的惯性，当期的可持续能源转型部分取决于前一期的可持续能源转型进展。因此，在面板数据模型的估计中，解释变量中常常包括被解释变量的滞后项，这样处理是因为被解释变量的滞后项是一个比较理想的工具变量（Roodman，2009）。以模型（6-3）为例，由于经济活动的不可逆性，当期的可持续能源转型无法影响前一期的可持续能源转型，将滞后期的被解释变量纳入解释变量后，在一定程度上弱化了模型的内生性干扰。这里需要注意的是，在动态面板模型中引入被解释变量滞后项，会造成样本量的损失。因此，本节将滞后一期的可持续能源转型（$L.ET$）作为工具变量引入模型（6-3）和模型（6-4），采用考虑异方差稳健的 SYS-GMM 法进行估计，对应的估计结果报告于表 6-6 中的第（1）列和第（2）列。可以看出，可再生能源技术创新和低碳技术创新对可持续能源转型均有显著的正向影响，且二者系数大小与基准估计结果较为接近。可持续能源转型的一阶滞后项也通过了显著性检验，表明当期的可持续能源转型与前一期有密切关联。Hansen 检验结果接受了"所有工具变量都有效"的原假设，且二阶自相关检验结果接受了"扰动项无自相关"的原假设。

（2）更换被解释变量。在基准模型的估计中，可持续能源转型作为被解释变量，采用第五章的综合评价方法计算而得。因此，本节采用传统的能源转型度量方式，即能源消费结构（可再生能源消费量在能源消费总量中的比例，ES），估计两类技术创新对能源消费结构的影响。在表6-5 中，DOLS 估计法的拟合优度大于 FMOLS 的拟合优度，且前者的标准差相对更小，这表明在模型（6-3）和模型（6-4）的估计中 DOLS 是更佳的估计方法。相比之下，本节采用 DOLS 估计法研究两类技术创新对能源消费结构的影响，估计结果报告于表 6-6 中的第（3）列和第（4）列。可以看出，可再生能源技术创新和低碳技术创新均显著改善了能源消费结构，与基准估计结果保持一致。

（3）工具变量法。在中国近代史上，清政府一度实施闭关锁国政策，直至 19 世纪中叶西方列强的入侵再一次打开了中国对外贸易的大门，在此期间西方先进技术流入。在这一客观背景下，董志强等（2012）开创性地将开埠通商的历史作为营商软环境的工具变量引入实证研究中，该工具变量选取的巧妙之处在于具有严格的外生性与排他性。此后，Yan 等（2020）首次将该工具变量引入可再生能源技术的研究中，经过一系列检验后证明，开埠通商的历史与可再生能源技术创新水平有密切关系，可用作可再生能源技术创新的工具变量。在本章的实证框架中，可持续能源转型不会影响和改变各省份开埠通商的历史，后者是一个严格的外生变量，符合工具变量的选取要求。基于此，在 Yan 等（2020）研究的基础上，本节将开埠通商的历史作为可再生能源技术创新和低碳技术创新的工具变量，将数据更新至 2018 年，并采用 IV-2SLS 估计法估计了两类技术创新对可持续能源转型的影响，对应的估计结果报告于表 6-6 中的第（5）列和第（6）列。可以看出，可再生能源技术创新和低碳技术创新对可持续能源转型的影响仍然为正，且分别通过了 10% 和 5% 的显著性检验，进一步表明基准估计结果具有良好的稳健性。

表 6-6　稳健性检验结果

变量	SYS-GMM		DOLS		IV-2SLS	
	被解释变量：ET		被解释变量：ES		被解释变量：ET	
	（1）	（2）	（3）	（4）	（5）	（6）
L. ET	0.943 *** （0.000）	0.913 *** （0.000）				
RETI	0.143 *** （0.000）		0.152 *** （0.001）		0.666 * （0.067）	
LCTI		0.023 *** （0.000）		0.108 *** （0.000）		0.109 ** （0.038）
控制变量	控制	控制	控制	控制	控制	控制
个体固定效应	未控制	未控制	控制	控制	控制	控制
时间固定效应	未控制	未控制	控制	控制	控制	控制
常数项	289.469 ** （0.010）	388.363 *** （0.002）	548.406 *** （0.000）	362.486 *** （0.000）	4213.213 *** （0.000）	4234.784 *** （0.000）
Hansen	25.750 （1.000）	24.670 （1.000）				
Difference-in-Hansen	26.880 （1.000）	24.890 （1.000）				
AR （1）	-3.940 *** （0.000）	-3.960 *** （0.000）				
AR （2）	-1.430 （0.154）	-1.090 （0.277）				
样本量	540	540	597	567	570	570

注：括号内为 p 值；*** 、** 和 * 分别表示在 1%、5% 和 10% 的水平下显著。

第五节　面板分位数模型估计与分析

一　面板分位数模型构建

面板分位数回归可以更全面地描述被解释变量的条件分布，而不只是简单地分析被解释变量的条件期望。然而，多数情况下不同分位数的回归系数往往是不同的，仅通过平均效应估计无法揭示解释变量对不同分位数下被解释变量影响的差异。基于此，本节将通过面板分位数模型探索可再生能源技术创新和低碳技术创新对不同条件分布下可持续能源转型影响的差异。借鉴 Koenker（2004）的做法，面板分位数模型的一般形式可设定为：

$$Q_{y_{it}}(\tau|x_{it}) = \alpha(\tau) + \beta(\tau)x'_{it}; \quad i=1,2,\cdots,I; \quad t=1,2,\cdots,T \qquad (6-5)$$

结合模型（6-3），为了估计可再生能源技术创新对不同分位数下可持续能源转型的影响，建立如下面板分位数模型：

$$Q_{ET_{it}}(\tau|\cdot) = \alpha_0^\tau + \alpha_1^\tau RETI_{it} + \sum_{k=2}^{7} \alpha_k^\tau X_{it} + \varepsilon_{it}^\tau \qquad (6-6)$$

结合模型（6-4），为了估计低碳技术创新对不同分位数下可持续能源转型的影响，建立如下面板分位数模型：

$$Q_{ET_{it}}(\tau|\cdot) = \beta_0^\tau + \beta_1^\tau LCTI_{it} + \sum_{k=2}^{7} \beta_k^\tau X_{it} + \varepsilon_{it}^\tau \qquad (6-7)$$

在模型（6-6）和模型（6-7）中，设置了 7 个分位数，分别为 Q05、Q10、Q25、Q50、Q75、Q90 和 Q95。其中，Q05、Q10 和 Q25 表示可持续能源转型得分相对较低的省份，Q75、Q90 和 Q95 表示可持续能源转型得分相对较高的省份，Q50 则表示可持续能源转型得分居中的省份。模型（6-6）和模型（6-7）可分别通过式（6-8）和式（6-9）求解。

$$\underset{\alpha}{argmin} \sum_{j=1}^{J} \sum_{i=1}^{I} \sum_{t=1}^{T} \omega_j \rho_{\tau_j} \left(ET_{it} - \alpha_0^\tau - \alpha_1^\tau RETI_{it} - \sum_{k=2}^{7} \alpha_k^\tau X_{it} - \varepsilon_{it}^\tau \right) + \sum_{i=1}^{I} \nu_i \qquad (6-8)$$

$$\underset{\beta}{argmin} \sum_{j=1}^{J} \sum_{i=1}^{I} \sum_{t=1}^{T} \omega_j \rho_{\tau_j} \left(ET_{it} - \beta_0^\tau - \beta_1^\tau LCTI_{it} - \sum_{k=2}^{7} \beta_k^\tau X_{it} - \varepsilon_{it}^\tau \right) + \sum_{i=1}^{I} \nu_i \qquad (6-9)$$

其中，ω_j 是第 j 个分位数的相对权重，它控制了第 j 个分位数对固定效应估计的贡献，ρ（·）表示分位数损失函数。

二　面板分位数估计结果与分析

图 6-2 报告了可再生能源技术创新对可持续能源转型影响的分位数

估计结果。可以看出，可再生能源技术创新对 Q05、Q10、Q25 和 Q50 分位数下的可持续能源转型有显著正向影响，但整体表现出边际效应递减的趋势。当可持续能源转型得分较低时，受限于可再生能源生产与消费规模较小，此时本省份的可再生能源技术创新水平普遍较低；当可持续能源转型得分较高时，本省份的可再生能源生产与消费规模较大，此时的可再生能源技术创新水平相对较高，这一事实特征在第四章与第五章中已有论证。这里有一个显著的特征，即随着分位数的提高，可再生能源技术创新对可持续能源转型的影响呈现递减的趋势。可再生能源技术创新影响可持续能源转型部分是因为前者改变了能源消费结构，能够推动可再生能源对不可再生能源的替代。根据边际技术替代率递减规律可知，在保持产量不变的情况下，随着一种生产要素的增加，该生产要素对另外一种生产要素的边际替代率是逐渐减少的。因此，在可再生能源技术创新初期，每增加一单位可再生能源对不可再生能源的替代是高于技术创新中后期的，这是可再生能源技术创新对可持续能源转型的边际效应递减的潜在原因（董春诗，2021）。

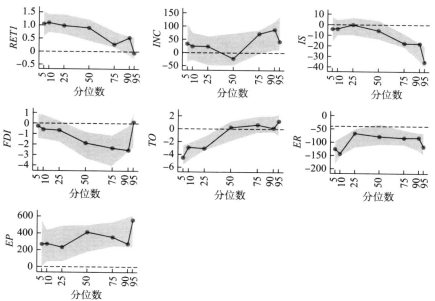

图 6-2　可再生能源技术创新对可持续能源转型影响的分位数估计结果

图 6-3 报告了低碳技术创新对可持续能源转型影响的分位数估计结果。可以看出，除了 Q95 分位数以外，低碳技术创新对其他分位数下的可持续能源转型均有显著的正向影响，且整体表现出边际效应递减的趋势。其中，在 Q05 至 Q50 分位数下，低碳技术创新的回归系数呈现"升高—降低—升高"的变化趋势；在 Q75 分位数下，其回归系数逐渐变小。95% 的置信区间表明，在 Q95 分位数下低碳技术创新的回归系数不是显著异于 0 的，在其他的置信区间则表明回归系数均通过了显著性检验。对于回归系数的差异，一种可能的解释是，在高得分的可持续能源转型下，能源结构、经济发展和节能减排与技术创新水平等均处于一个相对较高的水平；而在低得分的可持续能源转型下，经济发展模式依然是高污染、高排放、高耗能的，且可再生能源技术创新和低碳技术创新处于较低水平（李强、徐康宁，2013）。可再生能源技术创新水平和低碳技术创新水平相对较低时，可以通过模仿获得更快的技术进步，具有明显的后发优势，但随着模仿成本的逐渐增加，技术创新水平的提升表现出边

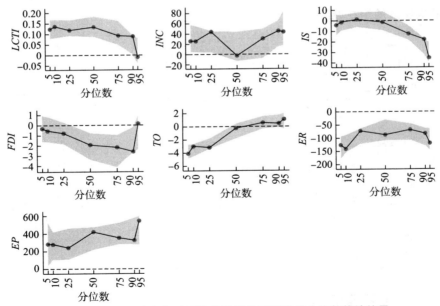

图 6-3　低碳技术创新对可持续能源转型影响的分位数估计结果

际递减的特性，技术创新效应有明显减弱的趋势（王华，2012）。因此，低碳技术创新在可持续能源转型程度相对较低的地区发挥着更重要的作用。

第六节　不同种类可再生能源技术创新和低碳技术创新对可持续能源转型的影响

一　不同种类可再生能源技术创新对可持续能源转型的影响

第四节已经初步估计了可再生能源技术创新和低碳技术创新对可持续能源转型的影响，并通过一系列稳健性检验保障了实证结果的可信度。同时，第五节通过面板分位数模型，分析了可再生能源技术创新对不同条件分布下可持续能源转型影响的变化。考虑到可再生能源技术是不同种类可再生能源技术的组合，本章的实证分析还无法识别出不同种类可再生能源技术创新对可持续能源转型的影响。在此背景下，本节基于第四章表4-2可再生能源技术专利的分类，分别估计水能（*Hydroenergy*）、风能（*Wind*）、太阳能（*Solar*）、生物质能（*Biomass*）、潮汐能（*Tidal*）及储能（*Storage*）技术创新对可持续能源转型的影响。本节选取模型（6-3）作为估计模型，沿用基准模型估计方法。需要说明的是，尽管DOLS是相对于FMOLS和OLS更优的估计方法，能够克服协整变量的内生性问题和残差的序列相关问题，但无法消除异方差的干扰。正如第三节所述，FGLS不仅能处理异方差问题，也能有效解决截面依赖性问题。因此，FGLS估计方法被用于估计不同种类可再生能源技术创新对可持续能源转型的影响。

表6-7报告了不同种类可再生能源技术创新对可持续能源转型影响的估计结果。可以看出，所有种类的可再生能源技术创新均对可持续能源转型有正向影响，除了生物质能技术以外，其余种类的可再生能源技术创新的估计系数至少通过了10%的显著性水平检验。不同种类可再生能源技术创新对可持续能源转型的影响存在巨大差异，按照回归系数

的大小排序，依次是储能、生物质能、潮汐能、水能、风能和太阳能。其中，储能、生物质能和潮汐能技术创新的系数分别为 106.143、90.191和 86.309，表明这三类技术专利存量每增加 1 万项，对应的可持续能源转型会分别提高 106.143 个单位、90.191 个单位和 86.309 个单位。水能、太阳能和风能技术创新是可再生能源技术创新的重要组成部分，这三类技术专利存量每增加 1 万项，对应的可持续能源转型会分别提高 7.703 个单位、0.439 个单位和 0.759 个单位。相比储能、潮汐能和生物质能技术创新而言，这三类技术创新对可持续能源转型的平均效应相对较小。可能的原因在于，储能、潮汐能和生物质能的技术专利存量基数小，增长速度相对较快，因此在统计学上的回归系数明显高于水能、太阳能和风能。然而，水能、风能和太阳能技术创新是可再生能源技术创新的主体部分，2018 年中国这三类技术专利存量分别为 743.98 项、2926.58 项和 4410.05 项，而生物质能、储能和潮汐能则分别为 3.73 项、7.41 项和 28.05 项，占总专利存量的比例低于 1%。因此，水能、风能和太阳能技术创新依然是可持续能源转型的中坚力量，但储能、潮汐能和生物质能技术创新在未来可持续能源转型过程中也是不容忽视的力量。

表 6-7　不同种类可再生能源技术创新对可持续能源转型的影响

变量	(1)	(2)	(3)	(4)	(5)	(6)
Wind	0.759 *** (0.001)					
Solar		0.439 * (0.059)				
Tidal			86.309 *** (0.000)			
Hydroenergy				7.703 *** (0.000)		
Biomass					90.191 (0.143)	
Storage						106.143 ** (0.026)
控制变量	控制	控制	控制	控制	控制	控制

续表

变量	（1）	（2）	（3）	（4）	（5）	（6）
常数项	4611 ***	4637 ***	4624 ***	4511 ***	4620 ***	4607 ***
	（0.000）	（0.000）	（0.000）	（0.000）	（0.000）	（0.000）
样本量	570	570	570	570	570	570

注：括号内为 p 值；*** 、** 和 * 分别表示在 1%、5% 和 10% 的水平下显著。

本节稳健性检验沿用前文的方法，分别采用系统广义矩估计法、更换被解释变量和工具变量法进行稳健性检验。表 6-8 报告了不同种类可再生能源技术创新的系统广义矩估计结果，可以看出，不同种类可再生能源技术创新对可持续能源转型的影响保持不变。限于篇幅，本节仅报告系统广义矩估计结果，采用更换被解释变量和工具变量法进行稳健性检验后，估计结果的系数方向和显著性与表 6-7 基本保持一致。

表 6-8　稳健性检验：不同种类可再生能源技术创新

变量	（1）	（2）	（3）	（4）	（5）	（6）
$L. ET$	0.944 ***	0.941 ***	0.957 ***	0.946 ***	0.938 ***	0.922 ***
	（0.000）	（0.000）	（0.000）	（0.000）	（0.000）	（0.000）
$Wind$	0.357 ***					
	（0.001）					
$Solar$		0.186 ***				
		（0.005）				
$Tidal$			30.822 ***			
			（0.001）			
$Hydroenergy$				2.161 ***		
				（0.000）		
$Biomass$					120.374	
					（0.167）	
$Storage$						37.004 *
						（0.084）
控制变量	控制	控制	控制	控制	控制	控制
常数项	273.558 ***	295.707 ***	140.869	262.220 **	388.380 **	443.131 ***
	（0.008）	（0.002）	（0.219）	（0.031）	（0.011）	（0.000）
Hansen	22.88	26.95	17.74	22.85	9.08	6.57
	（1.000）	（1.000）	（1.000）	（1.000）	（1.000）	（1.000）

变量	（1）	（2）	（3）	（4）	（5）	（6）
Difference-in-Hansen	26.74 (1.000)	22.84 (1.000)	18.04 (1.000)	22.58 (1.000)	10.75 (1.000)	1.99 (1.000)
AR（1）	−3.92 (0.000)	−3.96 (0.000)	−3.96 (0.000)	−3.94 (0.000)	−3.98 (0.000)	−3.93 (0.000)
AR（2）	−1.34 (0.181)	−1.35 (0.176)	−1.21 (0.226)	−1.42 (0.155)	−0.30 (0.765)	−1.03 (0.304)
样本量	540	540	540	540	540	540

注：括号内为 p 值；*** 、** 和 * 分别表示在 1%、5%和 10%的水平下显著。

二 不同种类低碳技术创新对可持续能源转型的影响

按照第四章表 4-4 低碳技术专利的分类，本节采用 FGLS 估计法估计不同种类低碳技术创新对可持续能源转型的影响，估计结果报告于表 6-9 中。可以看出，碳捕捉、封存及利用技术创新（$Y02C$）对可持续能源转型影响的回归系数为 9.355，远高于其他低碳技术创新，但其未通过 10%的显著性水平检验，表明 2000~2018 年碳捕捉、封存及利用技术创新对我国可持续能源转型的影响是有限的。与本书结论不同的是，有研究支持碳捕捉、封存及利用技术创新有利于能源转型，例如 Zhao 和 You（2020）发现纽约碳捕捉与封存技术对低碳能源转型有积极作用。也有研究支持本书的研究结论，例如 Rodriguez 等（2021）指出瑞典和芬兰的碳捕捉与封存技术在能源转型中的作用是有限的，至少在未来十年都不是一个现实的可行方案。他们认为核心原因在于发展碳捕捉与封存技术成本昂贵，且缺少政治支持。对于我国而言，碳捕捉、封存及利用技术创新处于初期阶段，截至 2018 年，其技术专利存量仅有 2.94 项，2000~2018 年对低碳技术创新的平均贡献率仅为 0.12%。由此可见，无论是创新规模、创新质量还是发展速度，我国碳捕捉、封存及利用技术依然处于初期阶段，这也可能是回归系数不显著的潜在原因。除了碳捕捉、封存及利用技术创新以外，其他低碳技术创新对可持续能源转型均有显著的正向影响。其中，污水或废物处理相关碳减排技术（$Y02W$）的影响最大，回归系数为

0.555，其余回归系数从大到小依次是交通相关碳减排技术（$Y02T$）、商品生产或加工相关碳减排技术（$Y02P$）、建筑业相关碳减排技术（$Y02B$）和能源生产、运输或分配相关碳减排技术（$Y02E$），对应的回归系数依次为 0.454、0.211、0.182 和 0.055。这里需要说明的是，能源生产、运输或分配相关碳减排技术是低碳技术最重要的组成部分，2018 年其技术专利存量占总专利存量的 45.91%，但其对可持续能源转型的影响却是所有低碳技术中最小的。

表 6-9　不同种类低碳技术创新对可持续能源转型的影响

变量	（1）	（2）	（3）	（4）	（5）	（6）
$Y02B$	0.182 * （0.082）					
$Y02C$		9.355 （0.360）				
$Y02E$			0.055 * （0.087）			
$Y02P$				0.211 *** （0.005）		
$Y02T$					0.454 *** （0.008）	
$Y02W$						0.555 *** （0.002）
控制变量	控制	控制	控制	控制	控制	控制
常数项	4585.278 *** （0.000）	4616.046 *** （0.000）	4582.713 *** （0.000）	4537.463 *** （0.000）	4521.389 *** （0.000）	4527.139 *** （0.000）
样本量	570	570	570	570	570	570

注：括号内为 p 值；*** 、* 分别表示在 1%、10% 的水平下显著。

本节稳健性检验沿用前文的方法，分别采用系统广义矩估计法、更换被解释变量和工具变量法进行稳健性检验。限于篇幅，本节仅报告了采用系统广义矩估计法估计的不同种类低碳技术创新结果，详见表 6-10。可以看出，所有回归系数的符号和显著性与表 6-9 基本一致，这说明表 6-9 中的回归结果是相对稳健的。

表 6-10　稳健性检验：不同种类低碳技术创新

变量	（1）	（2）	（3）	（4）	（5）	（6）
L. ET	0.926***	0.919***	0.929***	0.927***	0.911***	0.920***
	（0.000）	（0.000）	（0.000）	（0.000）	（0.000）	（0.000）
Y02B	0.133***					
	（0.005）					
Y02C		12.919				
		（0.105）				
Y02E			0.046***			
			（0.001）			
Y02P				0.101***		
				（0.000）		
Y02T					0.254**	
					（0.022）	
Y02W						0.287***
						（0.000）
控制变量	控制	控制	控制	控制	控制	控制
常数项	251.109*	309.541***	337.833***	346.596***	277.052	381.096***
	（0.069）	（0.006）	（0.006）	（0.003）	（0.111）	（0.004）
Hansen	21.81	18.83	25.18	22.18	22.66	22.90
	（1.000）	（1.000）	（1.000）	（1.000）	（1.000）	（1.000）
Difference-in-Hansen	23.21	16.44	24.16	22.65	23.15	24.09
	（1.000）	（1.000）	（1.000）	（1.000）	（1.000）	（1.000）
AR（1）	−3.96	−3.96	−3.96	−3.98	−3.98	−3.96
	（0.000）	（0.000）	（0.000）	（0.000）	（0.000）	（0.000）
AR（2）	−1.08	−0.89	−1.15	−1.22	−1.16	−1.05
	（0.280）	（0.372）	（0.252）	（0.224）	（0.248）	（0.296）
样本量	540	540	540	540	540	540

注：括号内为 p 值；*** 、** 和 * 分别表示在 1%、5% 和 10% 的水平下显著。

第七节　本章小结

在第四章和第五章的基础上，本章就可再生能源技术创新和低碳技术创新对可持续能源转型影响的初步特征事实进行实证研究。为了确保模型构建和指标选取的合理性，在进行基准模型估计前进行了严格的计量检验，主要包括截面依赖性、面板平稳性和协整关系等方面的检验。检验结果证明了基准估计模型与变量选取的合理性，可用于计量估计。第四节对基准模型的参数进行了初步估计，结果显示，可再生能源技术创新和低碳技术创新对可持续能源转型均有显著的正向影响，且可再生能源技术创新的回归系数明显高于低碳技术创新。为了保证结果的可靠性，分别采用系统广义矩估计法、更换被解释变量和工具变量法对基准估计结果进行了稳健性检验，可再生能源技术创新和低碳技术创新的回归系数的正负和显著性与基准估计结果基本一致，证明了基准估计结果是相对稳健的。

基准估计结果提供的是可再生能源技术创新和低碳技术创新对可持续能源转型影响的平均效应，为了获取两类技术创新对不同条件分布下可持续能源转型的具体影响，本章在第五节构建了面板分位数模型重新进行估计。结果显示，可再生能源技术创新和低碳技术创新对不同分位数下可持续能源转型的影响均有显著差异，但整体上随分位数的提高而减弱。第六节进一步检验了不同种类可再生能源技术创新和低碳技术创新对可持续能源转型影响的差异。结果表明，不同种类的可再生能源技术创新和低碳技术创新对可持续能源转型的影响存在明显的差异。

第七章　可再生能源技术创新和低碳技术
创新对可持续能源转型影响的
异质性、空间溢出效应
与影响机制检验

第六章已经证实了可再生能源技术创新和低碳技术创新对我国可持续能源转型有显著的推动作用。基于第二章和第五章的分析可知，可再生能源技术创新和低碳技术创新具有潜在的空间溢出效应，可持续能源转型表现出明显的组群特征。然而，目前尚不清楚可再生能源技术创新和低碳技术创新对可持续能源转型的影响是否具有异质性，是否存在显著的空间溢出效应。同时，缺乏可再生能源技术创新和低碳技术创新对可持续能源转型影响机制检验的相关研究，没有足够的证据揭示两类技术创新对可持续能源转型的作用路径。在此背景下，本章通过以下四部分内容依次回答上述问题。第一节是理论分析与研究假设；第二节是可再生能源技术创新和低碳技术创新对可持续能源转型影响的异质性分析；第三节是可再生能源技术创新和低碳技术创新对可持续能源转型影响的空间溢出效应分析；第四节是可再生能源技术创新和低碳技术创新对可持续能源转型的影响机制分析。

第一节　理论分析与研究假设

一　关于异质性的理论分析与研究假设

区域差异一直是地区宏观政策所关注的重要问题之一。自改革开放以来，中国经济经历了高速增长，区域发展不均衡开始成为一个不可回避的现实问题，这种区域差异在中国东、中、西三大地带间最为凸显（刘慧，2006）。从以往相关研究可以看出，中国在能源、经济和环境发展方面也表现出明显的区域异质性。例如，Hu 和 Wang（2006）发现1995~2002 年东部地区的全要素能源效率最高，中部地区最低。王群伟等（2010）发现中国的碳排放绩效表现出明显的区域差异，东部地区高于东北、中部和西部地区。Jiang 等（2017）发现 1996~2013 年中国各省份对碳排放的贡献具有明显的异质性。程名望等（2019）发现 1978~2018 年中国各省份经济增长存在明显的区域差异，东部地区经济增长更依赖技术创新等因素，中西部地区则更依赖资本和劳动投入。

事实上，中国可再生能源技术创新和低碳技术创新同样具有显著的区域异质性。Bai 等（2020）发现 1997~2015 年中国 30 个省份的可再生能源技术创新呈现俱乐部收敛的特征，不同俱乐部的可再生能源技术创新平均水平和增长率存在明显差异。Zhang 等（2021）发现 2000~2017年中国低碳技术创新具有明显的区域特征，沿海地区的低碳技术创新水平明显高于东北和西北地区。因此，可再生能源技术创新和低碳技术创新对可持续能源转型的影响具有潜在的区域异质性。

为了优化电力资源配置，目前各省份政府着力消除电力供需不均衡的问题，省间能源输送无疑是有效解决该问题的策略之一。对于电力资源而言，中国的大型水电基地多位于四川、云南等西南地区，风电和火电则集中分布在山西、内蒙古、陕西等省份，而主要的电力需求集中在北京、上海、广东、江苏等经济发达地区，这促使区域间能源调动成为缓解电力供需矛盾的首要选择（姚昕、孔庆宝，2010）。尽管区域间能源调动能有效缓解电力供需矛盾，但会对能源输出省和能源输入省的能源、经济和环境产生不同的影响。以火力输送为例，能源输入省在得到更多的电力资源后，能源安全和要素供给得到了保障，但火力发电所产生的污染物却排放在能源输出省，这分别增大和减小了能源输出省和能源输入省的节能减排压力（周曙东等，2012）。事实上，北京、上海、广东、江苏等经济发达地区的可再生能源技术创新和低碳技术创新水平明显高于中部和西部的多数省份，这一点在可再生能源技术和低碳技术专利存量上表现得更加明显（Lin and Zhu，2019；Zhang et al.，2021）。因此，可再生能源技术创新和低碳技术创新对可持续能源转型的影响在能源输入省和能源输出省之间具有潜在的差异。

随着物质需求的日益增长，能源国际贸易成为支撑中国经济增长的重要力量。加强国内能源开发与利用为经济增长提供了保障，但由于化石能源不可再生的特性，在没有能源进口的条件下，对本国能源的过度消费意味着未来国际竞争力的下降（史丹，2006）。中国在20世纪90年代以后的能源战略是以扩大能源进口为主，充分利用国际能源供应支撑国内经济增长（张生玲，2007）。不仅如此，能源国际贸易对于技术进步、能源结构改善、绿色低碳发展等方面做出了不可磨灭的贡献（Pan et al.，2019；Su et al.，2020；Liu et al.，2021）。然而，在享受能源贸易红利的同时，中国的经济增长和能源安全越来越受到国际能源格局的影响（林永生、张生玲，2013）。结合中国省级能源贸易现状来看，目前中国有21个省份的能源消耗需要依赖进口能源的补充，这显然对中国内部的能源安全具有重要的影响。相比之下，能源净出口省不依赖外部能源，也无法直接享受技术进步等红利。因此，能源净进口省和能源净出口省在可再生能源技术创新和低碳技术创新与可持续能源转型方面具有潜在差异。

中国区域经济增长与发展存在显著的异质性，东部地区的经济发展水平最高，中部地区次之，西部地区最低，这一结论已被大量研究验证（蔡昉、都阳，2000；吴玉鸣，2006；Song，2021）。除了经济增长本身具有异质性以外，可再生能源技术创新和低碳技术创新的能源效应和环境效应也会因经济水平差异而表现出异质性。Yu 和 Du（2019）发现经济发达省份技术创新对碳排放的影响很大，而欠发达地区的影响则很小。Yan 等（2020）发现 1997~2015 年中国省级可再生能源技术创新对全要素生产率的影响只有人均收入水平超过临界值时才显著。因此，在不同经济发展水平下，可再生能源技术创新和低碳技术创新对可持续能源转型的影响会有所不同。

基于上述理论分析，本章提出如下假设。

H3：可再生能源技术创新和低碳技术创新对可持续能源转型的影响在区域、省间能源调动、能源对外贸易和经济发展水平上具有异质性。

二　关于空间溢出效应的理论分析与研究假设

技术创新溢出是技术创新的外部性，是指技术创新主体在非自愿的情况下所进行的技术创新活动对外部所产生的福利溢出，溢出效应的发生主要来自两个方面：一是技术创新示范、模仿和传播；二是竞争（Blomström et al.，1994）。已有研究已经证实中国省份间技术创新存在空间溢出效应。符森（2009）发现 1990~2006 年中国 30 个省份间技术创新活动具有显著的空间溢出效应，R&D 资本存量的增加、公共领域技术创新活动的外部性、人力资本的流动以及市场的竞争与合作是导致空间溢出的主要原因；同时，技术溢出效应随地理空间距离的增加而减弱，在地理空间距离超过 800 公里时开始减弱，超过 1600 公里时则基本不存在空间溢出效应。易靖韬（2009）、Yang 等（2021）也得到了相似的研究结论。

可再生能源技术创新和低碳技术创新同传统技术创新一样，存在显著的空间溢出效应，这一结论得到了部分学者的支持。Pan 等（2021）发现中国各区域间的绿色技术创新表现出明显的空间溢出效应，Zheng 等（2021）发现中国各省份的可再生能源技术创新存在明显的扩散效应，当本省的可再生能源技术创新水平提升 1%，会使邻近省份的可再生能源发电量提高 3.264%。Zhang 等（2021）发现中国各省份的低碳技术创新具有溢出效应。岐洁（2016）发现邻近区域的绿色技术创新存在显著的正向联动效应，北京、上海、广东和江苏等地区绿色技术知识存量优势明显，对邻近区域的溢出效应很明显。王为东等（2018）发现中国低碳技术在空间分布上有一定偏差，低碳技术创新活动呈现由东向西扩散的特征，东部地区始终最为活跃，中部、西部地区创新活力则梯次下降。

除了可再生能源技术和低碳技术具有空间自相关以外，中国可持续能源转型也存在潜在的空间自相关。例如，第三章发现不同省份之间可再生能源存在大规模的调入或调出，这表明省份间可再生能源生产与消费存在紧密关联。在已有研究中，Lv 等（2019）、J. Li 和 S. Li（2020）的研究也证实能源消费、能源产业投资等存在显著的空间溢出效应。此外，环境污染与治理具有显著的外部性，邵帅等（2016）发现中国雾霾污染具有显著的空间溢出效应，Wang 等（2019）发现中国省份间 CO_2 排放表现出显著的空间自相关。

基于上述理论分析，本章提出如下研究假设。

H4：可再生能源技术创新和低碳技术创新对可持续能源转型的影响具有空间溢出效应。

三　关于影响机制的理论分析与研究假设

可再生能源技术创新和低碳技术创新不仅能够直接影响可持续能源转型，还能通过其他因素间接影响可持续能源转型。同样，考虑可持续能源转型涉及经济、能源和环境等多个方面，本节对影响机制的理论分析主要围绕可再生能源技术创新和低碳技术创新对经济增长与发展、能源安全与保障和环境可持续发展三个维度的影响展开。

在经济增长与发展方面，可再生能源技术创新和低碳技术创新已经成为经济增长新引擎。其中，全要素生产率被认为是可再生能源技术创新和低碳技术创新推动经济增长的重要因素。Ghisetti 和 Quatraro（2017）发现绿色技术创新显著推动了全要素生产率的提升；Yan 等（2020）发现在一定的经济发展水平下，中国区域可再生能源技术创新能显著提升全要素生产率；Wang 等（2021）发现技术创新有助于绿色发展。此外，Fei 和 Rasiah（2014）、S. Kurt 和 Ü. Kurt（2015）、Cheng 等（2021）得到了相似的研究结论。

在能源安全与保障方面，可再生能源技术创新有助于提高能源供给能力。尽管自 2000 年以来可再生能源技术专利存量迅速增长，但可再生能源技术仍然是限制可再生能源大规模生产、运输、储存及利用的核心因素。马丽梅等（2018）指出，由于可再生能源具有间歇性和不确定性，直接并网发电给传统的火力发电系统带来了一系列严峻的挑战，可再生电力的储存、传输等配套问题是目前可再生能源发展面临的最主要的技术瓶颈。此外，受限于可再生能源技术，所有输入的能源不能完全转化为能源产品，这是因为存在"弃风弃光"等问题。低碳技术创新对能源安全与保障的影响主要是通过环境成本来实现，较高的低碳技术创新水平面临较小的环境压力，需要支付的环境成本也相对较低，这能够吸引外资能源企业的投资或者吸引国内能源产业在本土的局部迁移（Li et al.，2021）。因此，可再生能源技术创新水平和低碳技术创新水平的提高有助于提升能源供给能力，提高可再生能源消费比例，缩小能源供需缺口，进而缓解能源供需矛盾和优化能源结构。

在环境可持续发展方面，可再生能源技术创新和低碳技术创新被视为最重要的驱动因素。可再生能源技术和低碳技术是现阶段两类主要的清洁技术，具有很强的减污降碳作用。国家能源局发布的数据显示，2020 年中国可再生能源开发利用规模达到 6.8 亿吨标准煤，相当于替代煤炭近 10 亿吨，减少二氧化碳排放约 17.9 亿吨。相比经济效应和能源效应，可再生能源技术创新和低碳技术创新的环境效应是现阶段更受关注的话题。从以往研究来看，可再生能源技术创新和低碳技术创新的减排效应得到了广泛的支持。例如，He 等（2021）发现，2002~2015 年中国 25 个省份的可再生能源技术创新显著提高了碳排放绩效，更多相关结论可参考 Amri（2018）和 Shao 等（2021）。因此，可再生能源技术创新和低碳技术创新能够有效降低污染排放强度。

基于上述理论分析，本章提出如下研究假设。

H5：可再生能源技术创新和低碳技术创新能够提升全要素生产率、优化能源结构、缩小能源供需缺口和降低污染排放强度，进而间接推动可持续能源转型。

第二节　可再生能源技术创新和低碳技术创新对可持续能源转型影响的异质性分析

一　基于区域异质性视角

沿用第五章的区域划分标准，本节将中国划分为东部、中部和西部三大地区。其中，东部地区包括北京、天津、河北、辽宁、上海、江苏、浙江、福建、山东、广东和海南 11 个省份，中部地区包括山西、内蒙古、吉林、黑龙江、安徽、江西、河南、湖北和湖南 9 个省份，西部地区包括广西、重庆、四川、贵州、云南、陕西、甘肃、青海、宁夏和新疆 10 个省份。表 7-1 报告了区域异质性检验结果，第（1）列、第（3）列和第（5）列分别是三大地区可再生能源技术创新对可持续能源转型影响的估计结果。可以看出，东部、中部和西部地区的可再生能源技术创新的回归系数分别为 0.878、0.528 和 2.800，东部、西部地区均通过了 1%的显著性检验，而中部地区未通过 10%的显著性检验。这表明可再生能源技术创新对东部地区和西部地区的可持续能源转型有显著的推动作用，且对西部地区的推动作用明显强于东部地区。一种可能的解释是，尽管东部地区的能源系统绩效明显高于西部地区，但西部地区的能源结构优化表现优于东部地区，且西部地区的可再生能源生产量与消费量均高于东部地区，西部地区的可再生能源技术更多应用在可再生能源生产端和消费端。因此，西部地区的可再生能源技术创新对可持续能源转型的影响大于东部地区。

第（2）列、第（4）列和第（6）列是三大地区低碳技术创新对可持续能源转型影响的估计结果。可以看出，东部、中部和西部地区的低碳技术创新对可持续能源转型均有显著的正向影响，回归系数分别为 0.109、0.079 和 0.181，分别通过了 1%、5%和 5%的显著性检验。与可再生能源技术创新相似，西部地区的低碳技术创新对可持续能源转型的平均影响大于东部地区，而东部地区又大于中部地区。可能的原因在于，西部地区的整体技术水平低于东部、中部地区，近年来高污染的经济活动在不断地自东向西迁移，导致西部地区的污染排放强度高于东部、中部地区，因此，低碳技术创新能够在西部地区发挥更大的节能减排作用，进而对可持续能源转型产生较大的影响。在已有研究中，李彦军和王婷婷（2015）、徐鹏杰（2018）也得到了相似的研究结论。

表 7-1　区域异质性检验结果

变量	东部地区		中部地区		西部地区	
	（1）	（2）	（3）	（4）	（5）	（6）
RETI	0.878 ***		0.528		2.800 ***	
	（0.000）		（0.128）		（0.000）	
LCTI		0.109 ***		0.079 **		0.181 **
		（0.000）		（0.032）		（0.033）
INC	39.967 *	41.032 **	266.263 ***	254.347 ***	233.602 ***	333.478 ***
	（0.053）	（0.041）	（0.000）	（0.000）	（0.000）	（0.000）
IS	6.066 **	10.907 ***	−6.654 **	−5.644 **	−33.928 ***	−37.188 ***
	（0.045）	（0.000）	（0.017）	（0.048）	（0.000）	（0.000）
FDI	−0.337 **	−0.459 ***	0.135	−0.195	−1.549	−1.466
	（0.035）	（0.009）	（0.904）	（0.863）	（0.317）	（0.357）
TO	−3.897 ***	−4.132 ***	−17.297 ***	−16.672 ***	−10.175 ***	−9.896 ***
	（0.000）	（0.000）	（0.000）	（0.000）	（0.002）	（0.003）
ER	1.130	4.122	19.968	30.186	5.128	−4.596
	（0.958）	（0.858）	（0.387）	（0.189）	（0.803）	（0.822）
EP	56.953	97.614 **	62.276 **	66.569 **	104.080 ***	100.133 ***
	（0.108）	（0.010）	（0.045）	（0.030）	（0.004）	（0.007）
常数项	4046 ***	3909 ***	4354 ***	4324 ***	5498 ***	5592 ***
	（0.000）	（0.000）	（0.000）	（0.000）	（0.000）	（0.000）
样本量	209	209	171	171	190	190

注：括号内为 p 值；*** 、** 和 * 分别表示在 1%、5%和 10%的水平下显著。

二　基于省间能源调动异质性视角

沿用第五章的划分标准，本节将 30 个省份按照省间能源调动情况划分为能源净调入地区和能源净调出地区。其中，山西、内蒙古、黑龙江、贵州、陕西、青海和新疆 7 个省份属于能源净调出地区，其余 23 个省份属于能源净调入地区。表7-2报告了省间能源调动异质性检验结果，第（1）列和第（3）列是能源净调入地区和净调出地区可再生能源技术创新的估计结果。可以看出，可再生能源技术创新的回归系数在能源净调入地区显著为正，且通过了1%的显著性检验，但在能源净调出地区未通过10%的显著性检验。第（2）列和第（4）列是能源净调入地区和净调出地区低碳技术创新的估计结果。可以看出，低碳技术创新对这两类地区的可持续能源转型均有正向影响，但只有能源净调入地区的估计系数通过了1%的显著性检验，而能源净调出地区的估计系数未通过10%的显著性检验。

表7-2　省间能源调动异质性检验结果

变量	能源净调入地区		能源净调出地区	
	（1）	（2）	（3）	（4）
RETI	0.653 ***		0.102	
	(0.000)		(0.946)	
LCTI		0.078 ***		0.233
		(0.000)		(0.103)
INC	105.847 ***	110.591 ***	322.857 ***	248.613 ***
	(0.000)	(0.000)	(0.000)	(0.000)
IS	-2.757	1.050	-12.247 **	-11.791 ***
	(0.318)	(0.690)	(0.011)	(0.007)
FDI	-0.491 ***	-0.578 ***	6.666 **	5.118
	(0.005)	(0.002)	(0.032)	(0.107)
TO	-5.127 ***	-5.056 ***	-12.389 ***	-13.575 ***
	(0.000)	(0.000)	(0.000)	(0.000)
ER	23.011	21.698	53.996 ***	61.640 ***
	(0.136)	(0.179)	(0.006)	(0.002)
EP	77.674 ***	87.677 ***	103.867 ***	110.771 ***
	(0.001)	(0.000)	(0.008)	(0.003)
常数项	4382 ***	4235 ***	4204 ***	4278 ***
	(0.000)	(0.000)	(0.000)	(0.000)
样本量	437	437	133	133

注：括号内为 p 值； *** 、 ** 分别表示在1%、5%的水平下显著。

对比四组估计结果可知，可再生能源技术创新和低碳技术创新都只对能源净调入地区的可持续能源转型有显著影响，而对能源净调出地区没有显著影响。可能的解释是，能源净调出地区的能源结构实质上没有发生变化，调出的能源和自用的能源中各种类的占比是恒定的，即可再生能源在能源消费总量中的比例没有变化，但能源净调入地区的可再生能源消费比例可能会被改变，一般情况下不同区域电网内各省份的各类能源消费比例是不同的，这一点在第三章已有详细说明。此外，能源净调入地区除了自给的能源消费以外，还有调入的部分能源消费，这会同时影响能源结构优化和能源系统绩效。因此，两类技术创新对能源净调入地区的可持续能源转型的影响相对更大。

三　基于能源对外贸易异质性视角

沿用第五章的划分标准，本节将 30 个省份按照能源进出口差额划分为能源净进口地区、能源净出口地区和其他地区（无能源贸易或能源贸易平衡地区）。其中，山西、湖北、云南和陕西 4 个省份属于能源净出口地区，重庆、四川、甘肃、青海和宁夏 5 个省份属于其他地区，其余 21 个省份属于能源净进口地区。表 7-3 报告了能源对外贸易异质性检验结果，第（1）列、第（3）列和第（5）列分别是能源净进口地区、能源净出口地区和其他地区可再生能源技术创新对可持续能源转型影响的估计结果。可以看出，可再生能源技术创新在这三大地区的回归系数均为正，且分别通过了 1%、1% 和 5% 的显著性检验，这表明可再生能源技术创新对三大地区可持续能源转型有显著的推动作用，但这种推动作用在能源净出口地区最大，其次是其他地区，能源净进口地区则最小。一种可能的解释是，能源净出口地区中的湖北和云南都是可再生能源消费比例相对较高的省份，而山西和陕西则是化石能源消费比例相对较高的省份，因此，可再生能源技术创新对可再生能源消费的推动作用和对化石能源的替代作用会更明显。第（2）列、第（4）列和第（6）列分别是能源净进口地区、能源净出口地区和其他地区低碳技术创新对可持续能源转型影响的估计结果。可以看出，低碳技术创新在三大地区的回归系数分别为 0.057、-0.093 和 0.140，但只有能源净进口地区通过了 1% 的显著性检验，其余两个地区的估计结果在统计上均不显著。一种可能的解释是，能源净进口地区的能源消费总量明显高于另外两个地区，相应的污染排放量也高于另外两个地区，因此低碳技术创新在能源净进口地区发挥着更重要的节能减排作用。

表 7-3　能源对外贸易异质性检验结果

变量	能源净进口地区		能源净出口地区		其他地区	
	（1）	（2）	（3）	（4）	（5）	（6）
RETI	0.478*** （0.002）		8.150*** （0.000）		1.941** （0.040）	
LCTI		0.057*** （0.000）		−0.093 （0.433）		0.140 （0.217）
INC	125.996*** （0.000）	128.343*** （0.000）	−212.434** （0.031）	402.238*** （0.000）	244.783*** （0.000）	291.456*** （0.000）
IS	−7.431*** （0.008）	−4.399 （0.104）	−30.091*** （0.000）	−46.103*** （0.000）	−39.405*** （0.000）	−42.451*** （0.000）
FDI	−0.377** （0.019）	−0.425** （0.010）	−9.400*** （0.004）	−5.617 （0.141）	−4.604** （0.012）	−4.766** （0.010）
TO	−5.035*** （0.000）	−5.108*** （0.000）	−13.787** （0.047）	−5.940 （0.436）	−6.457 （0.268）	−5.088 （0.386）
ER	50.693*** （0.000）	52.599*** （0.000）	9.160 （0.779）	−8.423 （0.812）	−29.007 （0.298）	−33.089 （0.232）
EP	66.926*** （0.001）	72.057*** （0.001）	124.501** （0.016）	63.516 （0.262）	130.634* （0.054）	134.519* （0.051）
常数项	4477*** （0.000）	4360*** （0.000）	5968*** （0.000）	6135*** （0.000）	5787*** （0.000）	5885*** （0.000）
样本量	399	399	76	76	95	95

注：括号内为 p 值；***、** 和 * 分别表示在 1%、5% 和 10% 的水平下显著。

四　基于经济异质性视角

第五章已经发现不同收入水平下可持续能源转型有明显差异。因此，不同收入水平下的可再生能源技术创新和低碳技术创新可能会诱使可持续能源转型产生突变，进而产生门槛效应。若可持续能源转型存在结构突变，传统的方法是采用分段回归获取变量的弹性系数，但分段的节点是难以确定的（Yang et al.，2020）。面板门槛模型基于分段函数的原理，能够准确识别结构突变的节点，进而提供一组分段回归的系数。因此，本节参考 Hansen（1999）提出的面板门槛模型，设置收入水平为门槛变量，以多重门槛为例将模型（6-3）和模型（6-4）改造为以下面板门槛模型。

在检验可再生能源技术创新对可持续能源转型的门槛效应时，考虑如下门槛模型：

$$ET_{it} = \alpha_0 + \alpha_1 RETI_{it} \times I(INC \leq \eta_1) + \alpha_2 RETI_{it} \times$$
$$I(\eta_1 < INC \leq \eta_2) + \cdots + \alpha_n RETI_{it} \times I(\eta_{n-1} < INC \leq \eta_n) +$$
$$\alpha_{n+1} RETI_{it} \times I(INC > \eta_n) + \sum_{k=n+2}^{N} \alpha_k X_{it} + \varepsilon_{it} \tag{7-1}$$

在检验低碳技术创新对可持续能源转型的门槛效应时，考虑如下门槛模型：

$$ET_{it} = \beta_0 + \beta_1 LCTI_{it} \times I(INC \leq \eta_1) + \beta_2 LCTI_{it} \times$$
$$I(\eta_1 < INC \leq \eta_2) + \cdots + \beta_n LCTI_{it} \times I(\eta_{n-1} < INC \leq \eta_n) +$$
$$\beta_{n+1} LCTI_{it} \times I(INC > \eta_n) + \sum_{k=n+2}^{N} \beta_k X_{it} + \varepsilon_{it} \tag{7-2}$$

其中，模型（7-1）和模型（7-2）中的被解释变量、解释变量与控制变量与模型（6-3）和模型（6-4）完全相同。η 为门槛值，$I(\cdot)$ 是指示函数。当门槛变量与门槛值之间的关系成立时，$I(\cdot)$ 取值为 1；当门槛变量与门槛值之间的关系不成立时，$I(\cdot)$ 取值为 0。可以看出，门槛变量与门槛值将所有观测值划分为多个子样本，其估计的基本原理完全等同于分段函数。

在进行面板门槛模型估计之前，需要验证是否真实存在门槛效应以及确定门槛值及门槛个数。考虑到在门槛效应的原假设条件下 F 统计量为非正态分布，本节采取 Bootstrap 方法进行 500 次自抽样，获取 F 值的渐进分布，进而构造相应的 p 值，检验结果见表 7-4。可以看出，模型（7-1）的单一门槛和双重门槛分别在 5% 和 10% 的水平下显著，但三重门槛未通过 10% 的显著性检验，这表明模型（7-1）应该设定为双重门槛模型。模型（7-2）仅有单一门槛在 5% 的水平下显著，双重门槛和三重门槛均未通过 10% 的显著性检验，这表明模型（7-2）只存在单一门槛效应。

表 7-4　门槛效应检验

制度变量	门槛变量	模型	F 统计量	p 值	Bootstrap 次数	临界值		
						10%	5%	1%
RETI	*INC*	单一门槛	70.32	0.032	500	52.83	64.57	95.19
		双重门槛	42.87	0.056	500	32.59	46.28	62.62
		三重门槛	15.17	0.826	500	64.89	76.19	110.29
LCTI	*INC*	单一门槛	113.48	0.026	500	72.82	91.46	119.96
		双重门槛	51.82	0.106	500	53.32	68.27	116.74
		三重门槛	31.53	0.766	500	87.78	101.07	129.77

在证实存在门槛效应与明确门槛个数后，需要进一步确定门槛值。本节沿用马国群和谭砚文（2021）的做法，采用极大似然估计函数，以最小残差平方和为条件来确定收入水平的门槛值，并在假设单门槛值已知的情况下搜索其他门槛值，门槛值估计结果与置信区间见表 7-5。可以看出，模型（7-1）的双重门槛值为 2.701 和 4.530，并分别落在了 95% 置信水平下的［2.670，2.718］和［4.464，4.549］区间内；模型（7-2）的单一门槛值为 2.701，并落在了 95% 置信水平下的［2.664，2.701］区间内，这表明门槛值通过了有效性检验。这里需要说明的是，两个模型的第一门槛值均为 2.701，说明可再生能源技术创新和低碳技术创新对可持续能源转型的影响在人均收入水平为 2.701 万元左右时有明显变化。此外，附录 E 中的图 E1 和图 E2 进一步证明了门槛值的真实性。

表 7-5　门槛值估计结果与置信区间

制度变量	门槛变量	门槛类型	门槛值	95%置信下限	95%置信上限
RETI	INC	第一门槛	2.701	2.670	2.718
		第二门槛	4.530	4.464	4.549
LCTI	INC	第一门槛	2.701	2.664	2.701

　　为了更清楚地反映各省份收入水平门槛通过情况，本节进一步统计归纳了 2000 年、2009 年和 2018 年各省份的人均收入水平，详见表 7-6。可以看出，2000 年中国仅有上海的人均收入水平为 2.701 万～4.530 万元，其余 29 个省份的人均收入水平不超过 2.701 万元，没有省份的人均收入水平大于等于 4.530 万元。由此可见，大多数省份在 2000 年尚未越过第一门槛值。到了 2009 年，所有省份的人均收入水平均有不同程度的提高，人均收入水平不超过 2.701 万元的省份减少至 23 个，天津、江苏、浙江、福建和广东的人均收入水平提升至 2.701 万～4.530 万元，北京和上海的人均收入水平均大于等于 4.530 万元。到了 2018 年，各省份的人均收入水平大幅度提高，仅有河北等 7 个省份未超过 2.701 万元，天津等 13 个省份为 2.701 万～4.530 万元，大于等于 4.530 万元的省份增加至 10 个。

表 7-6　部分年份 30 个省份收入水平门槛通过情况

年份	INC≤2.701	2.701<INC<4.530	INC≥4.530
2000	北京、天津、河北、山西、内蒙古、辽宁、吉林、黑龙江、江苏、浙江、安徽、福建、江西、山东、河南、湖北、湖南、广东、广西、海南、重庆、四川、贵州、云南、陕西、甘肃、青海、宁夏、新疆	上海	
2009	河北、山西、内蒙古、辽宁、吉林、黑龙江、安徽、江西、山东、河南、湖北、湖南、广西、海南、重庆、四川、贵州、云南、陕西、甘肃、青海、宁夏、新疆	天津、江苏、浙江、福建、广东	北京、上海

年份	$INC \leqslant 2.701$	$2.701 < INC < 4.530$	$INC \geqslant 4.530$
2018	河北、山西、广西、贵州、云南、甘肃、宁夏	吉林、黑龙江、安徽、江西、山东、河南、湖北、湖南、海南、四川、陕西、青海、新疆	北京、天津、内蒙古、辽宁、上海、江苏、浙江、福建、广东、重庆

表 7-7 报告了可再生能源技术创新和低碳技术创新对可持续能源转型的门槛效应估计结果。其中，第（1）列和第（2）列是双重门槛下可再生能源技术创新对可持续能源转型影响的回归系数与 p 值。可以看出，不同人均收入水平下可再生能源技术创新的回归系数有明显差异，整体上随着人均收入水平的提高，可再生能源技术创新对可持续能源转型的正向影响在逐渐减弱。当人均收入水平不超过 2.701 万元时，可再生能源技术创新的回归系数为 3.005，且通过了 1% 的显著性检验；当人均收入水平超过 2.701 万元且低于 4.530 万元时，可再生能源技术创新的回归系数为 1.524，系数明显下降；当人均收入水平大于等于 4.530 万元时，可再生能源技术创新对可持续能源转型的影响进一步减弱，回归系数为 0.729。结合表 7-6 可知，截至 2018 年有 23 个省份的人均收入水平越过了第一门槛值，有 10 个省份的人均收入水平越过了第二门槛值，这表明大多数省份的可再生能源技术创新对可持续能源转型的影响有所减弱。一种可能的解释是，随着人均收入水平的提升，所有省份的可再生能源技术专利存量也在不断增加，可再生能源技术创新对可持续能源转型的影响出现了边际递减效应。另一种可能的解释是，随着人均收入水平的提升，所有省份可再生能源技术创新规模均有不同程度的扩张，但其规模扩张表现出规模不经济，比如可再生能源基建项目、政策选择等还不够完善，会产生减弱技术创新的正外部性（刘海英、张纯洪，2006；于立宏、王艳，2020）。

第（3）列和第（4）列是单一门槛下低碳技术创新对可持续能源转型影响的回归系数与 p 值。可以看出，在门槛值两侧低碳技术创新的回归系数明显不同。当人均收入水平不超过 2.701 万元时，低碳技术创新的回归系数为 1.407，且通过了 1%的显著性检验；当人均收入水平超过 2.701 万元时，低碳技术创新的回归系数为 0.681，系数明显降低，这表明低碳技术创新对可持续能源转型的影响随着人均收入水平的提高而减弱。结合表 7-6 可知，截至 2018 年仅有河北等 7 个省份低碳技术创新的影响相对较大，而其余 23 个省份的影响均有所减弱，这与可再生能源技术创新的影响是相似的。自 2002 年以来，低碳技术专利存量高速增长，尤其是能源生产、运输或分配相关碳减排技术和商品生产或加工相关碳减排技术，但碳捕捉、封存及利用技术的发展非常缓慢，2015 年以前超过一半的省份尚未开始发展此类低碳技术。不同种类的低碳技术发展不均衡，可能会减弱低碳技术创新的影响。

表 7-7　门槛效应估计结果（被解释变量：ET）

变量	（1）	（2）	（3）	（4）
	系数	p 值	系数	p 值
$RETI$（$INC \leqslant 2.701$）	3.005***	0.000		
$RETI$（$2.701 < INC < 4.530$）	1.524***	0.000		
$RETI$（$INC \geqslant 4.530$）	0.729***	0.000		
$LCTI$（$INC \leqslant 2.701$）			1.407***	0.000
$LCTI$（$INC > 2.701$）			0.681***	0.000
INC	166.841***	0.000	146.065***	0.000
IS	−10.853***	0.000	−9.442***	0.000
FDI	0.410	0.116	0.278	0.268
TO	−3.289***	0.000	−2.432***	0.005
ER	46.494***	0.002	41.211***	0.003
EP	75.701***	0.008	96.394***	0.000
常数项	4366.798***	0.000	4351.166***	0.000
样本量	570		570	
调整后的 R^2	0.716		0.747	

注：***表示在 1%的水平下显著。

第三节　可再生能源技术创新和低碳技术创新对可持续
能源转型影响的空间溢出效应分析

一　空间相关性检验

考虑到样本数据是 2000~2018 年中国 30 个省份的面板数据，相关变量之间可能在空间上存在关联性，即空间自相关。一般来说，空间自相关主要是空间数据中截面个体自相关和截面个体在不同时期的自相关。从现有的计量经济模型来看，如果相关变量存在空间自相关，传统的非空间面板模型的估计无法揭示可再生能源技术创新和低碳技术创新对可持续能源转型的空间溢出效应。基于此，本节首先对面板模型中的各变量进行空间相关性检验。

在既有文献中，学者们普遍采用全局莫兰指数（Global Moran's Index）和局部莫兰指数（Local Moran's Index）来检验空间相关性（Shao et al.，2020；J. Li and S. Li，2020）。其中，全局莫兰指数主要用于揭示变量的整体空间相关情况，其计算公式为：

$$I_i^{global} = \frac{n \sum_{i=1}^{n} \sum_{j=1}^{n} W_{ij}(x_i - \bar{x})(x_j - \bar{x})}{\left(\sum_{i=1}^{n} \sum_{j=1}^{n} W_{ij} \right) \sum_{i=1}^{n} (x_i - \bar{x})^2} \tag{7-3}$$

其中，n 代表空间单元数（$n = 30$），x 代表变量观测值，$\bar{x}$ 代表变量平均观测值，W 代表空间权重矩阵。受限于全局莫兰指数不能反映空间变量局部相关情况，本节进一步构建了局部莫兰指数用于解释局部空间相关性，计算公式为：

$$I_i^{local} = \frac{n(x_i - \bar{x}) \sum_{j=1}^{n} W_{ij}(x_j - \bar{x})}{\sum_{i=1}^{n} (x_i - \bar{x})} \tag{7-4}$$

其中，局部空间相关通过莫兰散点图可将相关特征分为 HH（高-

高）、HL（高-低）、LH（低-高）和 LL（低-低）四种集聚类型。以可持续能源转型为例，若该省份属于 HH（LL）集聚型，局部空间相关指数大于 0，则说明高（低）可持续能源转型得分的省份被高（低）可持续能源转型得分的省份包围；若该省份属于 HL（LH）集聚型，局部空间相关指数小于 0，则说明高（低）可持续能源转型得分的省份被低（高）可持续能源转型得分的省份包围。需要注意的是，局部空间相关指数等于 0，表明各变量在空间上随机分布，不存在空间自相关。

为了增强实证结果的可靠性，本节构建了两类空间权重矩阵：空间邻接矩阵（$W1$）和非对称地理经济权重矩阵（$W2$）。其中，空间邻接矩阵又称 0-1 矩阵，若省份 i 和省份 j 有公共边界，则 $W1=1$，否则 $W1=0$。显然，空间邻接矩阵是一个对称矩阵，对角线元素均为 0。空间邻接矩阵可通过如下公式构建：

$$W1_{ij}=\begin{cases}1, i\text{ 和 }j\text{ 有公共边界}\\0, i\text{ 和 }j\text{ 无公共边界或 }i=j\end{cases} \qquad (7-5)$$

需要说明的是，空间邻接矩阵能反映地理信息上的空间关联，但无法揭示各省份间在经济活动上的空间相关性。现实中，经济发展水平相近的省份往往具有较强的经济关联，表现出较强的空间相关性（Shao et al.，2020）。相比之下，各省份之间的空间关联不是完全对称的，例如发达省份对欠发达省份的经济辐射往往大于欠发达省份对发达省份的经济辐射。基于此，本章沿用 Shao 等（2020）的做法，构建了兼顾地理距离和经济关联的非对称地理经济权重矩阵，该矩阵可通过如下公式构建：

$$W2_{ij}=\begin{cases}\dfrac{perGDP_j}{d_{ij}perGDP_i}, & i\neq j\\0, & i=j\end{cases} \qquad (7-6)$$

其中，d_{ij} 表示省份 i 和省份 j 的地理直线距离，根据各省会（或首府）城市的经纬度坐标测算而得。$perGDP$ 表示人均 GDP，采用各省份生产总值与年末常住人口的比例表示，数据来源于《中国统计年鉴》。需要说明的是，本章的空间邻接矩阵主要用于对比非对称地理经济权重矩阵，本章仅报告后者的相关实证结果。

  表 7-8 报告了非对称地理经济权重矩阵下 2000~2018 年可持续能源转型、可再生能源技术创新和低碳技术创新的全局莫兰指数。对于可持续能源转型而言，全局莫兰指数随时间有明显波动，但整体的相关性在逐渐减弱。其中，2001 年、2002 年、2005 年、2006 年和 2008 年的全局莫兰指数显著为正，即省份间的可持续能源转型存在显著的空间正相关，这表明省份间的可持续能源转型呈现高-高集聚和低-低集聚的分布特征。相比之下，2009~2018 年的全局莫兰指数在统计上不显著，这表明近年来省份间可持续能源转型的依赖性较弱。对于可再生能源技术创新而言，仅有 2007~2010 年的全局莫兰指数未通过显著性检验，2006 年省份间存在显著的空间正相关，其余年份则表现出显著的空间负相关，这表明在大多数年份省份间可再生能源技术创新呈现高-低集聚和低-高集聚的分布特征。2013~2015 年省份间的可再生能源技术创新的全局莫兰指数在 -0.150 附近小幅度波动，表明近年来省份间集聚特征较为稳定。对于低碳技术创新而言，由于 2002 年以前全国各省份均无低碳技术创新活动，低碳技术创新取值为 0，故表中未报告 2000 年和 2001 年的全局莫兰指数。可以看出，2002~2018 年低碳技术创新的全局莫兰指数均表现出显著的空间负相关，这表明省份间低碳技术创新表现出稳定的高-低集聚和低-高集聚的分布特征。其中，2002~2005 年空间负相关性不断增强，2006~2011 年大致在 -0.380 左右波动，2012~2018 年的空间负相关性有所减弱。

表 7-8　核心变量的全局莫兰指数

年份	ET	RETI	LCTI	年份	ET	RETI	LCTI
2000	0.110	-0.256***	—	2005	0.041*	-0.132**	-0.392***
2001	0.039*	-0.223***	—	2006	0.052**	0.117*	-0.382***
2002	0.033*	-0.197***	-0.316***	2007	0.022	-0.091	-0.370***
2003	0.027	-0.184***	-0.330***	2008	0.061**	-0.068	-0.377***
2004	0.009	-0.165***	-0.376***	2009	0.016	-0.060	-0.384***

续表

年份	ET	RETI	LCTI	年份	ET	RETI	LCTI
2010	-0.006	-0.082	-0.380***	2015	0.001	-0.151**	-0.300***
2011	-0.005	-0.116*	-0.374***	2016	-0.019	-0.150**	-0.280***
2012	-0.031	-0.133**	-0.359***	2017	-0.011	-0.150**	-0.242***
2013	-0.019	-0.146**	-0.330***	2018	-0.030	-0.152**	-0.201***
2014	0.024	-0.144**	-0.314***				

注：***、**和*分别表示在1%、5%和10%的水平下显著。

　　全局空间自相关反映了空间变量在整体空间上的分布特征，但无法揭示局部地区的非典型性特征，局部空间自相关能弥补这一不足（Anselin，1995）。因此，本章还需要对核心变量的局部空间相关性进行进一步分析。结合模型（7-3）和模型（7-4）可以看出，局部空间相关指数的统计量可通过全局空间相关指数的统计量分解而得，是全局空间自相关的特殊形式。为了更直观地观察各省份局部空间自相关情况，本节绘制了2018年各省份的莫兰散点图，详见图7-1。可以看出：①各省份可持续能源转型的分布具有一定的随机性，所有省份相对均匀地分布在HH、HL、LL、LH四个区域，并未呈现明显的集聚特征，这与2018年全局莫兰指数不显著的结论是一致的，表明各省份的可持续能源转型没有显著的空间相关性。②对于可再生能源技术创新而言，有22个省份表现出LH集聚特征，表明可再生能源技术创新水平低的省份被创新水平高的省份包围；其余8个省份则表现出HH集聚特征，分别是江苏、北京、浙江、山东、广东、四川、安徽和上海，这些可再生能源技术创新水平高的省份被创新水平高的省份包围。③对于低碳技术创新而言，其与可再生能源技术创新表现出高度相似的集聚特征，同样有22个省份属于LH集聚，表明低碳技术创新水平低的省份被创新水平高的省份包围；有7个省份属于HH集聚，分别是江苏、浙江、山东、广东、四川、安徽和上海，这些低碳技术创新水平高的省份被创新水平高的省份包围；北京是唯一表现出HL集聚特征的省份，且被低碳技术创新水平低的省份包围。值得关注的是，可再生能源技术创新和低碳技术创新表现出HH集聚特征的省份大多数（除四川以外）位于东部沿海区域，形成了以长三角地区为中轴、北京和广东为端点、山东和安徽为连接点的可再生能源技术创新和低碳技术创新"高水平俱乐部"。

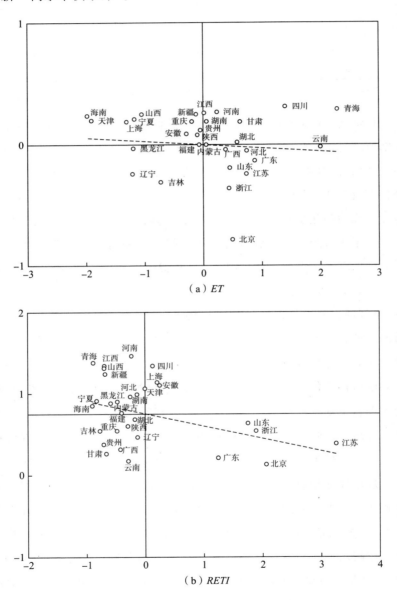

（a）ET

（b）RETI

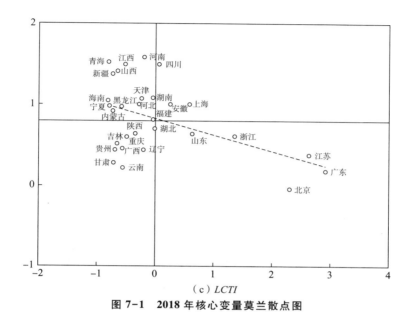

图 7-1　2018 年核心变量莫兰散点图

二　传统空间面板模型估计与分析

传统的空间面板模型主要包括空间滞后模型（Spatial Lag Model，SLM）、空间误差模型（Spatial Error Model，SEM）和空间杜宾模型（Spatial Dubin Model，SDM）。相较于非空间面板模型，主要不同之处在于空间面板数据在传统模型中引入了空间权重矩阵。以可再生能源技术创新为例，为了分析可再生能源技术创新对可持续能源转型的空间溢出效应，本节在模型（6-3）的基础上引入了空间权重因子，具体形式为：

$$ET_{it} = \rho \sum_{j=1}^{J} W_{ij} ET_{jt} + \alpha_1 RETI_{it} + \sum_{k=2}^{K} \alpha_k X_{it} + \theta_1 W_{ij} RETI_{jt} +$$

$$\sum_{k=2}^{K} \sum_{j=1}^{J} \theta_k W_{ij} X_{jt} + \mu_{it} \tag{7-7}$$

$$\mu_{it} = \lambda W_{it} + \varepsilon_{it}$$

其中，ρ 是空间滞后回归系数，反映当期邻近省份的可持续能源转型对本省份的可持续能源转型的影响情况；λ 是误差项的空间自回归系数。

模型（7-7）根据参数设置的差异，可分解为三种模型。

（1）当 $\rho \neq 0$，且 $\theta = \lambda = 0$ 时，空间权重矩阵被引入被解释变量中，对应模型为空间滞后模型；

（2）当 $\lambda \neq 0$，且 $\theta = \rho = 0$ 时，空间权重矩阵被引入空间误差项中，对应模型为空间误差模型；

（3）当 $\rho \neq 0$，$\theta \neq 0$，且 $\lambda = 0$ 时，空间权重矩阵同时被引入被解释变量和解释变量中，对应模型为空间杜宾模型。

为了筛选出最优估计模型，本节分别报告了三种空间面板模型下可再生能源技术创新和低碳技术创新对可持续能源转型影响的估计结果（见表7-9）。可以看出，无论是可再生能源技术创新还是低碳技术创新，二者对应的空间滞后回归系数 ρ 和空间误差回归系数 λ 都在1%的水平下显著为正，表明与本省有空间相关性的其他省份的可持续能源转型对本省份的可持续能源转型有显著影响，因此不能忽视区位因素的存在和空间效应的影响，进一步佐证了进行空间面板模型估计的必要性。第（3）列和第（6）列中的 LR-lag 和 LR-error 检验均在1%的显著性水平下拒绝原假设，表明 SDM 模型不能被简化为 SLM 和 SEM 模型，同时 SDM 模型的对数似然统计量绝对值也明显高于 SLM 和 SEM 模型，进一步说明 SDM 模型为最优模型。因此，本节基于非对称地理经济权重矩阵，重点围绕 SDM 模型估计结果展开讨论。

通过第（1）～（3）列估计结果可以看出，可再生能源技术创新对可持续能源转型有显著的正向影响，这与基准估计结果一致。值得关注的是，在非对称地理经济权重矩阵下，邻近省份的可再生能源技术专利存量每增加1万项，本省的可持续能源转型会降低0.157个单位，但这种空间溢出效应未通过10%的显著性水平检验。因此，本省可持续能源转型会受到本省可再生能源技术创新和邻近省份可持续能源转型的影响，但不会受邻近省份可再生能源技术创新的影响，这表明各省份的可再生能源技术创新活动仍然处于各自为战的阶段，空间溢出效应相对较弱（王为东等，2018）。一个可能的原因是，尽管近年来可再生能源发电成本有所下降，但目前仍然处于可再生能源技术创新的初期阶段，可再生能源技术创新前期仍然需要可观的投资，高额的创新成本限制了其经济外部性。此外，欧洲专利局出版的《未来知识产权制度的愿景》指出，一般性的技术创新均与知识产权有关，而知识产权制度具有一定的负外部性，会阻碍技术创新成果传播，形成技术垄断，这也可能是可再生能源技术创新空间溢出效应不显著的一个原因。

通过第（4）~（6）列估计结果可以看出，低碳技术创新对可持续能源转型有显著的正向影响，这表明低碳技术创新有效推动了可持续能源转型，这进一步验证了基准估计结果。与可再生能源技术创新不同的是，低碳技术创新空间滞后项的弹性系数为-0.115，且通过了1%的显著性水平检验，这说明邻近省份低碳技术创新显著阻碍了本省可持续能源转型。由此可见，本省可持续能源转型同时受本省低碳技术创新、邻近省份低碳技术创新、邻近省份可持续能源转型的影响。上述研究发现表明，低碳技术创新活动存在紧密的区域关联，低碳技术创新并未像预期一样对可持续能源转型具有正的空间溢出效应。一种可能的原因是，低碳技术创新具有显著的减排效应，这一结论已得到部分学者的验证（鄢哲明等，2017；殷贺等，2020）；在低碳技术创新的保障下，各省份的污染排放能够规避环境规制约束，在较为宽松的环境规制下，低碳技术创新可能会引致生产规模扩张，诱发低碳技术创新的回弹效应，导致污染排放量不减反增。已有研究已经证实，污染物具有很强的空间溢出效应，从而不利于其他省份的环境可持续发展（Xu et al.，2021b；陆凤芝、王群勇，2021）。

表7-9　空间面板模型估计结果

变量	（1）	（2）	（3）	（4）	（5）	（6）
	SLM	SEM	SDM	SLM	SEM	SDM
RETI	0.178 *** (0.003)	0.184 *** (0.001)	0.363 *** (0.000)			
LCTI				0.025 *** (0.003)	0.025 *** (0.001)	0.038 *** (0.000)

续表

变量	（1）	（2）	（3）	（4）	（5）	（6）
	SLM	SEM	SDM	SLM	SEM	SDM
INC	−58.450 ***	−57.602 ***	−55.133 ***	−62.133 ***	−62.264 ***	−63.057 ***
	（0.000）	（0.000）	（0.001）	（0.000）	（0.000）	（0.000）
IS	−0.034	−0.009	0.949	−0.917	−0.916	−0.398
	（0.984）	（0.996）	（0.606）	（0.586）	（0.586）	（0.825）
FDI	0.001	0.003	0.144	−0.028	−0.028	0.159
	（0.997）	（0.985）	（0.454）	（0.883）	（0.882）	（0.408）
TO	−0.115	−0.124	−0.514	0.276	0.274	0.105
	（0.863）	（0.853）	（0.422）	（0.692）	（0.694）	（0.874）
ER	19.997 *	20.186 *	27.577 **	17.930 *	17.908 *	23.927 **
	（0.056）	（0.054）	（0.011）	（0.088）	（0.088）	（0.025）
EP	617.664 ***	591.379 ***	−19.195	598.752 ***	604.798 ***	−3.970
	（0.000）	（0.000）	（0.519）	（0.000）	（0.000）	（0.898）
W×RETI			−0.157			
			（0.444）			
W×LCTI						−0.115 ***
						（0.000）
W×INC			96.898 ***			226.064 ***
			（0.004）			（0.000）
W×IS			0.620			6.803
			（0.927）			（0.317）
W×FDI			2.213 ***			5.658 ***
			（0.003）			（0.000）
W×TO			−1.973			−5.562 ***
			（0.219）			（0.001）
W×ER			113.095 **			157.204 ***
			（0.020）			（0.000）
ρ 或 λ	0.901 ***	0.895 ***	0.641 ***	0.897 ***	0.899 ***	0.604 ***
	（0.000）	（0.000）	（0.000）	（0.000）	（0.000）	（0.000）
Log-likelihood	−3632	−3632	−3687	−3632	−3632	−3682
LR-lag			36.70 ***			55.07 ***
			（0.000）			（0.000）
LR-error			63.65 ***			61.61 ***
			（0.00）			（0.000）
样本量	570	570	570	570	570	570

注：括号内为 p 值； *** 、 ** 和 * 分别表示在 1%、5% 和 10% 的水平下显著。

三 时空地理加权回归模型估计与分析

传统空间面板估计结果证明了可再生能源技术创新和低碳技术创新对可持续能源转型影响的空间效应，但上述结果仅提供了平均意义上的空间效应，难以观测出弹性系数在个体和时间上的差异。前文空间相关性检验结果表明，空间变量之间存在显著的相关性，且空间集聚特征有明显差异。随着越来越多的研究考虑时空异质性，近年来时空地理加权回归（Geographically and Temporally Weighted Regression，GTWR）模型逐渐被应用于分析能源与环境问题（Zhu et al.，2021；Wang et al.，2021）。为了进一步提供更详细的局部估计结果，本节将借助 GTWR 模型，进一步分解出不同截面时序上可再生能源技术创新和低碳技术创新对可持续能源转型的影响。GTWR 模型是对 GWR 模型的改进，在 GWR 模型的基础上引入了时间维度。GWR 模型的一般形式为：

$$Y_i = \gamma_0(\mu_i, \nu_i) + \sum_{k=1}^{K} \gamma_k(\mu_i, \nu_i) X_{ik} + \varepsilon_i \tag{7-8}$$

其中，Y_i 是第 i 个省份的被解释变量，μ_i 和 ν_i 分别是第 i 个省份的经度和纬度，$\gamma_0(\mu_i, \nu_i)$ 是第 i 个省份的常数项，$\gamma_k(\mu_i, \nu_i)$ 为第 i 个省份第 k 个解释变量的弹性系数，X_{ik} 为第 i 个省份第 k 个解释变量，ε_i 为空间随机误差。显然，利用 GWR 模型可以估算出所有省份可再生能源技术创新和低碳技术创新对可持续能源转型的影响，但无法获取各省份在不同时间节点上弹性系数的差异。因此，本节参考 Huang 等（2010）的做法，在式（7-8）的基础上引入时间维度，将 GWR 模型转变为 GTWR 模型。GTWR 模型可以生成一组局部回归系数，用于揭示不同省份不同年份可再生能源技术创新和低碳技术创新对可持续能源转型的影响。GTWR 模型的一般形式为：

$$Y_i = \gamma_0(\mu_i, \nu_i, t_i) + \sum_{k=1}^{K} \gamma_k(\mu_i, \nu_i, t_i) X_{ik} + \varepsilon_i \tag{7-9}$$

相较式（7-8），式（7-9）的不同之处在于 (μ_i, ν_i, t_i) 表示第 i 个省份的时空维度坐标。GTWR 模型估计的核心要素是时空权重矩阵与宽带的选择，估计的原理是局部加权最小二乘法。弹性系数可通过如下公式估计：

$$\dot{\gamma}(\mu_i,\nu_i,t_i) = \left[X^{\mathrm{T}} W(\mu_i,\nu_i,t_i) X \right]^{-1} X^{\mathrm{T}} W(\mu_i,\nu_i,t_i) Y \tag{7-10}$$

其中，$\dot{\gamma}(\mu_i,\nu_i,t_i)$ 为 $\gamma_k(\mu_i,\nu_i,t_i)$ 的估计值，$W(\mu_i,\nu_i,t_i)$ 为时空权重矩阵，X^{T} 是矩阵 X 的转置。显然，式（7-10）估计的关键在于如何设定时空权重矩阵。时空权重矩阵 $W(\mu_i,\nu_i,t_i)$ 是 $n\times n$ 阶对角矩阵，具体形式为：

$$W(\mu_i,\nu_i,t_i) = diag(W_{i1},W_{i2},\cdots,W_{in}) \tag{7-11}$$

其中，W_{ij} 可通过如下公式计算：

$$W_{ij} = \begin{cases} \left[1-\left(\dfrac{d_{ij}}{b_i} \right)^2 \right]^2, & d_{ij} \leqslant b_i \\ 0, & d_{ij} > b_i \end{cases} \tag{7-12}$$

其中，b_i 表示时空宽带，d_{ij} 表示时空距离。借鉴李恩康等（2019）的做法，考虑到数据观测点分布的疏密，按照 AICC 准则法采用自适应宽带。d_{ij} 可通过如下公式计算：

$$d_{ij} = \sqrt{\varphi\left[(\mu_i-\mu_j)^2+(\nu_i-\nu_j)^2 \right] + \sigma(t_i-t_j)^2} \tag{7-13}$$

修正后的赤池信息量（AICC）是宽带选择和最终模型决策中常用的度量标准，本节选择 AICC 取值最低的模型。本节借助 ArcGIS 软件对 GTWR 模型参数进行估计。

图 7-2 报告了 2000 年、2006 年、2012 年和 2018 年 30 个省份可再生能源技术创新对可持续能源转型影响的估计结果。对不同省份而言，各省份可再生能源技术创新的回归系数存在明显差异，部分省份可再生能源技术创新的回归系数为负，不再满足平均效应为正的结论，这说明 GTWR 模型的估计结果有助于揭示个体影响的差异。对不同年份而言，各省份可再生能源技术创新效应的大小存在明显差异，这说明 GTWR 模型的估计结果有助于揭示局部效应随时间的变化情况。具体来说，2000 年可再生能源技术创新对可持续能源转型的影响具有明显的区域特征，影响程度较大的省份是位于西北地区的新疆和青海，西南地区的四川、重庆、贵州和云南，而大多数东部沿海省份可再生能源技术创新的影响较小，

如江苏、上海、浙江、福建等。此时可再生能源技术创新对可持续能源
转型的影响在西部地区最大、中部地区居中、东部地区最小。相较 2000
年而言，2006 年除了上海、浙江、福建和江西以外，其余省份的可再
生能源技术创新的回归系数均有不同程度的下降。此外，2006 年各省
份可再生能源技术创新回归系数的区域特征有所变化，西南地区可再生
能源技术创新的影响明显大于其他地区。可能的原因是，2006 年中国
可再生能源以水电为主，此时风电、太阳能电力等其他类型的可再生能
源生产量很少，而西南地区水力资源丰富，中国十大水电站有 8 个位于
西南地区。

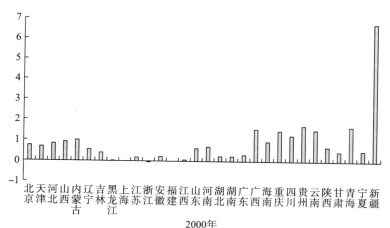

2000年

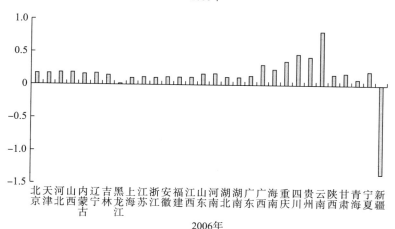

2006年

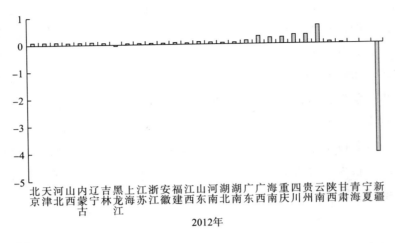

2012年

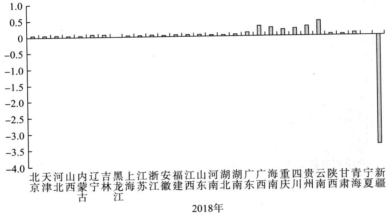

2018年

图7-2　部分年份30个省份可再生能源技术创新回归系数

相较 2006 年而言，2012 年各省份可再生能源技术创新的回归系数均有不同程度的下降。其中，云南的可再生能源技术创新对可持续能源转型的推动作用是最大的，其次是四川、贵州和广西等省份。显然，东部和中部地区可再生能源技术创新的影响比较均衡，回归系数位于 [0.012，0.123] 区间内。相较 2012 年而言，2018 年吉林、黑龙江、广西、海南、甘肃、青海和新疆的可再生能源技术创新的回归系数有所增加，其余省份均有不同程度的下降。不仅如此，相较 2000 年而言，2018 年仅有上海、浙江和福建的回归系数有所增加，其余均有明显的降低，这进一步表明可再生能源技术创新对可持续能源转型的影响随时间变化持续减小。西南地区是可再生能源技术创新影响最大的区域，四川、重庆、贵州和云南的回归系数均位于［0.112，0.456］区间内，而广东和辽宁可再生能源技术创新效应明显强于中部其他省份和东部地区的省份。

图 7-3 报告了 2000 年、2006 年、2012 年和 2018 年 30 个省份低碳技术创新对可持续能源转型影响的估计结果。可以看出，不同年份和不同省份低碳技术创新对可持续能源转型的影响存在明显差异。2000 年有 13 个省份的低碳技术创新对可持续能源转型有正向影响，其余 17 个省份则有负向影响，表现出巨大的省际差异。其中，西部地区的四川、重庆和青海，华东地区的江苏和浙江以及华南地区的海南低碳技术创新对可持续能源转型的正向影响最为显著，回归系数均位于［0.091，0.222］区间内；华北地区和东北地区所有省份的低碳技术创新均不利于可持续能源转型，回归系数均位于［-0.441，-0.037］区间内。

相较 2000 年而言，2006 年各省份低碳技术创新对可持续能源转型的影响有了明显变化，除了甘肃、青海和新疆以外，其余省份低碳技术创新的回归系数均为正，表明大多数省份低碳技术创新推动了可持续能源转型。其中，华东地区的上海、江苏、浙江、安徽和福建，华中地区的河南和湖北以及西南地区的四川低碳技术创新对可持续能源转型的正向影响较大，回归系数均位于［0.020，0.024］区间内。按照各省份低碳技术创新的影响程度，2006 年低碳技术对可持续能源转型的影响发生了明显的东移；西部地区的甘肃、青海和新疆低碳技术创新不利于可持续能源转型，回归系数均位于［-0.104，-0.002］区间内。2012 年与 2006 年最大的不同在于，华东地区低碳技术创新对可持续能源转型的影响明显小于西南地区，四川、云南、重庆和贵州是 2012 年回归系数最大的四个省份，分别为 0.027、0.025、0.020 和 0.017，而同期的上海、江苏、浙江和安徽的回归系数均小于 0.015，相对于 2006 年有明显降低。对比 2000 年和 2006 年，2012 年东部地区和中部地区所有省份低碳技术创新的回归系数均为正，这表明低碳技术创新对东部和中部地区的可持续能源转型有积极作用。

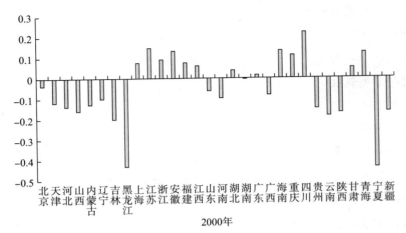

2000年

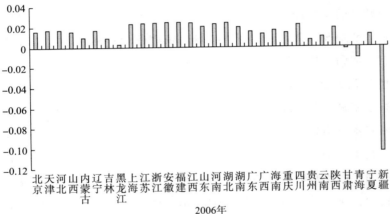

2006年

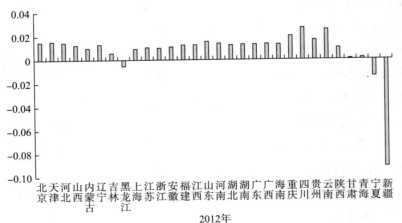

2012年

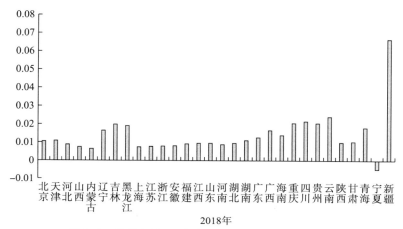

图7-3 部分年份30个省份低碳技术创新回归系数

相较2012年而言，2018年除了宁夏以外，其余29个省份低碳技术创新的回归系数均为正，再次表明低碳技术创新对可持续能源转型有积极的推动作用。其中，新疆低碳技术创新的回归系数明显高于其他省份，华南地区的四川、重庆、贵州和云南以及东部地区省份低碳技术创新的回归系数仅次于新疆，位于［0.014，0.024］区间内。值得注意的是，华东地区的低碳技术创新的回归系数相对较小。自2006年以来，经济相对发达省份的低碳技术创新的回归系数随时间变化越来越小，而大多数经济欠发达省份的低碳技术创新的回归系数随时间变化而增大，这说明低碳技术创新对可持续能源转型影响的区域差异在逐渐缩小。

第四节 可再生能源技术创新和低碳技术创新对可持续能源转型的影响机制分析

一 模型设定与中介变量说明

根据本章第一节的理论分析与研究假设可知，可再生能源技术创新和低碳技术创新可能会通过作用于全要素生产率、能源结构、能源供需缺口、污染排放强度进而影响可持续能源转型。本节借助中介效应模型对上述可能的作用路径进行识别。以可再生能源技术创新为例，借鉴邵帅等（2019）的做法，本节构建由如下三个回归方程组成的中介效应模型。

$$ET_{it} = a_0 + a_1 RETI_{it} + \sum_{j=2}^{k} a_j X_{it} + \mu_{it}^1 \tag{7-14}$$

$$M_{it} = b_0 + b_1 RETI_{it} + \sum_{j=2}^{k} b_j X_{it} + \mu_{it}^2 \tag{7-15}$$

$$ET_{it} = c_0 + c_1 RETI_{it} + c_2 M_{it} + \sum_{j=3}^{k} c_j X_{it} + \mu_{it}^3 \tag{7-16}$$

其中，M 是可能的中介变量，包括全要素生产率（TFP）、能源结构（ES）、能源供需缺口（$ESDG$）、污染排放强度（PI），其余变量与模型（6-3）中的定义相同。根据中介效应模型的原理（Baron and Kenny，1986；温忠麟等，2004），若参数 a_1、b_1 和 c_2 均在统计上显著，且 c_1 相较 a_1 变小或在统计上不显著，则表明存在中介效应。其中，若 c_1 相较 a_1 变小且在统计上显著，表明存在部分中介效应；若 c_1 相较 a_1 在统计上不显著，表明存在完全中介效应。在中介效应估计之前，首先对中介变量的内容进行简要介绍。

1. 全要素生产率（TFP）

一般来说，全要素生产率通常被解释为总产出中不能由要素投入解释的"剩余"，用于衡量投入转化为最终产出的总体效率。从已有文献来看，全要素生产率的测算有多种不同的方法，主要包括非参数法、参数法和半参数法。其中，非参数法主要以数据包络分析（DEA）为代表（Färe and Grosskopf，1997），参数法主要以随机前沿分析（SFA）为代表（Aigner et al.，1977），半参数法主要以 Olley-Pakes 法（OP）和 Levinsohn-Petrin 法（LP）为代表（Olley and Pakes，1977；Levinsohn and Petrin，2003）。相比之下，采用参数法和半参数法测算全要素生产率是基于生产函数展开的，具有较强的经济学含义与基础，同时考虑 LP 法能够很好地解决传统生产函数中的内生性和样本选择问题（鲁晓东、连玉君，2012）。因此，沿用鲁晓东和连玉君（2012）的做法，本节拟借助 LP 法估算 2000～2018 年中国 30 个省份的全要素生产率，以期得到一组更为准确的估算结果，估算结果见附录 E 表 E1。

本节所采用的投入要素包括资本存量（K）、人力资本（L）和能源（E）。从现有研究来看，学者们一般采用永续盘存法来估算资本存量，国内应用较为广泛的方法主要来源于张军等（2004）和单豪杰（2008）的研究，二者的主要区别在于折旧率不同。基于袁晓玲等（2009）的做法，本节在张军等（2004）的基础上，将数据更新至 2018 年，数据来源于《中国统计年鉴》。人力资本采用各省份三次产业就业人员数表示，数据来源于国家统计局。能源采用石油、煤炭、天然气、风电、水电和太阳能电力消费量加总表示，石油、煤炭和天然气消费数据来源于《中国能源统计年鉴》，风电、水电和太阳能电力消费数据来源于第三章。对于产出要素，采用各省份的生产总值作为经济产出的代理变量，数据来源于国家统计局。

2. 能源结构（ES）

本章的能源结构主要用于衡量可再生能源消费量在能源消费总量中的比例。其中，采用石油、煤炭、天然气、风电、水电和太阳能电力等六大类能源消费量加总表示能源消费总量，采用风电、水电和太阳能电力消费量加总表示可再生能源消费量。

3. 能源供需缺口（$ESDG$）

能源供需缺口主要用于反映地区能源生产量与能源消费量之间的差距，采用各省份能源生产量与能源消费量的差值表示。其中，能源生产量和消费量分别采用焦炭、原油、汽油、煤油、柴油、天然气、电力的生产量加总和消费量加总表示，数据来源于中国研究数据服务平台。

4. 污染排放强度（PI）

污染排放强度主要用于衡量单位经济产出所排放的污染量，采用各省份废气排放量与 GDP 的比值作为其代理变量。需要说明的是，2015 年之前中国各省份废气排放量采用"亿立方米"作为量纲，在 2015 年之后则采用"万吨"作为量纲，且统计口径发生了改变。废气主要是由二氧化硫、氮氧化物、烟粉尘排放量（2017 年之后更名为颗粒物排放量）等多种污染物组成，目前尚没有较为统一的量纲转化标准。为了保证数据的可比性，本节选取 2000~2015 年中国 30 个省份的废气排放量作为研究数据，数据来源于《中国环境统计年鉴》。

二 全要素生产率的中介效应估计结果与分析

表 7-10 报告了全要素生产率的中介效应检验结果，第（1）~（3）列是可再生能源技术创新通过改变全要素生产率影响可持续能源转型的估计结果，第（4）~（6）列是低碳技术创新通过改变全要素生产率影响可持续能源转型的估计结果。在第（2）列中，可再生能源技术创新对全要素生产率有正向影响，且通过了 1% 的显著性检验，这表明可再生能源技术创新能够有效提高全要素生产率。在第（3）列中，全要素生产率对可持续能源转型有显著正向影响，结合第（1）列和第（2）列可知，全要素生产率是可再生能源技术创新影响可持续能源转型的有效中介变量。同时，第（3）列中的可再生能源技术创新的系数相较第（1）列有所降低，这说明可再生能源技术创新对可持续能源转型影响减小的那一部分能够被全要素生产率的变化解释。按照中介效应的定义，全要素生产率的中介效应 [第（3）列中的可再生能源技术创新的回归系数与第（1）列的差值] 为 0.062，在 95% 的置信区间上显著异于 0，可以解释总效应中 9.118% 的信息量。

在第（5）列中，低碳技术创新对全要素生产率有正向影响，且通过了 1% 的显著性检验，这表明低碳技术创新能有效提高全要素生产率。在第（6）列中，全要素生产率的回归系数在 1% 的水平下显著为正，结合第（4）列和第（5）列可知，全要素生产率是低碳技术创新影响可持续能源转型的有效中介变量。同时，第（6）列中低碳技术创新的回归系数相较第（4）列有所降低，降低部分可以通过全要素生产率的中介效应解释。全要素生产率的中介效应为 0.011，在 95% 的置信区间上显著异于 0，占总效应的比例为 12.195%。根据上述分析，可以得出如下结论：可再生能源技术创新和低碳技术创新均能提高全要素生产率，进而间接推动可持续能源转型，但这种间接作用在低碳技术创新影响可持续能源转型的过程中相对更大。

表 7-10　全要素生产率的中介效应检验结果

变量	（1）	（2）	（3）	（4）	（5）	（6）
	ET	*TFP*	*ET*	*ET*	*TFP*	*ET*
RETI	0.670 *** （0.000）	0.260 *** （0.000）	0.609 *** （0.000）			
LCTI				0.089 *** （0.000）	0.049 *** （0.000）	0.078 *** （0.000）
TFP			0.235 *** （0.003）			0.220 *** （0.007）
中介效应	0.062			0.011		
	[0.0200, 0.1101]			[0.0032, 0.0196]		
中介效应 占比（%）	9.118			12.195		
常数项	是	是	是	是	是	是
个体固定 效应	是	是	是	是	是	是
时间固定 效应	是	是	是	是	是	是
样本量	570	570	570	570	570	570

注：圆括号内为 p 值；方括号内为 95% 的置信区间；*** 表示在 1% 的水平下显著。

三　能源结构的中介效应估计结果与分析

表 7-11 报告了能源结构的中介效应检验结果，第（1）~（3）列是可再生能源技术创新通过改变能源结构影响可持续能源转型的估计结果，第（4）~（6）列是低碳技术创新通过改变能源结构影响可持续能源转型的估计结果。在第（2）列中，可再生能源技术创新对能源结构有正向影响，但未通过 10% 的显著性检验，表明可再生能源技术创新对能源结构的影响很小。在第（3）列中，能源结构对可持续能源转型的回归系数在 1% 的水平下显著为正，结合第（1）列和第（2）列可知，能源结构不是可再生能源技术创新推动可持续能源转型的有效途径，95% 的置信区间也支持中介效应不显著的事实。

对于低碳技术创新而言，其对可持续能源转型和能源结构均有正向影响，且两组回归系数分别通过了1%和5%的显著性检验。第（6）列中的能源结构对可持续能源转型的影响显著为正，且第（6）列中低碳技术创新的回归系数相较第（4）列明显变小，由此可见，能源结构是低碳技术创新对可持续能源转型影响的中介变量，95%的置信区间进一步证明了中介变量的有效性。可以看出，能源结构的中介效应为0.023，约占总效应的25.576%。根据上述分析，可以得出如下结论：能源结构是低碳技术创新影响可持续能源转型的有效途径，在可再生能源技术创新影响可持续能源转型的过程中作用相对较小。

表7-11 能源结构的中介效应检验结果

变量	（1）	（2）	（3）	（4）	（5）	（6）
	ET	ES	ET	ET	ES	ET
RETI	0.670 *** （0.000）	0.006 （0.955）	0.666 *** （0.000）			
LCTI				0.089 *** （0.000）	0.034 ** （0.024）	0.066 *** （0.000）
ES			0.672 *** （0.000）			0.655 *** （0.000）
中介效应	0.007			0.023		
	[-0.1181, 0.1380]			[0.0048, 0.0417]		
中介效应占比（%）	1.060			25.576		
常数项	是	是	是	是	是	是
个体固定效应	是	是	是	是	是	是
时间固定效应	是	是	是	是	是	是
样本量	570	570	570	570	570	570

注：圆括号内为p值；方括号内为95%的置信区间；*** 、** 分别表示在1%、5%的水平下显著。

四 能源供需缺口的中介效应估计结果与分析

表7-12报告了能源供需缺口的中介效应检验结果，第（1）~（3）

列是可再生能源技术创新通过改变能源供需缺口影响可持续能源转型的估计结果，第（4）~（6）列是低碳技术创新通过改变能源供需缺口影响可持续能源转型的估计结果。对于可再生能源技术创新而言，其对可持续能源转型和能源供需缺口分别有正向和负向影响，且均在1%的水平下显著，表明可再生能源技术创新能够有效缩小能源供需缺口。在第（3）列中，能源供需缺口对可持续能源转型具有显著的负向影响，结合第（1）列和第（2）列可知，能源供需缺口是可再生能源技术创新影响可持续能源转型的中介变量。同时，第（3）列中可再生能源技术创新的回归系数相较第（1）列有所降低，能源供需缺口的中介效应为0.201，在95%的置信区间上显著异于0，能够解释总效应中29.807%的信息量。

对于低碳技术创新而言，其对可持续能源转型和能源供需缺口分别有正向和负向影响，且均在1%的水平下显著，这表明低碳技术创新能够缩小能源供需缺口。在第（6）列中，能源供需缺口的回归系数显著为负，表明能源供需缺口的缩小有助于推动可持续能源转型。结合第（4）列和第（5）列可知，能源供需缺口是低碳技术创新影响可持续能源转型的中介变量。同时，第（6）列中低碳技术创新的回归系数相较第（4）列有所降低，能源供需缺口的中介效应为0.019，在95%的置信区间上显著异于0，约占总效应的21.634%。根据上述分析，可以得出如下结论：可再生能源技术创新和低碳技术创新能够有效缩小能源供需缺口，进而间接推动可持续能源转型，但这种间接作用在可再生能源技术创新影响可持续能源转型的过程中相对更大。

表 7-12　能源供需缺口的中介效应检验结果

变量	（1）	（2）	（3）	（4）	（5）	（6）
	ET	ESDG	ET	ET	ESDG	ET
RETI	0.670 *** (0.000)	-7.315 *** (0.000)	0.468 *** (0.000)			
LCTI				0.089 *** (0.000)	-0.606 *** (0.000)	0.069 *** (0.000)

变量	（1）	（2）	（3）	（4）	（5）	（6）
	ET	ESDG	ET	ET	ESDG	ET
ESDG			−0.028*** （0.000）			−0.032*** （0.000）
中介效应	0.201 [0.1126, 0.2944]			0.019 [0.0106, 0.0290]		
中介效应占比（%）	29.807			21.634		
常数项	是	是	是	是	是	是
个体固定效应	是	是	是	是	是	是
时间固定效应	是	是	是	是	是	是
样本量	570	570	570	570	570	570

注：圆括号内为 p 值；方括号内为 95% 的置信区间；*** 表示在 1% 的水平下显著。

五 污染排放强度的中介效应估计结果与分析

表 7-13 报告了污染排放强度的中介效应检验结果，第（1）～（3）列是可再生能源技术创新通过改变污染排放强度影响可持续能源转型的估计结果，第（4）～（6）列是低碳技术创新通过改变污染排放强度影响可持续能源转型的估计结果。对于可再生能源技术创新而言，其对可持续能源转型和污染排放强度分别有正向和负向影响，且均通过 1% 的显著性检验，表明可再生能源技术创新有效降低了污染排放强度。在第（3）列中，污染排放强度对可持续能源转型有显著的负向影响，结合第（1）列和第（2）列可知，污染排放强度是低碳技术创新影响可持续能源转型的中介变量。第（3）列中可再生能源技术创新的回归系数相较第（1）列有明显下降，下降部分可以通过污染排放强度的变化进行解释，污染排放强度的中介效应为 0.255，在 95% 的置信区间上显著异于 0，能够解释总效应中 31.820% 的信息量。

对于低碳技术创新而言，其对可持续能源转型和污染排放强度分别有正向和负向影响，且均通过了 1% 的显著性检验，表明低碳技术创新显著降低了污染排放强度。在第（6）列中，污染排放强度对可持续能源转型有显著的负向影响，结合第（4）列和第（5）列可知，污染排放强度是低碳技术创新影响可持续能源转型的中介变量。第（6）列中低碳技术创新的回归系数相较第（4）列有明显降低，下降部分可通过污染排放强度的变化进行解释，污染排放强度的中介效应为 0.060，在 95% 的置信区间上显著存在，占总效应的比例为 37.893%。根据上述分析，可以得出如下结论：可再生能源技术创新和低碳技术创新均能够有效降低污染排放强度，进而间接推动可持续能源转型，且这种间接作用在低碳技术创新影响可持续能源转型的过程中相对更大。

表 7-13　污染排放强度的中介效应检验结果

变量	（1）	（2）	（3）	（4）	（5）	（6）
	ET	PI	ET	ET	PI	ET
$RETI$	0.799***	-0.002***	0.541***			
	（0.000）	（0.000）	（0.000）			
$LCTI$				0.157***	-0.001***	0.097***
				（0.000）	（0.000）	（0.001）
PI			-109.583***			-112.324***
			（0.000）			（0.000）
中介效应	0.255			0.060		
	[0.1525, 0.3678]			[0.0362, 0.0860]		
中介效应占比（%）	31.820			37.893		
常数项	是	是	是	是	是	是
个体固定效应	是	是	是	是	是	是
时间固定效应	是	是	是	是	是	是
样本量	480	480	480	480	480	480

注：圆括号内为 p 值；方括号内为 95% 的置信区间；*** 表示在 1% 的水平下显著。

第五节　本章小结

在相关理论分析与研究假设的基础上，本章围绕可再生能源技术创新和低碳技术创新对可持续能源转型影响的异质性、空间溢出效应与影响机制展开讨论。

在第二节，结合第五章可持续能源转型所表现出的组群特征，从区域异质性、省间能源调动异质性、能源对外贸易异质性和经济异质性四个视角分别展开分析。在区域异质性上，可再生能源技术创新和低碳技术创新对可持续能源转型的影响在西部地区强于东部地区，在东部地区强于中部地区。在省间能源调动异质性上，可再生能源技术创新和低碳技术创新都仅对能源净调入地区的可持续能源转型有显著正向影响，对能源净调出地区影响不显著。在能源对外贸易异质性上，可再生能源技术创新对能源净出口地区的可持续能源转型的影响最大，而低碳技术创新只对能源净进口地区的可持续能源转型有显著正向影响。在经济异质性上，可再生能源技术创新和低碳技术创新分别对可持续能源转型具有双重门槛效应和单一门槛效应，随着人均收入水平的持续提高，两类技术创新对可持续能源转型的推动作用都有所减弱。

在第三节，采用传统空间面板模型和时空地理加权回归模型对空间溢出效应进行了检验。传统空间面板估计结果表明，低碳技术创新对可持续能源转型存在显著的空间溢出效应，可再生能源技术创新对可持续能源转型影响的空间溢出效应不显著，但本省份的可持续能源转型会受邻近省份可持续能源转型的影响。进一步借助时空地理加权回归模型分解了局部个体的影响，发现可再生能源技术创新和低碳技术创新对所有省份可持续能源转型的影响随时间的推移均有所减弱。目前，可再生能源技术创新对西南地区省份的可持续能源转型的影响最大，低碳技术创新则对西部地区省份的可持续能源转型的影响最大。

在第四节，借助中介效应模型对可再生能源技术创新和低碳技术创新影响可持续能源转型的作用路径进行初步识别检验。研究发现，可再生能源技术创新和低碳技术创新可以通过提高全要素生产率、优化能源结构、缩小能源供需缺口和降低污染排放强度，进而推动可持续能源转型。不同的是，尽管可再生能源技术创新和低碳技术创新均能够通过影响能源结构，进而影响可持续能源转型，但能源结构在可再生能源技术创新影响可持续能源转型过程中的作用相对较小。

第八章 研究结论、政策建议与研究展望

本章主要包括三方面内容：首先，对本书的实证结果进行总结归纳；其次，根据研究结论，结合实际情况提出相关政策建议；最后，指出本书研究的不足之处以及未来有待进一步深入探索的工作。

第一节 研究结论

能源是现代经济增长与发展的核心生产要素，也是满足人民日益增长的物质需求的基础保障。在技术创新、经济结构、能源政策和环境政策等多重因素驱动下，可再生能源成为全球备受青睐的能源种类，可持续能源转型也成为现阶段能源与环境科学领域最受关注的前沿研究主题之一。可持续能源转型涉及能源系统、经济系统和环境系统等多层面的变化，可再生能源技术创新和低碳技术创新在此过程中扮演着重要的角色。然而，目前鲜有研究关注可再生能源技术创新和低碳技术创新对可持续能源转型的影响。在这一背景下，本书试图系统地回答如下五个方面的问题：第一，中国省级可再生能源消费情况是怎样的？水电、风电和太阳能电力的贡献是怎样的？第二，中国省级可再生能源技术创新和低碳技术创新水平是否有显著的提升？不同种类的可再生能源技术创新和低碳技术创新对可持续能源转型的贡献又是如何？第三，中国省级可持续能源转型进展如何？是否具有异质性及组群特征？第四，可再生能源技术创新和低碳技术创新是否能有效推动中国可持续能源转型？不同种类的可再生能源技术创新和低碳技术创新对可持续能源转型的影响有

何差异？第五，可再生能源技术创新和低碳技术创新对可持续能源转型的影响是否具有异质性？是否会产生空间溢出效应？其相关影响机制是怎样的？为了回答上述问题，本书主要完成了以下五方面的研究工作。

（1）考虑没有官方公布的省级可再生能源消费量，第三章运用地区可再生能源发电量、地区发电量、本省电力调出量和外省电力调入量四类基础数据，将中国六大区域电网整合为四大区域联合电网，对2000～2018年中国30个省份的可再生能源消费量进行了估算。估算结果表明：2000～2018年，所有省份的可再生能源消费量在稳步增加，各省间存在大规模的可再生能源调入与调出。整体上，水电消费量在可再生能源消费中占比最高，太阳能电力和风电的增长速度更快，但在未来一定时期内，水电仍然是可再生能源的中坚力量。

（2）可再生能源技术创新和低碳技术创新是本书的核心解释变量，第四章运用永续盘存法从存量的角度测度了可再生能源技术创新和低碳技术创新。研究表明：2000～2018年，中国所有省份的可再生能源技术创新水平均有大幅度的提升，太阳能、风能和水能技术创新是可再生能源技术创新水平提升的主要原因。在此期间，太阳能、风能和水能技术创新的贡献率分别为59.44%、32.57%和7.56%，三者的贡献合计超过了99%，而其他类型的可再生能源技术创新水平提升相对缓慢。低碳技术作为技术创新领域的新兴技术类型，其创新表现出明显的阶段性差异。2000～2006年，中国仅有北京等少数省份有低碳技术创新活动，且整体水平较低；2007～2018年，低碳技术创新迎来了快速发展阶段，2018年相较2007年专利存量增长了超过60倍。从不同种类低碳技术来看，能源生产、运输或分配相关碳减排技术创新和商品生产或加工相关碳减排技术创新是低碳技术创新的主体，二者对低碳技术创新的贡献率达到了73.91%。尽管碳捕捉、封存及利用技术被视为减缓气候变化的重要技术，但中国各省份无论是在总量上还是在发展速度上，都处于较低水平。

（3）可持续能源转型是本书的被解释变量，第五章立足现有能源转型测度方法的不足，基于能源系统绩效和能源结构优化两个维度，构建了一套评价中国省级可持续能源转型的综合指标体系，评价的窗口期为

2000～2018 年。研究发现：在此期间，中国几乎所有省份的可持续能源转型得分均有不同程度的提高，表明省级可持续能源转型正在顺利进行。为了追踪各省份可持续能源转型得分变化的根源，分别从能源系统绩效和能源结构优化两个维度逐步展开分析，揭示了三级指标对可持续能源转型得分的影响。此外，从区域异质性、省间能源调动异质性、能源对外贸易异质性和经济异质性四个视角证实了省级可持续能源转型存在明显的组群特征。

（4）基于第三章、第四章、第五章的数据，采用空间面板模型、面板分位数模型和面板门槛模型，对可再生能源技术创新和低碳技术创新对可持续能源转型影响的初步特征事实进行了检验。研究发现：可再生能源技术创新有利于推动可持续能源转型，但随着可持续能源转型程度的提高，可再生能源技术创新的影响逐渐减弱，当超过 Q50 分位数之后其影响不再显著。除了生物质能技术以外，其他来源的可再生能源技术创新对可持续能源转型均有显著的正向影响，但该正向影响存在明显的差异。同样，低碳技术创新对可持续能源转型具有显著的正向影响，但其影响程度小于可再生能源技术创新。面板分位数回归结果显示，低碳技术创新的回归系数随可持续能源转型程度的提高整体上是下降的，当超过 Q95 分位数之后其影响不再显著。除了碳捕捉、封存及利用技术创新以外，其他来源的低碳技术创新均显著推动了可持续能源转型，但这种推动作用的大小明显不同。

（5）在初步特征事实检验的基础上，第七章进一步对可再生能源技术创新和低碳技术创新影响可持续能源转型的异质性、空间溢出效应和作用机制进行了检验与识别。结合可持续能源转型的组群特征，研究发现可再生能源技术创新和低碳技术创新对可持续能源转型的影响表现出明显的区域异质性、省间能源调动异质性、能源对外贸易异质性和经济异质性。在经济异质性上，可再生能源技术创新和低碳技术创新分别对可持续能源转型具有双重门槛效应和单一门槛效应，随着人均收入水平的持续提高，两类技术创新对可持续能源转型的推动作用都会持续减弱。在空间溢出效应检验上，采用传统空间面板模型检验空间溢出效应是否存在，结果表明，低碳技术创新对可持续能源转型的影响具有显著的空间溢出效应，而可再生能源技术创新影响的空间溢出效应不显著，说明样本期间各省份的可再生能源技术创新活动处于各自为战的阶段。进一步借助时空地理加权回归模型分解出不同时间不同省份的局部影响，结果表明，所有省份可再生能源技术创新和低碳技术创新对可持续能源转型的影响随时间推移有所减弱。现阶段可再生能源技术创新在西南地区的作用更大，低碳技术创新则在西部地区发挥更大作用。此外，借助中介效应模型，对可再生能源技术创新和低碳技术创新影响可持续能源转型的潜在作用路径进行初步识别。研究发现，可再生能源技术创新和低碳技术创新可以通过提高全要素生产率、优化能源结构、缩小能源供需缺口和降低污染排放强度，进而推动可持续能源转型。

第二节　政策建议

结合本书研究结论，围绕可再生能源技术创新、低碳技术创新与可持续能源转型的发展现状，提出以下几点政策建议。

（1）各省份政府应该加强对可再生能源技术和低碳技术研发的政策支持，大力支持有条件的企业参与可再生能源技术创新和低碳技术创新活动，着力改善可再生能源技术创新和低碳技术创新的外部条件，为企业创新提供有效的制度保障，进而提高可再生能源技术创新和低碳技术创新水平，助力可持续能源转型。不可否认的是，近年来中国可再生能源技术创新和低碳技术创新水平与市场竞争力不断提升，但这一阶段的可再生能源技术创新和低碳技术创新主要处于从技术仿制到创造性模仿的过渡阶段，这一阶段的可再生能源技术创新和低碳技术创新缺乏自主核心技术，没有独立的知识产权，这些局限性在太阳能光伏电池和风能发电与储电方面最为明显。考虑中国可再生能源技术创新和低碳技术创新活动起步晚的现实特征，创造性模仿仍将是未来一定时期内技术创新活动的主要导向，但各省份政府应该意识到自主创新的重要性，实现"弯道超车"，突破太阳能光伏和风能发电的技术瓶颈，把核心技术命脉掌握在自己手中。

（2）尽管可再生能源技术创新和低碳技术创新被证实有利于可持续能源转型，但各省份政府及能源相关部门要避免实施"大包大揽"的可再生能源技术创新和低碳技术创新政策。面板分位数估计结果表明，随着可持续能源转型程度的提高，可再生能源技术创新和低碳技术创新对可持续能源转型的影响逐渐减小。因此，更应该鼓励可持续能源转型程度低的省份实施技术创新活动，以期最大限度地发挥可再生能源技术创新和低碳技术创新的作用。当然，对于能源转型程度更高的地区，应该不断完善技术创新体系，进一步释放可再生能源技术创新和低碳技术创新的潜能。尽管水能、风能和太阳能技术是可再生能源技术创新的主体，但储能、生物质能和潮汐能技术创新对可持续能源转型的影响是不容忽视的。然而，实际中不同种类的可再生能源技术创新水平存在很大差别，储能、生物质能和潮汐能技术在大多数省份的专利存量为0，这说明可再生能源技术创新是不均衡的。因此，各省份应该全面发展可再生能源技术，避免出现顾此失彼的两难局面。同样，在重点发展能源生产、运输或分配相关碳减排技术和商品生产或加工相关碳减排技术的同时，应该重视其他来源低碳技术创新活动。尽管有大量的研究呼吁发展碳捕捉、封存及利用技术，但其对中国各省份的可持续能源转型的贡献是有限的。从现实来看，各省份的碳捕捉、封存及利用技术发展非常缓慢，仅有北京和长三角地区的专利存量有可观的增长，其余省份无论是在总量上还是在增长速度上均处于很低的水平。欧美是全球碳捕捉、封存及利用技术的领跑者，考虑中国各省份的创新基础，可通过技术引进、创造性模仿和自主研发三线并进的创新策略，更早实现低碳技术在全球的领先地位，但这需要中国各省份政府与企业共同的努力。

（3）各省份政府应该坚持将现代清洁能源技术创新作为重要发展战略，将能源与环境技术创新摆在更加突出的地位，制定切实可行的创新战略规划。结合本书的结论，建议各省份政府在选择与实施创新政策时考虑自身的资源禀赋、地理区位、经济发展水平，尤其要考虑不同省份各类政策实施的必要性，否则很难实现政策效果最大化。例如，中国西南地区的水资源丰富，各省份政府应该给予水能技术创新更多的政策支持；在高污染产业西迁的背景下，西部地区各省份低碳技术创新应该得到更多的关注。在高能源禀赋地区，应该加大对可再生能源技术创新的投资力度；在高能源消费地区，应该优先发展低碳技术。一般而言，经济发达地区的技术创新投入力度更大，而经济欠发达地区相对更小。本书研究发现可再生能源技术创新和低碳技术创新对可持续能源转型的正向影响随人均收入水平的提高而减弱，因此，建议进一步加大对经济欠发达地区的科技创新投入，提高可再生能源技术创新和低碳技术创新水平。

（4）完善可再生能源技术创新和低碳技术创新专利体系，构建协同创新与成果共享机制，推动省份间可再生能源技术创新和低碳技术创新合作发展。结合本书的结论可知，各省份可再生能源技术创新活动依然处于各自为战的状态，说明省份间协同创新与成果共享机制尚未发挥作用。因此，各省份政府应该积极推动可再生能源成果共享，发挥地方政府的引导、推动和协调作用，建立合理的知识保护和共享平台与体系，让自己的先进技术"走出去"，让别人的先进技术"走进来"，释放可再生能源技术创新和低碳技术创新的正外部经济效应。从本书可知，各省份可再生能源技术创新、低碳技术创新和可再生能源消费水平的省级排序存在很大的差异，例如，北京、上海和江苏等省份两类技术创新水平相对较高，但其可再生能源的生产量和消费量则相对较低。因此，各省份政府应该全方位加强可再生能源技术创新和低碳技术创新的成果共享与可再生能源的最优分配，实现不同省份之间联动的科技创新与资源共享的发展模式。例如，内蒙古电力资源丰富，但发电技术受限，而北京电力技术相对发达，且用电量很高。不仅如此，中南和西南地区大多数省份与华东和华南地区都具有这种良好的互补条件。目前，缺乏比较权威的中国省级可持续能源转型的评价方法，各省份政府应该加快建立可持续能源转型的综合评价平台，为后续推进可持续能源转型提供科学依据。

（5）结合中国发展的实际情况，有效通过全要素生产率、能源结构、能源供需缺口和污染排放强度等途径推动可持续能源转型。在提高全要素生产率方面，尽管中国的全要素生产率在过去几十年有了很大的提高，尤其是劳动生产率、资本利用效率与能源利用效率等，但不可否认的是，我国中西部大部分省份的全要素生产率依然处于中低水平，各省份政府应该牢抓可再生能源技术创新和低碳技术创新的契机，建立以企业为创新主体、市场为导向、产学研深度融合的创新体系，打造区域协同、合作和共享的自主创新高地。在优化能源结构方面，可再生能源技术创新是可再生能源发展的根本性问题，各省份政府应该充分认识自身经济发展的特点，注重技术创新与能源结构的有效结合，将可再生能源技术创新作为优化升级能源结构的重要标准。此外，各省份政府应该鼓励能源多元化发展，加快推进天然气和电力对煤炭的双替代，在此过程中要重点推动可再生能源技术创新和低碳技术创新，为优化省级能源结构提供技术支持与保障。在缩小能源供需缺口方面，各省份政府应该鼓励与引导可再生能源技术和低碳技术的研发与应用，结合自身能源禀赋，采取多能互补的能源发展战略，最大限度地缓解能源供需矛盾。目前多数省份已经开展了多能互补的集成优化示范工程，但受限于可再生能源生产规模，目前主要是天然气和石油对煤炭的替代，实质上仍然是化石能源对化石能源的替代。因此，未来各省份应该加快可再生能源技术创新，有效地增强可再生能源自给能力，提高可再生能源份额，充分发挥多能互补在缓解能源供需矛盾中的积极作用。在降低污染排放强度方面，各省份政府应该通过建立政策机制协助节能减排，能源与环境政策不仅是降低污染排放强度的有效手段，也能促进可再生能源技术创新和低碳技术创新。因此，应该进一步加大能源与环境政策的实施力度，除了财政政策的支持以外，应该进一步挖掘政府与市场的双重作用。

第三节　研究展望

可再生能源技术创新、低碳技术创新和可持续能源转型是近些年能源经济与环境管理领域关注的热点问题，并产生了丰富的研究成果。本书在借鉴相关研究成果的基础上，对可再生能源技术创新、低碳技术创新与可持续能源转型进行了系统的测度，并进一步对可再生能源技术创新和低碳技术创新对可持续能源转型的影响进行了系统的实证检验，并根据研究结论提出了相关政策建议。沿着本书的研究思路，尚存一些问题需要进一步探讨与挖掘。

（1）可持续能源转型是一个复杂的经济、政治、社会与环境问题，仅从经济学角度很难完全理解和剖析其发展的机理、动因与驱动因素，还需要社会学、环境科学、能源科学等领域的专家学者做出共同努力。可持续能源转型综合评价体系的构建缺乏足够的权威性，未来可以在本书研究的基础上，探索更多的渠道对指标体系进行逐步完善，以期为区域可持续能源转型综合评价提供科学有效的依据，这也是后续研究重点关注的工作之一。

（2）囿于研究样本数量，本书仅提供了短期意义上的经验证据。随着未来样本时限的拓展，研究尺度可以进一步扩大。这一研究展望需要一定的时期方可实现，可再生能源技术创新和低碳技术创新在中国各省份的发展起步晚，更早期的样本数据难以获取。此外，本书检验了中国省级层面可再生能源技术创新和低碳技术创新对可持续能源转型的影响，未来城市层面或者更微观层面的可持续能源转型的相关研究是潜在的研究方向。

（3）虽然本书进行了大量的实证分析，但均是基于静态视角展开的，而未考虑可再生能源技术创新和低碳技术创新对可持续能源转型的动态影响。实际上，技术创新具有明显的滞后效应，而可持续能源转型也被证实存在显著的空间溢出效应，这说明可再生能源技术创新和低碳技术创新可能对可持续能源转型具有动态影响。不置可否，这对未来能源转型政策设定具有很重要的参考意义。因此，这也是后续研究重点关注的工作。

参考文献

毕克新、黄平、杨朝均，2017，《低碳技术创新系统：概念辨析与研究展望》，《技术经济》第 11 期。

蔡昉、都阳，2000，《中国地区经济增长的趋同与差异——对西部开发战略的启示》，《经济研究》第 10 期。

曹明德、赵鑫鑫，2012，《从金砖国家国际合作的视角看气候变化时代的中国能源法》，《重庆大学学报》（社会科学版）第 1 期。

陈诗一，2011，《中国工业分行业统计数据估算：1980—2008》，《经济学》（季刊）第 3 期。

程名望、贾晓佳、仇焕广，2019，《中国经济增长（1978—2015）：灵感还是汗水？》，《经济研究》第 7 期。

邓志茹、范德成，2010，《我国替代能源发展现状分析及未来展望》，《现代管理科学》第 9 期。

董春诗，2021，《偏向技术进步有利于可再生能源转型吗——基于要素替代弹性的证据》，《科技进步与对策》第 15 期。

董志强、魏下海、汤灿晴，2012，《制度软环境与经济发展——基于 30 个大城市营商环境的经验研究》，《管理世界》第 4 期。

符淼，2009，《地理距离和技术外溢效应——对技术和经济集聚现象的空间计量学解释》，《经济学》（季刊）第 4 期。

付帼、卢小丽、武春友，2016，《中国省域绿色创新空间格局演化研究》，《中国软科学》第 7 期。

傅家骥，2001，《中国技术创新理论研究》，《政策与管理》第 12 期。

顾海兵、张帅，2017，《中国能源转型的测定研究及与美、德的比较》，

《学术研究》第 6 期。

韩冰，2019，《我国装备制造企业低碳技术创新动力机制研究》，博士学位论文，哈尔滨工程大学。

何小钢，2015，《能源约束、绿色技术创新与可持续增长——理论模型与经验证据》，《中南财经政法大学学报》第 4 期。

侯立安、李明，2015，《生态文明视阈下绿色污水处理技术研究进展》，《科学与社会》第 1 期。

黄栋，2010，《低碳技术创新与政策支持》，《中国科技论坛》第 2 期。

黄平，2015，《我国制造业低碳技术创新与产业升级关联研究》，博士学位论文，哈尔滨工程大学。

黄清煌、高明，2016，《中国环境规制工具的节能减排效果研究》，《科研管理》第 6 期。

黄群慧、贺俊，2013，《"第三次工业革命"与中国经济发展战略调整——技术经济范式转变的视角》，《中国工业经济》第 1 期。

景维民、张璐，2014，《环境管制、对外开放与中国工业的绿色技术进步》，《经济研究》第 9 期。

李成刚，2008，《FDI 对我国技术创新的溢出效应研究》，博士学位论文，浙江大学。

李恩康、陆玉麒、陈娱，2019，《中国外贸货物出口的地理格局演化及影响因素分析——基于货物出口距离和 GTWR 模型》，《地理研究》第 11 期。

李宏伟、杨梅锦，2013，《低碳经济中的"碳锁定"问题与"碳解锁"治理体系》，《科技进步与对策》第 15 期。

李慧、涂家豪，2020，《多层级视角下能源低碳转型因素组态研究——基于我国 30 个省域的模糊集定性比较分析》，《技术经济》第 8 期。

李俊江、王宁，2019，《中国能源转型及路径选择》，《行政管理改革》第 5 期。

李平，2011，《R&D 资源约束下中国自主创新能力提升的路径选择》，人民出版社。

李强、徐康宁，2013，《资源禀赋、资源消费与经济增长》，《产业经济研究》第4期。

李卫红、白杨，2018，《环境规制能引发"创新补偿"效应吗？——基于"波特假说"的博弈分析》，《审计与经济研究》第6期。

李彦军、王婷婷，2015，《我国企业迁移的行业差异性分析》，《中南民族大学学报》（人文社会科学版）第6期。

林毅夫、董先安、殷韦，2004，《技术选择、技术扩散与经济收敛》，《财经问题研究》第6期。

林永生、张生玲，2013，《中国能源贸易进展与思考》，《国际贸易》第9期。

刘海英、张纯洪，2006，《中国经济增长质量提高和规模扩张的非一致性实证研究》，《经济科学》第2期。

刘慧，2006，《区域差异测度方法与评价》，《地理研究》第4期。

刘云强、权泉、朱佳玲等，2018，《绿色技术创新、产业集聚与生态效率——以长江经济带城市群为例》，《长江流域资源与环境》第11期。

柳逸月，2017，《中国能源系统转型及可再生能源消纳路径研究》，博士学位论文，兰州大学。

娄伟，2019，《中国可再生能源技术的发展（1949—2019）》，《科技导报》第18期。

卢娜、王为东、王淼等，2019，《突破性低碳技术创新与碳排放：直接影响与空间溢出》，《中国人口·资源与环境》第5期。

鲁晓东、连玉君，2012，《中国工业企业全要素生产率估计：1999—2007》，《经济学》（季刊）第2期。

陆凤芝、王群勇，2021，《相向而行还是背道而驰：生产性服务业集聚与污染减排》，《华中科技大学学报》（社会科学版）第2期。

罗军、陈建国，2014，《研发投入门槛、外商直接投资与中国创新能力——基于门槛效应的检验》，《国际贸易问题》第8期。

马国群、谭砚文，2021，《环境规制对农业绿色全要素生产率的影响研究——基于面板门槛模型的分析》，《农业技术经济》第5期。

马丽梅、史丹、裴庆冰，2018，《国家能源低碳转型与可再生能源发展：
限制因素、供给特征与成本竞争力比较》，《经济社会体制比较》第
5期。

马丽梅、王俊杰，2021，《能源转型与可再生能源创新——基于跨国数据
的实证研究》，《浙江社会科学》第4期。

马志云、刘云，2017，《应对气候变化关键技术创新差异的时空格局——
以"一带一路"沿线国家为例》，《中国人口·资源与环境》第9期。

齐亚伟，2018，《节能减排、环境规制与中国工业绿色转型》，《江西社会
科学》第3期。

岐洁，2016，《绿色技术溢出效应与我国工业绿色增长研究》，博士学位
论文，北京理工大学。

饶扬德，2008，《市场、技术及管理三维创新协同机制研究》，《科学管理
研究》第4期。

邵超峰、陈思含、高俊丽等，2021，《基于SDGs的中国可持续发展评价
指标体系设计》，《中国人口·资源与环境》第4期。

邵帅、李欣、曹建华等，2016，《中国雾霾污染治理的经济政策选择——
基于空间溢出效应的视角》，《经济研究》第9期。

邵帅、李欣、曹建华，2019，《中国的城市化推进与雾霾治理》，《经济研
究》第2期。

盛斌、毛其淋，2011，《贸易开放、国内市场一体化与中国省际经济增
长：1985~2008年》，《世界经济》第11期。

石宝峰、程砚秋、王静，2016，《变异系数加权的组合赋权模型及科技评
价实证》，《科研管理》第5期。

史丹、王蕾，2015，《能源革命及其对经济发展的作用》，《产业经济研
究》第1期。

史丹，2006，《回顾与展望：能源供需关系及其影响》，《新视野》第5期。

孙本芝、赵世伟，2003，《我国对外贸易遭遇技术壁垒的原因及对策研
究》，《国际经贸探索》第5期。

单豪杰，2008，《中国资本存量 K 的再估算：1952～2006 年》，《数量经济技术经济研究》第 10 期。

唐未兵、傅元海、王展祥，2014，《技术创新、技术引进与经济增长方式转变》，《经济研究》第 7 期。

田雷，2016，《吉林省能源碳排放驱动因素与新常态背景下碳排放趋势研究》，博士学位论文，吉林大学。

王锋、吴丽华、杨超，2010，《中国经济发展中碳排放增长的驱动因素研究》，《经济研究》第 2 期。

王华，2012，《经济开放、异质性和技术创新研究》，博士学位论文，湖南大学。

王军、马中、张异凡，2009，《我国生物质能源发展的政策手段分析——基于〈可再生能源法〉和国外实践经验》，《环境保护》第 8 期。

王黎明，2020，《从具体案例谈 CPC 分类相对于 IPC 分类在检索效能上的优势》，《专利代理》第 3 期。

王群伟、周鹏、周德群，2010，《我国二氧化碳排放绩效的动态变化、区域差异及影响因素》，《中国工业经济》第 1 期。

王素凤、程良伟，2021，《产业结构、贸易开放度与雾霾污染治理——基于长三角中心区 27 个城市空间面板双模型研究》，《重庆理工大学学报》（社会科学）第 5 期。

王为东、卢娜、张财经，2018，《空间溢出效应视角下低碳技术创新对气候变化的响应》，《中国人口·资源与环境》第 8 期。

王学军、郭亚军，2005，《标度选择对群决策影响的研究》，《预测》第 5 期。

王志明、袁建新，2003，《技术性贸易壁垒的影响及中国的对策》，《世界经济》第 7 期。

卫兴华、侯为民，2007，《中国经济增长方式的选择与转换途径》，《经济研究》第 7 期。

温忠麟、张雷、侯杰泰等，2004，《中介效应检验程序及其应用》，《心理学报》第 5 期。

吴巧生、成金华，2007，《经济高速增长下的中国能源安全分析》，《宏观经济研究》第 4 期。

吴玉鸣，2006，《中国省域经济增长趋同的空间计量经济分析》，《数量经济技术经济研究》第 12 期。

谢和平，2010，《发展低碳技术 推进绿色经济》，《中国能源》第 9 期。

邢菁，2014，《FDI 可再生能源技术扩散对我国区域能源产业绩效影响研究》，硕士学位论文，哈尔滨工程大学。

徐建中、王曼曼，2018，《绿色技术创新、环境规制与能源强度——基于中国制造业的实证分析》，《科学学研究》第 4 期。

徐军委，2013，《基于 LMDI 的我国二氧化碳排放影响因素研究》，博士学位论文，中国矿业大学（北京）。

徐鹏杰，2018，《环境规制、绿色技术效率与污染密集型行业转移》，《财经论丛》第 2 期。

徐莹莹，2015，《制造企业低碳技术创新扩散研究》，博士学位论文，哈尔滨工程大学。

许庆瑞，1993，《创新战略与劳动生产率》，《管理工程学报》第 1 期。

许秀川、阳芙蓉、王钊，2008，《技术进步对重庆市经济增长及能源消费效率作用的分解》，《西南师范大学学报》（自然科学版）第 6 期。

宣烨、周绍东，2011，《技术创新、回报效应与中国工业行业的能源效率》，《财贸经济》第 1 期。

鄢哲明、杨志明、杜克锐，2017，《低碳技术创新的测算及其对碳强度影响研究》，《财贸经济》第 8 期。

杨子晖、柯烁佳、赵永亮，2015，《第二代面板单位根检验方法有限样本性质的比较研究》，《数量经济技术经济研究》第 12 期。

姚昕、孔庆宝，2010，《中国能源综合运输体系及其宏观影响》，《金融研究》第 4 期。

叶伟巍、梅亮、李文等，2014，《协同创新的动态机制与激励政策——基于复杂系统理论视角》，《管理世界》第 6 期。

易靖韬，2009，《企业异质性、市场进入成本、技术溢出效应与出口参与决定》，《经济研究》第 9 期。

殷贺、王为东、王露等，2020，《低碳技术进步如何抑制碳排放？——来自中国的经验证据》，《管理现代化》第 5 期。

于立宏、王艳，2020，《国有产权对绿色技术创新是促进还是挤出？——基于资源型产业负外部性特征的实证分析》，《南京财经大学学报》第 5 期。

袁晓玲、张宝山、杨万平，2009，《基于环境污染的中国全要素能源效率研究》，《中国工业经济》第 2 期。

张杰、李勇、刘志彪，2008，《出口与中国本土企业生产率——基于江苏制造业企业的实证分析》，《管理世界》第 11 期。

张军、吴桂英、张吉鹏，2004，《中国省际物质资本存量估算：1952—2000》，《经济研究》第 10 期。

张培刚，1991，《创新理论的现实意义——对熊彼特〈经济发展理论〉的介绍和评论》，《经济学动态》第 2 期。

张生玲，2007，《能源贸易影响经济增长的机理分析》，《生产力研究》第 24 期。

张延禄、杨乃定、刘效广，2013，《企业技术创新系统的自组织演化机制研究》，《科学学与科学技术管理》第 6 期。

张勇军，2017，《技术进步与低碳经济发展：机理、模型与实证》，博士学位论文，湖南大学。

周德群、丁浩、周鹏等，2022，《基于过程划分的可再生能源技术扩散模型》，《中国管理科学》第 2 期。

周曙东、赵明正、王传星等，2012，《基于二次能源省际调配的中国分省 CO_2 排放量计算》，《中国人口·资源与环境》第 6 期。

朱彤、王蕾，2015，《国家能源转型：德、美实践与中国选择》，浙江大学出版社。

曾乐民、苏碧霞、于文益，2006，《区域可再生能源技术创新与发展前景》，《科技管理研究》第 8 期。

Adebayo, T., Adedoyin, F., Kirikkaleli, D. 2021. "Toward a sustainable environment: Nexus between consumption-based carbon emissions, economic growth, renewable energy and technological innovation in Brazil. " *Environmental Science and Pollution Research* 28: 52272-52282.

Adewuyi, O. , Kiptoo, M. , Afolayan, A. , et al. 2020. "Challenges and prospects of Nigeria's sustainable energy transition with lessons from other countries' experiences. " *Energy Reports* 6: 993-1009.

Ahmed, T. , Bhatti, A. 2019. "Do power sector reforms affect electricity prices in selected Asian countries?" *Energy Policy* 129: 1253-1260.

Aigner, D. , Lovell, C. , Schmidt, P. 1977. "Formulation and estimation of stochastic frontier production function models. " *Journal of Econometrics* 6: 21-37.

Ali, S. , Alharthi, M. , Hussain, H. , et al. 20 "A clean technological innovation and eco-efficiency enhancement: A multi-index assessment of sustainable economic and environmental management. " *Technological Forecasting and Social Change* 166: 120573.

Alam, M. , Murad, M. 2020. "The impacts of economic growth, trade openness and technological progress on renewable energy use in organization for economic co-operation and development countries. " *Renewable Energy* 145: 382-390.

Amri, F. 2018. "Carbon dioxide emissions, total factor productivity, ICT, trade, financial development, and energy consumption: Testing environmental Kuznets curve hypothesis for Tunisia. " *Environmental Science and Pollution Research* 25: 33691-33701.

Anselin, L. 1995. "Local Indicators of Spatial Association—LISA. " *Geographical Analysis* 27: 93-115.

Anselin, L. 2001. "Spatial effects in econometric practice in environmental and resource economics. " *American Journal of Agricultural Economics* 83: 705-710.

Araújo, K. 2014. "The emerging field of energy transitions: Progress, challenges, and opportunities." *Energy Research & Social Science* 1: 112-121.

Azam, A., Rafiq, M., Shafique, M., et al. 2020. "Renewable electricity generation and economic growth nexus in developing countries: An ARDL approach." *Economic Research-Ekonomska Istraživanja*, ahead-of-print: 1-24.

Azam, M. 2020. "Energy and economic growth in developing Asian economies." *Journal of the Asia Pacific Economy* 25: 447-471.

Bai, C., Feng, C., Du, K., et al. 2020. "Understanding spatial-temporal evolution of renewable energy technology innovation in China: Evidence from convergence analysis." *Energy Policy* 143: 111570.

Bamati, N., Raoofi, A. 2020. "Development level and the impact of technological factor on renewable energy production." *Renewable Energy* 151: 946-955.

Baron, R., Kenny, D. 1986. "The moderator-mediator variable distinction in social psychological research: Conceptual, strategic, and statistical considerations." *Journal of Personality and Social Psychology* 51: 1173-1182.

Benasla, M., Hess, D., Allaoui, T., et al. 2019. "The transition towards a sustainable energy system in Europe: What role can North Africa's solar resources play?" *Energy Strategy Reviews* 24: 1-13.

Berry, D. 2020. "Designing innovative clean energy programs: Transforming organizational strategies for a low-carbon transition." *Energy Research & Social Science* 67: 101545.

Best, R. 2017. "Switching towards coal or renewable energy? The effects of financial capital on energy transitions." *Energy Economics* 63: 75-83.

Bilgili, F., Koçak, E., Bulut, Ü., et al. 2017. "The impact of urbanization on energy intensity: Panel data evidence considering cross-sectional dependence and heterogeneity." *Energy* 133: 242-256.

Blanco, H., Nijs, W., Ruf, J., et al. 2018. "Potential of Power-to-Methane in the EU energy transition to a low carbon system using cost optimization." *Applied Energy* 232: 323-340.

Blomström, M., Kokko, A., Zejan, M. 1994. "Host Country Competition, Labor Skills, and Technology Transfer by Multinationals." *Review of World Economics* 130: 521-533.

BP. 2020. "Statistical Review of World Energy." Available at: https://www. bp. com/en/global/corporate/energy-economics/statistical-review-of-world-energy. html.

Bradshaw, A., Jannuzzi, G. 2019. "Governing energy transitions and regional economic development: Evidence from three Brazilian states." *Energy Policy* 126: 1-11.

Castrejon-Campos, O., Aye, L., Hui, F. 2020. "Making policy mixes more robust: An integrative and interdisciplinary approach for clean energy transitions." *Energy Research & Social Science* 64: 101425.

CEDNE. 2020. "China's Energy Development in the New Era." Available at: http://www. gov. cn/zhengce/2020-12/21/content_5571916. htm.

Chapman, A., Itaoka, K. 2018. "Energy transition to a future low-carbon energy society in Japan's liberalizing electricity market: Precedents, policies and factors of successful transition." *Renewable & Sustainable Energy Reviews* 81: 2019-2027.

Chapman, A., Okushima, S. 2019. "Engendering an inclusive low-carbon energy transition in Japan: Considering the perspectives and awareness of the energy poor." *Energy Policy* 135: 111017.

Chen, C., Xue, B., Cai, G., et al. 2019. "Comparing the energy transitions in Germany and China: Synergies and recommendations." *Energy Reports* 5: 1249-1260.

Chen, W., Lei, Y. 2018. "The impacts of renewable energy and technological innovation on environment-energy-growth nexus: New evidence from a panel quantile regression." *Renewable Energy* 123: 1-14.

Chen, Y., Lin, B. 2020. "Slow diffusion of renewable energy technologies in

China: An empirical analysis from the perspective of innovation system. " *Journal of Cleaner Production* 261: 121186.

Cheng, C. , Ren, X. , Dong, K. , et al. 2021. "How does technological innovation mitigate CO_2 emissions in OECD countries? Heterogeneous analysis using panel quantile regression. " *Journal of Environmental Management* 280: 111818.

Cheng, Y. , Yao, X. 2021. "Carbon intensity reduction assessment of renewable energy technology innovation in China: A panel data model with cross-section dependence and slope heterogeneity. " *Renewable & Sustainable Energy Reviews* 135: 110157.

Dietzenbacher, E. , Kulionis, V. , Capurro, F. 2020. " Measuring the effects of energy transition: A structural decomposition analysis of the change in renewable energy use between 2000 and 2014. " *Applied Energy* 258: 114040.

Dioha, M. , Kumar, A. 2020. "Exploring sustainable energy transitions in sub-Saharan Africa residential sector: The case of Nigeria. " *Renewable & Sustainable Energy Reviews* 117: 109510.

Dong, K. , Jiang, Q. , Shahbaz, M. , et al. 2021. "Does low-carbon energy transition mitigate energy poverty? The case of natural gas for China. " *Energy Economics* 99: 105324.

Doranova, A. , Costa, I. , Duysters, G. 2010. "Knowledge base determinants of technology sourcing in clean development mechanism projects. " *Energy Policy* 38: 5550-5559.

Doytch, N. , Narayan, S. 2016. "Does FDI influence renewable energy consumption? An analysis of sectoral FDI impact on renewable and non-renewable industrial energy consumption. " *Energy Economics* 54: 291-301.

Eren, B. , Taspinar, N. , Gokmenoglu, K. 2019. "The impact of financial development and economic growth on renewable energy consumption: Empirical analysis of India. " *Science of the Total Environment* 663: 189-197.

Fan, J., Xiao, Z. 2021. "Analysis of spatial correlation network of China's green innovation." *Journal of Cleaner Production* 299: 126815.

Färe, R., Grosskopf, S. 2003. "Nonparametric productivity analysis with undesirable outputs: Comment." *American Journal of Agricultural Economics* 85: 1070-1074.

Färe, R., Grosskopf, S. 1997. "Productivity growth, technical progress, and efficiency." *The American Economic Review* 87: 1040-1043.

Fei, Q., Rasiah, R. 2014. "Electricity consumption, technological innovation, economic growth and energy prices: Does energy export dependency and development levels matter?" *Energy Procedia* 61: 1142-1145.

Fouquet, R., Pearson, P. 2012. "Past and prospective energy transitions: Insights from history." *Energy Policy* 50: 1-7.

Freeman, C. 1975. *The Economics of Industrial Innovation*, *1st Edition*. MIT Press Books.

Freire-González, J., Puig-Ventosa, I. 2019. "Reformulating taxes for an energy transition." *Energy Economics* 78: 312-323.

Freitas, I., Dantas, E., Iizuka, M. 2012. "The Kyoto mechanisms and the diffusion of renewable energy technologies in the BRICS." *Energy Policy* 42: 118-128.

Fujii, H., Managi, S. 2016. "Research and development strategy for environmental technology in Japan: A comparative study of the private and public sectors." *Technological Forecasting and Social Change* 112: 293-302.

Gallagher, K., Anadon, L., Kempener, R., et al. 2011. "Trends in investments in global energy research, development, and demonstration." *Wiley Interdisciplinary Reviews: Climate Change* 2: 373-396.

Garg, P., Sweeney, J. 1978. "Optimal growth with depletable resources." *Resources and Energy* 1: 43-56.

Ghisetti, C., Quatraro, F. 2017. "Green technologies and environmental productivity: A cross-sectoral analysis of direct and indirect effects in Italian regions." *Ecological Economics* 132: 1−13.

Gillessen, B., Heinrichs, H., Hake, J., et al. 2019. "Natural gas as a bridge to sustainability: Infrastructure expansion regarding energy security and system transition." *Applied Energy* 251: 113377.

Gökgöz, F., Güvercin, M. 2018. "Energy security and renewable energy efficiency in EU." *Renewable & Sustainable Energy Reviews* 96: 226−239.

Gosens, J., Binz, C., Lema, R. 2020. "China's role in the next phase of the energy transition: Contributions to global niche formation in the Concentrated Solar Power sector." *Environmental Innovation and Societal Transitions* 34: 61−75.

Grafström, J., Lindman, Å. 2017. "Invention, innovation and diffusion in the European wind power sector." *Technological Forecasting and Social Change* 114: 179−191.

Greene, K. 2000. "Technological innovation and economic progress in the ancient world: M. I. Finley re-considered." *The Economic History Review* 53: 29−59.

Greene, W. 2018. *Econometric Analysis, 8th ed.* New York: Pearson.

Greiner, P., York, R., Mcgee, J. 2018. "Snakes in the greenhouse: Does increased natural gas use reduce carbon dioxide emissions from coal consumption?" *Energy Research & Social Science* 38: 53−57.

Griliches, Z. 1990. "Patent statistics as economic indicators: A survey." *Journal of Economic Literature* 28: 1661−1707.

Grossman, G., Krueger, A. 1995. "Economic growth and the environment." *Quarterly Journal of Economics* 110: 353−377.

Grübler, A., Wilson, C., Nemet, G. 2016. "Apples, oranges, and consistent comparisons of the temporal dynamics of energy transitions." *Energy Research & Social Science* 22: 18−25.

Guidolin, M., Alpcan, T. 2019. "Transition to sustainable energy generation in Australia: Interplay between coal, gas and renewables. " *Renewable Energy* 139: 359-367.

Guo, P., Kong, J., Guo, Y., et al. 2019. "Identifying the influencing factors of the sustainable energy transitions in China. " *Journal of Cleaner Production* 215: 757-766.

Haley, B., Gaede, J., Winfield, M., et al. 2020. "From utility demand side management to low-carbon transitions: Opportunities and challenges for energy efficiency governance in a new era. " *Energy Research & Social Science* 59: 101312.

Hanaoka, T., Kainuma, M. 2012. "Low-carbon transitions in world regions: Comparison of technological mitigation potential and costs in 2020 and 2030 through bottom-up analyses. " *Sustainability Science* 7: 117-137.

Hannan, M., Mamun, M., Hussain, A., et al. 2015. "A review on technologies and their usage in solid waste monitoring and management systems: Issues and challenges. " *Waste Management* 43: 509-523.

Hansen, B. 1999. "Threshold effects in non-dynamic panels: Estimation, testing, and inference. " *Journal of Econometrics* 93: 345-368.

He, A., Xue, Q., Zhao, R., et al. 2021. "Renewable energy technological innovation, market forces, and carbon emission efficiency. " *Science of the Total Environment* 796: 148908.

Herman, K., Xiang, J. 2020. "Environmental regulatory spillovers, institutions, and clean technology innovation: A panel of 32 countries over 16 years. " *Energy Research & Social Science* 62: 101363.

Herring, H., Roy, R. 2007. "Technological innovation, energy efficient design and the rebound effect. " *Technovation* 27: 194-203.

Hille, E., Althammer, W., Diederich, H. 2020. "Environmental regulation and innovation in renewable energy technologies: Does the policy instrument matter?" *Technological Forecasting and Social Change* 153: 119921.

Hirsh，R.，Jones，C. 2014. "History's contributions to energy research and policy." *Energy Research & Social Science* 1：106-111.

Hong，J.，Kim，J.，Son，W.，et al. 2019. "Long-term energy strategy scenarios for South Korea：Transition to a sustainable energy system." *Energy Policy* 127：425-437.

Hu，J.，Wang，S. 2006. "Total-factor energy efficiency of regions in China." *Energy Policy* 34：3206-3217.

Huang，B.，Wu，B.，Barry，M. 2010. "Geographically and Temporally Weighted Regression for modeling spatio-temporal variation in house prices." *International Journal of Geographical Information Science* 24：383-401.

Huang，L.，Zou，Y. 2020. "How to promote energy transition in China：From the perspectives of interregional relocation and environmental regulation." *Energy Economics* 92：104996.

Huh，S.，Lee，C. 2014. "Diffusion of renewable energy technologies in South Korea on incorporating their competitive interrelationships." *Energy Policy* 69：248-257.

Hui，W.，Zhao，X.，Ren，L.，et al. 2021. "The impact of technological progress on energy intensity in China（2005-2016）：Evidence from a geographically and temporally weighted regression model." *Energy* 226：120362.

Iddrisu，I.，Bhattacharyya，S. 2015. "Sustainable Energy Development Index：A multi-dimensional indicator for measuring sustainable energy development." *Renewable & Sustainable Energy Reviews* 50：513-530.

International Energy Agency（IEA）. 2011. "World Energy Outlook 2011".

Irandoust，M. 2016. "The renewable energy-growth nexus with carbon emissions and technological innovation：Evidence from the Nordic countries." *Ecological Indicators* 69：118-125.

Ji，Q.，Zhang，D. 2019. "How much does financial development contribute to renewable energy growth and upgrading of energy structure in China. " *Energy Policy* 128: 114-124.

Jiang, J. , Ye, B. , Xie, D. , et al. 2017. "Provincial-level carbon emission drivers and emission reduction strategies in China: Combining multi-layer LMDI decomposition with hierarchical clustering. " *Journal of Cleaner Production* 169: 178-190.

Johnstone, N. , Haščič, I. , Popp, D. 2010. "Renewable energy policies and technological innovation: Evidence based on patent counts. " *Environmental and Resource Economics* 45: 133-155.

Kern, F. , Smith, A. 2008. "Restructuring energy systems for sustainability? Energy transition policy in the Netherlands. " *Energy Policy* 36: 4093-4103.

Khan, I. , Hou, F. , Zakari, A. , et al. 2021. "The dynamic links among energy transitions, energy consumption, and sustainable economic growth: A novel framework for IEA countries. " *Energy* 222: 119935.

Kittner, N. , Lill, F. , Kammen, D. 2017. "Energy storage deployment and innovation for the clean energy transition. " *Nature Energy* 2 (9): 17125.

Koenker, R. 2004. "Quantile regression for longitudinal data. " *Journal of Multivariate Analysis* 91: 74-89.

Kraft, I. , Kraft, A. 1978. "On the relationship between energy and GNP. " *The Journal of Energy and Development* 3: 401-403.

Krohling, R. , Pacheco, A. 2015. "A-TOPSIS—An approach based on TOP-SIS for ranking evolutionary algorithms. " *Procedia Computer Science* 55: 308-317.

Kurt, S. , Kurt, Ü. 2015. "Innovation and labour productivity in BRICS countries: Panel causality and co-integration. " *Procedia-Social and Behavioral Sciences* 195: 1295-1302.

Lee, J. , Yang, J. 2019. "Global energy transitions and political systems. " *Renewable & Sustainable Energy Reviews* 115: 109370.

Lee, S., Jung, Y. 2018. "Causal dynamics between renewable energy consumption and economic growth in South Korea: Empirical analysis and policy implications." *Energy & Environment* 29: 1298–1315.

Levinsohn, J., Petrin, A. 2003. "Estimating production functions using inputs to control for unobservables." *The Review of Economic Studies* 70: 317–341.

Li, F., Xu, X., Li, Z., et al. 2021. "Can low-carbon technological innovation truly improve enterprise performance? The case of Chinese manufacturing companies." *Journal of Cleaner Production* 293: 125949.

Li, J., Li, S. 2020. "Energy investment, economic growth and carbon emissions in China—Empirical analysis based on spatial Durbin model." *Energy Policy* 140: 111425.

Li, R., Leung, G. 2021. "The relationship between energy prices, economic growth and renewable energy consumption: Evidence from Europe." *Energy Reports* 7: 1712–1719.

Lin, B., Chen, Y. 2019. "Does electricity price matter for innovation in renewable energy technologies in China?" *Energy Economics* 78: 259–266.

Lin, B., Omoju, O. 2017. "Focusing on the right targets: Economic factors driving non-hydro renewable energy transition." *Renewable Energy* 113: 52–63.

Lin, B., Zhu, J. 2019. "Determinants of renewable energy technological innovation in China under CO_2 emissions constraint." *Journal of Environmental Management* 247: 662–671.

Lin, R., Tan, J. 2013. "Evaluation of port development based on the theory of the driving force and the law of entropy weight." *Procedia-Social and Behavioral Sciences* 96: 1774–1783.

Liu, F., Zhao, S., Weng, M., et al. 2017. "Fire risk assessment for large-scale commercial buildings based on structure entropy weight method." *Safety Science* 94: 26–40.

Liu, X., Wahab, S., Hussain, M., et al. 2021. "China carbon neutrality target: Revisiting FDI-trade-innovation nexus with carbon emissions." *Journal of Environmental Management* 294: 113043.

Liu, Y., Li, Z., Yin, X. 2018. "Environmental regulation, technological innovation and energy consumption: A cross-region analysis in China." *Journal of Cleaner Production* 203: 885-897.

Liu, Y., Zhu, J., Li, E., et al. 2020. "Environmental regulation, green technological innovation, and eco-efficiency: The case of Yangtze river economic belt in China." *Technological Forecasting and Social Change* 155: 119993.

Liu, Z., Sun, H. 2021. "Assessing the impact of emissions trading scheme on low-carbon technological innovation: Evidence from China." *Environmental Impact Assessment Review* 89: 106589.

Lv, Y., Chen, W., Cheng, J. 2019. "Modelling dynamic impacts of urbanization on disaggregated energy consumption in China: A spatial Durbin modelling and decomposition approach." *Energy Policy* 133: 110841.

Ma, Z., Song, J., Zhang, J. 2017. "Energy consumption prediction of air-conditioning systems in buildings by selecting similar days based on combined weights." *Energy and Buildings* 151: 157-166.

Malik, S., Qasim, M., Saeed, H., et al. 2020. "Energy security in Pakistan: Perspectives and policy implications from a quantitative analysis." *Energy Policy* 144: 111552.

Månberger, A., Stenqvist, B. 2018. "Global metal flows in the renewable energy transition: Exploring the effects of substitutes, technological mix and development." *Energy Policy* 119: 226-241.

McCoskey, S., Kao, C. 1998. "A residual-based test of the null of cointegration in panel data." *Econometric Reviews* 17: 57-84.

Meng, L., Huang, B. 2018. "Shaping the Relationship Between Economic Development and Carbon Dioxide Emissions at the Local Level: Evidence from Spatial Econometric Models. " *Environmental and Resource Economics* 71: 127−156.

Mi, Z., Pan, S., Yu, H., et al. 2015. "Potential impacts of industrial structure on energy consumption and CO_2 emission: A case study of Beijing. " *Journal of Cleaner Production* 103: 455−462.

Mikunda, T., Brunner, L., Skylogianni, E., et al. 2021. "Carbon capture and storage and the sustainable development goals. " *International Journal of Greenhouse Gas Control* 108: 103318.

Miller, C., Richter, J., Oleary, J. 2015. "Socio-energy systems design: A policy framework for energy transitions. " *Energy Research & Social Science* 6: 29−40.

Mouraviev, N. 2021. "Energy security in Kazakhstan: The consumers' perspective. " *Energy Policy* 155: 112343.

Murshed, M. 2020. "Are trade liberalization policies aligned with renewable energy transition in low and middle income countries? An instrumental variable approach. " *Renewable Energy* 151: 1110−1123.

Narula, K., Reddy, B. 2015. "Three blind men and an elephant: The case of energy indices to measure energy security and energy sustainability. " *Energy* 80: 148−158.

Nelson, A. 2009. "Measuring knowledge spillovers: What patents, licenses and publications reveal about innovation diffusion. " *Research Policy* 38: 994−1005.

Neofytou, H., Nikas, A., Doukas, H. 2020. "Sustainable energy transition readiness: A multicriteria assessment index. " *Renewable & Sustainable Energy Reviews* 131: 109988.

Nussbaumer, P., Bazilian, M., Modi, V. 2012. "Measuring energy poverty: Focusing on what matters. " *Renewable & Sustainable Energy Reviews* 16: 231−243.

Olley, G., Pakes, A. 1977. "The dynamics of productivity in the telecommunications equipment industry. " *Econometrica* 64: 1263-1297.

Pan, X., Uddin, M., Han, C., et al. 2019. "Dynamics of financial development, trade openness, technological innovation and energy intensity: Evidence from Bangladesh. " *Energy* 171: 456-464.

Pan, X., Wei, Z., Han, B., et al. 2021. "The heterogeneous impacts of interregional green technology spillover on energy intensity in China. " *Energy Economics* 96: 105133.

Phillips, P., Moon, H. 1999. "Linear regression limit theory for nonstationary panel data. " *Econometrica* 67: 1057-1112.

Popp, D. 2002. "Induced innovation and energy prices. " *The American Economic Review* 92: 160-180.

Przychodzen, W., Przychodzen, J. 2020. "Determinants of renewable energy production in transition economies: A panel data approach. " *Energy* 191: 116583.

Qian, C., Zhang, M., Chen, Y., et al. 2014. "A quantitative judgement method for safety admittance of facilities in chemical industrial parks based on G1-Variation coefficient method. " *Procedia Engineering* 84: 223-232.

Rasoulinezhad, E., Saboori, B. 2018. "Panel estimation for renewable and non-renewable energy consumption, economic growth, CO_2 emissions, the composite trade intensity, and financial openness of the commonwealth of independent states. " *Environmental Science and Pollution Research* 18: 17354-17370.

Rodriguez, E., Lefvert, A., Fridahl, M., et al. 2021. "Tensions in the energy transition: Swedish and Finnish company perspectives on bioenergy with carbon capture and storage. " *Journal of Cleaner Production* 280: 124527.

Roodman, D. 2009. "How to do xtabond2: An introduction to difference and system GMM in Stata. " *Stata Journal* 9: 86-136.

Salim, R., Yao, Y., Chen, G., et al. 2017. "Can foreign direct investment harness energy consumption in China? A time series investigation. " *Energy Economics* 66: 43-53.

Schmidt, T., Steffen, B., Egli, F., et al. 2019. "Adverse effects of rising interest rates on sustainable energy transitions. " *Nature Sustainability* 2: 879-885.

Schumpeter, J. 1912. *The Theory of Economic Development.* Translated by R. Opie, Harvard University Press, Cambridge.

Selvakkumaran, S., Ahlgren, E. 2019. "Determining the factors of household energy transitions: A multi-domain study. " *Technology in Society* 57: 54-75.

Şener, Ş., Sharp, J., Anctil, A. 2018. "Factors impacting diverging paths of renewable energy: A review. " *Renewable & Sustainable Energy Reviews* 81: 2335-2342.

Shao, S., Zhang, Y., Tian, Z., et al. 2020. "The regional Dutch disease effect within China: A spatial econometric investigation. " *Energy Economics* 88: 104766.

Shao, X., Zhong, Y., Liu, W., et al. 2021. "Modeling the effect of green technology innovation and renewable energy on carbon neutrality in N-11 countries? Evidence from advance panel estimations. " *Journal of Environmental Management* 296: 113189.

Sharma, R., Shahbaz, M., Kautish, P., et al. 2021. "Analyzing the impact of export diversification and technological innovation on renewable energy consumption: Evidences from BRICS nations. " *Renewable Energy* 178: 1034-1045.

Shem, C., Simsek, Y., Hutfilter, U., et al. 2019. "Potentials and opportunities for low carbon energy transition in Vietnam: A policy analysis. " *Energy Policy* 134: 110818.

Shi, Y., Wei, Z., Shahbaz, M., et al. 2021. "Exploring the dynamics of low-carbon technology diffusion among enterprises: An evolutionary game model on a two-level heterogeneous social network. " *Energy Economics* 101: 105399.

Shields, M. , Beiter, P. , Kleiber, W. 2021. "Spatial impacts of technological innovations on the levelized cost of energy for offshore wind power plants in the United States. " *Sustainable Energy Technologies and Assessments* 45: 101059.

Singh, D. , Kumar, V. 2018. "Comprehensive survey on haze removal techniques. " *Multimedia Tools and Applications* 77: 9595−9620.

Singh, H. , Bocca, R. , Gomez, P. , et al. 2019. "The energy transitions index: An analytic framework for understanding the evolving global energy system. " *Energy Strategy Reviews* 26: 100382.

Smil, V. 2010. *Energy Myths and Realities: Bringing Science to the Energy Policy Debate*. AEI Press.

Solow, R. 1956. "A contribution to the theory of economic growth. " *Quarterly Journal of Economics* 70: 65−94.

Solow, R. 1974. "The economics of resources or the resources of economics. " *American Economic Review* 64: 1−14.

Song, Z. 2021. "Economic growth and carbon emissions: Estimation of a panel threshold model for the transition process in China. " *Journal of Cleaner Production* 278: 123773.

Sovacool, B. , Schmid, P. , Stirling, A. , et al. 2020. "Differences in carbon emissions reduction between countries pursuing renewable electricity versus nuclear power. " *Nature Energy* 5: 928−935.

Strunz, S. 2014. "The German energy transition as a regime shift. " *Ecological Economics* 100: 150−158.

Su, C. , Naqvi, B. , Shao, X. , et al. 2020. "Trade and technological innovation: The catalysts for climate change and way forward for COP21. " *Journal of Environmental Management* 269: 110774.

Tigabu, A. , Berkhout, F. , Beukering, P. 2015. "The diffusion of a renewable energy technology and innovation system functioning: Comparing bio-digestion in Kenya and Rwanda." *Technological Forecasting and Social Change* 90: 331−345.

Tsoutsos, T., Stamboulis, Y. 2005. "The sustainable diffusion of renewable energy technologies as an example of an innovation-focused policy." *Technovation* 25: 753−761.

Tzankova, Z. 2020. "Public policy spillovers from private energy governance: New opportunities for the political acceleration of renewable energy transitions." *Energy Research & Social Science* 67: 101504.

Uddin, M., Rahman, A. 2012. "Energy efficiency and low carbon enabler green IT framework for data centers considering green metrics." *Renewable & Sustainable Energy Reviews* 16: 4078−4094.

Ulucak, R. 2021. "Renewable energy, technological innovation and the environment: A novel dynamic auto-regressive distributive lag simulation." *Renewable & Sustainable Energy Reviews* 150: 111433.

Vural, G. 2021. "Analyzing the impacts of economic growth, pollution, technological innovation and trade on renewable energy production in selected Latin American countries." *Renewable Energy* 171: 210−216.

Wang, D., Mugera, A., White, B. 2019. "Directed technical change, capital intensity increase and energy transition: Evidence from China." *The Energy Journal* 40: 277−296.

Wang, J., Zhang, S., Zhang, Q. 2021. "The relationship of renewable energy consumption to financial development and economic growth in China." *Renewable Energy* 170: 897−904.

Wang, Q., Lu, S., Yuan, X., et al. 2017. "The index system for project selection in ecological industrial park: A China study." *Ecological Indicators* 77: 267−275.

Wang, Q., Zhang, F. 2021. "Free trade and renewable energy: A cross-income levels empirical investigation using two trade openness measures."

Renewable Energy 168: 1027−1039.

Wen, Y., Cai, B., Yang, X., et al. 2020. "Quantitative analysis of China's Low-Carbon energy transition." *International Journal of Electrical Power & Energy Systems* 119: 105854.

Werbos, P. 2008. "Technological solutions for energy security and sustainability." *Nature Precedings* 3: 1.

Xu, B., Lin, B. 2018. "Assessing the development of China's new energy industry." *Energy Economics* 70: 116−131.

Xu, C., Zhao, W., Zhang, M., et al. 2021a. "Pollution haven or halo? The role of the energy transition in the impact of FDI on SO_2 emissions." *Science of the Total Environment* 763: 143002.

Xu, L., Fan, M., Yang, L., et al. 2021b. "Heterogeneous green innovations and carbon emission performance: Evidence at China's city level." *Energy Economics* 99: 105269.

Yan, J., Chou, S., Desideri, U., et al. 2015a. "Transition of clean energy systems and technologies towards a sustainable future (Part Ⅰ) ." *Applied Energy* 160: 619−622.

Yan, J., Chou, S., Desideri, U., et al. 2015b. "Transition of clean energy systems and technologies towards a sustainable future (Part Ⅱ) ." *Applied Energy* 162: 1109−1113.

Yan, Z., Du, K., Yang, Z., et al. 2017. "Convergence or divergence? Understanding the global development trend of low-carbon technologies." *Energy Policy* 109: 499−509.

Yan, Z., Zou, B., Du, K., et al. 2020. "Do renewable energy technology innovations promote China's green productivity growth? Fresh evidence from partially linear functional-coefficient models." *Energy Economics* 90: 104842.

Yang, C., Liu, S. 2020. "Spatial correlation analysis of low-carbon innovation: A case study of manufacturing patents in China." *Journal of Cleaner*

Production 273：122893.

Yang, G. , Li, M. 2011. "Analysis on the degree of the industrial structure's impact on the energy consumption-Based on empirical study of Guangdong Province." *Energy Procedia* 5：1488–1496.

Yang, G. , Zha, D. , Wang, X. , et al. 2020. "Exploring the nonlinear association between environmental regulation and carbon intensity in China：The mediating effect of green technology." *Ecological Indicators* 114：106309.

Yang, G. , Zhang, W. , Zha, D. 2019. "Industrial production：Pursuing scale expansion or pollution reduction? Judgment based on the Copeland-Toylor model." *Journal of Cleaner Production* 216：14–24.

Yang, X. , Yang, Z. , Jia, Z. 2021. "Effects of technology spillover on CO_2 emissions in China：A threshold analysis." *Energy Reports* 7：2233–2244.

York, R. , Bell, S. 2019. "Energy transitions or additions：Why a transition from fossil fuels requires more than the growth of renewable energy." *Energy Research & Social Science* 51：40–43.

York, R. 2012. "Do alternative energy sources displace fossil fuels." *Nature Climate Change* 2（6）：441–443.

Yu, L. , Wu, X. , Zheng, X. , et al. 2019. "An index system constructed for ecological stress assessment of the coastal zone：A case study of Shandong, China." *Journal of Environmental Management* 232：499–504.

Yu, L. , Xue, B. , Stuckrad, S. , et al. 2020a. "Indicators for energy transition targets in China and Germany：A text analysis." *Ecological Indicators* 111：106012.

Yu, S. , Hu, X. , Li, L. , et al. 2020b. "Does the development of renewable energy promote carbon reduction? Evidence from Chinese provinces." *Journal of Environmental Management* 268：110634.

Yu, Y. , Du, Y. 2019. "Impact of technological innovation on CO_2 emissions and emissions trend prediction on 'New Normal' economy in China." *At-*

mospheric Pollution Research 10: 152-161.

Yuan, X., Lyu, Y., Wang, B., et al. 2018. "China's energy transition strategy at the city level: The role of renewable energy." *Journal of Cleaner Production* 205: 980-986.

Zeqiraj, V., Sohag, K., Soytas, U. 2020. "Stock market development and low-carbon economy: The role of innovation and renewable energy." *Energy Economics* 91: 104908.

Zha, D., Yang, G., Wang, Q. 2019. "Investigating the driving factors of regional CO_2 emissions in China using the IDA-PDA-MMI method." *Energy Economics* 84: 104521.

Zhang, S., Andrews-Speed, P., Li, S. 2018. "To what extent will China's ongoing electricity market reforms assist the integration of renewable energy?" *Energy Policy* 114: 165-172.

Zhang, Y., Jin, W., Xu, M. 2021. "Total factor efficiency and convergence analysis of renewable energy in Latin American countries." *Renewable Energy* 170: 785-795.

Zhao, N., You, F. 2020. "Can renewable generation, energy storage and energy efficient technologies enable carbon neutral energy transition?" *Applied Energy* 279: 115889.

Zhao, Y., Shi, X., Song, F. 2020. "Has Chinese outward foreign direct investment in energy enhanced China's energy security?" *Energy Policy* 146: 111803.

Zheng, S., Yang, J., Yu, S. 2021. "How renewable energy technological innovation promotes renewable power generation: Evidence from China's provincial panel data." *Renewable Energy* 177: 1394-1407.

Zhu, Y., Wang, Z., Yang, J., et al. 2020. "Does renewable energy technological innovation control China's air pollution? A spatial analysis." *Journal of Cleaner Production* 250: 119515.

Zhu, Y., Wang, Z., Zhu, L. 2021. "Spatiotemporal effects of renewable energy technology innovation on industrial cleaner production: A geo-graphically temporally weighted analysis. " *Journal of Cleaner Production* 312: 127783.

Zou, Z. , Yun, Y. , Sun, J. 2006. "Entropy method for determination of weight of evaluating indicators in fuzzy synthetic evaluation for water quality assessment. " *Journal of Environmental Sciences-China* 18: 1020−1023.

附录 A   第三章相关附表

表 A1   2000~2018 年中国 30 个省份水电消费量

单位：亿千瓦时

省份	2000 年	2001 年	2002 年	2003 年	2004 年	2005 年	2006 年	2007 年	2008 年	2009 年
北京	33	31	18	25	22	33	25	22	29	26
天津	2	3	0	0	0	2	4	4	7	7
河北	7	5	5	6	7	16	22	21	33	34
山西	13	13	14	14	16	16	17	21	17	16
内蒙古	5	5	4	5	7	10	9	9	7	10
辽宁	24	33	22	28	53	81	54	51	48	37
吉林	43	52	41	36	50	60	47	52	46	49
黑龙江	13	15	17	12	11	15	12	10	11	16
上海	8	9	9	27	17	86	97	132	130	130
江苏	8	12	17	68	150	139	103	125	151	179
浙江	95	113	149	148	161	220	202	191	222	239
安徽	8	8	11	12	10	14	16	20	23	21
福建	194	231	224	181	157	283	333	300	329	268
江西	53	55	61	36	41	58	92	80	107	106
山东	0	0	0	0	0	1	2	2	4	1
河南	25	38	51	62	82	78	90	103	100	105
湖北	281	271	281	298	444	481	475	585	720	702
湖南	214	217	256	241	249	255	283	314	396	390
广东	157	191	189	210	176	289	369	410	587	538
广西	168	175	190	202	181	203	249	307	440	441
海南	14	16	16	15	12	13	9	12	11	21

续表

省份	2000 年	2001 年	2002 年	2003 年	2004 年	2005 年	2006 年	2007 年	2008 年	2009 年
重庆	42	40	44	55	99	113	100	122	151	165
四川	339	392	399	454	536	592	650	737	815	872
贵州	91	96	95	69	192	183	125	199	211	200
云南	216	216	228	232	292	306	303	366	518	487
陕西	37	29	29	42	65	43	39	48	46	63
甘肃	106	98	108	89	108	150	168	188	198	251
青海	93	77	84	69	113	145	175	183	195	232
宁夏	9	8	9	10	10	12	17	17	15	17
新疆	31	34	38	36	37	42	50	70	74	81

省份	2010 年	2011 年	2012 年	2013 年	2014 年	2015 年	2016 年	2017 年	2018 年
北京	47	36	63	47	40	44	48	54	84
天津	8	6	13	13	12	15	13	15	23
河北	59	49	74	67	61	58	63	94	100
山西	28	25	32	29	25	23	32	38	47
内蒙古	11	11	17	23	34	24	19	17	45
辽宁	71	57	80	114	62	45	73	62	67
吉林	89	57	66	94	54	43	68	61	59
黑龙江	22	17	15	25	17	16	23	24	25
上海	126	84	141	186	261	281	312	326	297
江苏	190	128	182	244	334	362	401	457	439
浙江	314	233	332	365	474	497	608	637	615
安徽	28	21	29	31	34	41	68	58	69
福建	440	274	463	395	411	432	620	403	306
江西	122	96	178	146	191	217	241	214	168
山东	17	26	45	40	33	42	46	43	80
河南	148	138	201	203	289	366	345	335	362
湖北	807	871	892	885	1008	1017	1074	1126	1092
湖南	423	348	518	477	570	613	650	565	508
广东	633	516	845	1039	1334	1518	1721	1718	1734
广西	455	445	525	495	650	809	650	641	706
海南	20	26	24	24	29	18	23	26	29

续表

省份	2010 年	2011 年	2012 年	2013 年	2014 年	2015 年	2016 年	2017 年	2018 年
重庆	193	187	256	250	320	332	345	366	355
四川	1027	1154	1406	1500	1698	1669	1808	1892	2046
贵州	232	271	356	284	492	482	455	491	528
云南	621	795	896	1015	1256	1231	1192	1301	1401
陕西	70	73	64	54	54	62	63	83	107
甘肃	209	253	270	283	284	278	253	285	299
青海	323	341	399	406	398	360	291	310	426
宁夏	18	14	19	16	15	15	14	16	30
新疆	103	117	135	158	146	179	183	219	216

表 A2   2006~2018 年中国 30 个省份风电消费量

单位：亿千瓦时

省份	2006 年	2007 年	2008 年	2009 年	2010 年	2011 年	2012 年	2013 年	2014 年	2015 年	2016 年	2017 年	2018 年
北京	1	2	6	17	27	36	49	56	28	62	78	93	110
天津	0	1	2	5	5	7	15	21	15	29	33	37	41
河北	4	9	20	43	85	130	178	223	201	243	295	382	403
山西	0	0	0	2	6	9	27	41	53	72	103	131	166
内蒙古	4	9	23	56	99	130	163	226	364	266	307	361	435
辽宁	3	5	14	31	55	78	91	122	126	131	146	175	199
吉林	3	6	13	20	29	32	40	46	49	52	57	72	84
黑龙江	1	3	8	17	29	40	43	59	59	61	80	98	112
上海	1	0	1	1	2	4	7	8	9	13	19	24	27
江苏	0	2	7	14	22	27	37	47	58	67	103	129	185
浙江	1	1	1	4	5	7	8	11	15	19	29	36	47
安徽	0	0	0	0	0	1	3	7	10	17	27	32	39
福建	2	4	6	9	12	21	27	36	38	43	49	63	68
江西	0	0	0	1	1	2	3	5	6	12	20	33	43
山东	2	3	6	12	35	68	99	133	122	176	205	242	322
河南	0	0	0	1	1	2	4	6	9	15	23	36	65
湖北	0	0	0	0	1	1	2	5	9	16	26	36	47

续表

省份	2006年	2007年	2008年	2009年	2010年	2011年	2012年	2013年	2014年	2015年	2016年	2017年	2018年
湖南	0	0	0	0	1	1	3	5	8	22	39	50	61
广东	2	4	6	8	11	18	33	48	63	92	136	169	181
广西	0	0	0	0	0	0	2	4	4	10	18	29	51
海南	0	0	0	1	2	5	5	6	5	6	6	6	5
重庆	0	0	0	0	1	1	1	2	3	4	7	10	13
四川	0	0	0	0	0	0	1	1	3	6	13	21	35
贵州	0	0	0	0	0	1	3	8	12	19	34	42	47
云南	0	0	0	2	3	8	20	24	38	53	78	98	114
陕西	0	0	1	2	7	1	2	5	10	14	39	55	97
甘肃	1	3	6	12	21	64	82	106	95	115	122	162	184
青海	0	0	0	0	2	6	7	12	11	19	24	32	44
宁夏	0	1	2	4	8	11	27	45	51	68	96	109	130
新疆	4	5	8	15	23	27	47	65	124	133	191	272	305

注：2006 年之前所有省份均无风电消费量。

表 A3　2011～2018 年中国 30 个省份太阳能电力消费量

单位：亿千瓦时

省份	2011 年	2012 年	2013 年	2014 年	2015 年	2016 年	2017 年	2018 年
北京	0	2	3	6	14	22	32	46
天津	0	0	1	2	6	11	16	21
河北	0	2	5	14	33	62	119	174
山西	0	0	0	2	6	22	45	72
内蒙古	0	1	4	23	37	55	74	94
辽宁	0	0	0	1	2	5	15	39
吉林	0	0	0	0	1	3	10	19
黑龙江	0	0	0	0	0	1	5	18
上海	0	0	0	1	1	4	9	15
江苏	1	4	6	14	31	49	87	131
浙江	0	0	1	3	8	24	62	109
安徽	0	0	0	1	3	16	48	79
福建	0	0	0	0	0	1	1	6	13

省份	2011 年	2012 年	2013 年	2014 年	2015 年	2016 年	2017 年	2018 年
江西	0	0	0	1	3	11	31	54
山东	1	2	4	7	19	48	99	180
河南	0	0	0	1	4	14	48	91
湖北	0	0	0	0	2	9	20	37
湖南	0	0	0	0	1	3	7	22
广东	0	0	0	2	6	19	35	58
广西	0	0	0	0	1	2	5	11
海南	0	0	0	2	2	3	3	6
重庆	0	0	0	0	0	1	3	6
四川	0	0	0	0	1	7	10	15
贵州	0	0	0	0	0	1	4	11
云南	0	0	1	2	4	12	15	18
陕西	0	0	1	1	4	20	39	71
甘肃	1	3	15	32	50	51	62	76
青海	1	12	27	58	74	89	108	111
宁夏	1	5	7	18	27	39	53	64
新疆	0	2	5	40	51	58	92	99

注：2011 年之前所有省份均无太阳能电力消费量。

附录 B   第四章相关附表

表 B1   2000~2018 年可再生能源技术专利存量

单位：项

省份	2000 年	2001 年	2002 年	2003 年	2004 年	2005 年	2006 年	2007 年	2008 年	2009 年
北京	30	36	39	44	51	56	65	72	87	115
天津	4	4	5	6	8	10	12	12	18	28
河北	14	16	20	22	25	26	29	33	41	52
山西	3	3	3	4	5	5	8	10	16	20
内蒙古	5	8	11	16	19	19	21	22	24	29
辽宁	10	12	15	19	26	31	37	44	54	69
吉林	2	2	2	3	4	6	8	9	12	18
黑龙江	4	3	5	7	10	13	15	19	28	37
上海	5	5	6	9	15	19	28	43	60	90
江苏	24	35	45	54	69	80	94	113	154	216
浙江	6	9	13	20	27	35	42	57	71	99
安徽	7	12	14	17	19	21	22	27	37	45
福建	4	6	8	10	11	11	12	12	15	20
江西	2	3	5	6	8	8	9	10	11	14
山东	29	42	52	63	74	92	114	137	182	234
河南	8	9	10	12	14	19	21	24	33	46
湖北	6	6	8	12	16	20	23	29	37	45
湖南	5	5	6	7	8	8	8	9	13	19
广东	6	9	10	14	18	22	30	39	63	104
广西	4	4	4	5	7	8	9	10	11	15
海南	1	1	2	2	2	2	2	2	2	3

省份	2000 年	2001 年	2002 年	2003 年	2004 年	2005 年	2006 年	2007 年	2008 年	2009 年
重庆	1	1	2	2	2	3	4	4	7	9
四川	5	5	6	6	8	11	13	17	26	35
贵州	1	1	0	1	2	3	3	4	5	8
云南	22	27	35	37	34	32	30	30	35	42
陕西	5	6	8	9	12	14	16	19	24	28
甘肃	3	5	5	7	7	7	7	11	15	18
青海	1	1	1	1	2	2	2	2	3	3
宁夏	1	2	2	3	3	3	3	3	4	5
新疆	2	3	4	5	6	7	8	10	11	14

省份	2010 年	2011 年	2012 年	2013 年	2014 年	2015 年	2016 年	2017 年	2018 年
北京	176	282	412	539	652	721	754	800	860
天津	37	48	65	87	104	120	151	207	269
河北	67	90	116	144	177	193	207	214	230
山西	25	32	44	51	58	61	63	69	71
内蒙古	32	37	45	50	56	64	71	83	102
辽宁	91	122	166	206	229	238	243	237	234
吉林	24	32	40	46	45	46	46	47	49
黑龙江	51	66	81	94	105	115	123	129	135
上海	135	187	243	288	318	331	329	327	329
江苏	292	410	571	755	928	1024	1081	1129	1199
浙江	147	244	362	475	641	704	745	781	810
安徽	59	77	112	151	211	248	281	312	341
福建	28	39	54	70	83	92	106	127	154
江西	17	22	29	34	39	40	51	61	73
山东	300	385	492	575	664	707	728	734	769
河南	63	84	113	143	165	184	198	202	204
湖北	59	78	98	118	144	162	178	194	219
湖南	24	37	56	74	101	121	141	174	196
广东	157	223	300	376	442	476	533	561	626
广西	18	23	28	43	66	95	116	134	148

续表

省份	2010 年	2011 年	2012 年	2013 年	2014 年	2015 年	2016 年	2017 年	2018 年
海南	3	4	6	8	9	8	9	10	14
重庆	13	24	44	84	103	113	117	124	132
四川	43	58	77	104	141	171	211	262	306
贵州	11	15	20	24	29	38	51	61	67
云南	53	67	80	93	119	132	148	163	187
陕西	33	42	51	72	102	130	158	174	185
甘肃	23	30	36	44	54	63	69	75	80
青海	4	8	11	11	12	13	14	14	19
宁夏	6	6	7	8	12	19	25	28	33
新疆	18	22	26	36	43	48	60	66	76

表 B2　2002～2018 年低碳技术专利存量

单位：项

省份	2002 年	2003 年	2004 年	2005 年	2006 年	2007 年	2008 年	2009 年	2010 年
北京	14	44	87	130	195	291	436	660	955
天津	0	2	3	6	14	28	44	65	100
河北	0	1	4	6	10	13	19	37	72
山西	1	3	4	5	5	7	10	17	30
内蒙古	0	0	0	0	2	4	6	10	15
辽宁	1	2	7	16	30	56	91	130	197
吉林	0	0	1	3	6	8	14	23	35
黑龙江	1	2	5	6	10	14	20	28	39
上海	3	13	33	62	99	155	223	311	436
江苏	0	3	10	19	33	64	111	204	378
浙江	1	3	8	18	33	58	90	143	223
安徽	0	0	0	1	4	13	29	50	86
福建	0	1	3	5	6	12	21	37	59
江西	0	1	1	1	1	3	5	8	16
山东	1	2	5	9	21	40	72	146	251
河南	0	2	5	6	9	14	24	42	74
湖北	1	3	5	10	17	30	42	69	115

省份	2002 年	2003 年	2004 年	2005 年	2006 年	2007 年	2008 年	2009 年	2010 年
湖南	0	3	4	7	12	20	32	53	102
广东	3	10	28	58	118	211	319	462	674
广西	0	0	1	1	2	3	9	14	19
海南	0	0	0	0	0	0	0	1	5
重庆	0	0	1	1	2	5	11	18	39
四川	2	6	8	12	20	27	43	76	117
贵州	0	0	1	1	2	2	6	8	14
云南	0	1	2	5	8	11	15	23	37
陕西	1	2	5	6	10	13	23	39	59
甘肃	0	0	0	2	4	6	12	19	24
青海	0	0	1	1	1	1	2	2	3
宁夏	0	0	0	0	1	1	1	1	3
新疆	0	0	0	0	0	1	2	5	8

省份	2011 年	2012 年	2013 年	2014 年	2015 年	2016 年	2017 年	2018 年
北京	1361	2020	2870	3910	5054	6208	7383	8285
天津	153	249	385	549	732	974	1292	1613
河北	138	245	391	558	730	936	1192	1480
山西	47	70	105	155	221	304	407	520
内蒙古	23	40	68	102	143	195	249	320
辽宁	277	391	550	747	970	1199	1481	1699
吉林	48	77	119	181	238	315	403	518
黑龙江	65	95	140	228	341	476	596	698
上海	581	832	1197	1605	2025	2525	3169	3750
江苏	619	1123	1947	2918	4084	5396	7217	9141
浙江	379	690	1208	1872	2561	3348	4541	5804
安徽	128	236	414	689	1125	1541	2156	2903
福建	88	160	303	490	706	1013	1524	2122
江西	34	57	104	171	269	388	571	863
山东	351	550	872	1346	1849	2419	3130	3878
河南	111	198	294	452	649	906	1260	1714
湖北	167	269	411	616	872	1197	1676	2203

续表

省份	2011 年	2012 年	2013 年	2014 年	2015 年	2016 年	2017 年	2018 年
湖南	173	288	454	679	943	1283	1699	2110
广东	1006	1584	2343	3308	4377	5705	7637	9885
广西	30	66	128	241	383	506	637	750
海南	8	14	24	36	44	59	74	94
重庆	69	137	207	316	425	559	741	943
四川	167	267	499	756	1066	1431	1919	2393
贵州	21	33	57	100	163	245	322	419
云南	66	108	161	241	347	460	612	773
陕西	85	149	247	377	505	679	994	1319
甘肃	38	54	78	112	161	208	270	352
青海	7	10	16	28	45	67	90	121
宁夏	7	13	30	48	74	94	126	163
新疆	16	31	48	70	120	172	227	304

附录 C　第五章相关附表

表 C1　2000～2018 年中国 30 个省份可持续能源转型得分

省份	2000 年	2001 年	2002 年	2003 年	2004 年	2005 年	2006 年	2007 年	2008 年	2009 年
北京	0.404	0.409	0.408	0.416	0.405	0.400	0.401	0.408	0.394	0.433
天津	0.364	0.379	0.376	0.360	0.367	0.353	0.353	0.367	0.352	0.380
河北	0.412	0.413	0.408	0.404	0.408	0.403	0.405	0.420	0.412	0.441
山西	0.372	0.360	0.342	0.349	0.361	0.359	0.365	0.379	0.367	0.387
内蒙古	0.396	0.403	0.390	0.382	0.381	0.373	0.368	0.395	0.396	0.409
辽宁	0.383	0.389	0.394	0.391	0.395	0.387	0.387	0.398	0.399	0.418
吉林	0.392	0.405	0.408	0.395	0.406	0.398	0.402	0.413	0.420	0.439
黑龙江	0.375	0.391	0.399	0.388	0.397	0.390	0.396	0.407	0.408	0.427
上海	0.373	0.382	0.369	0.378	0.361	0.370	0.382	0.383	0.376	0.406
江苏	0.424	0.434	0.427	0.432	0.432	0.439	0.445	0.458	0.452	0.471
浙江	0.425	0.437	0.441	0.442	0.433	0.436	0.444	0.450	0.457	0.466
安徽	0.407	0.416	0.414	0.414	0.411	0.410	0.417	0.421	0.423	0.435
福建	0.456	0.492	0.483	0.470	0.454	0.457	0.471	0.473	0.466	0.483
江西	0.418	0.425	0.423	0.415	0.420	0.419	0.427	0.435	0.440	0.453
山东	0.414	0.421	0.415	0.414	0.412	0.410	0.417	0.430	0.426	0.451
河南	0.410	0.414	0.415	0.416	0.414	0.413	0.419	0.426	0.430	0.439
湖北	0.411	0.427	0.431	0.426	0.438	0.433	0.432	0.442	0.453	0.464
湖南	0.442	0.449	0.449	0.447	0.435	0.430	0.436	0.439	0.449	0.467
广东	0.415	0.433	0.436	0.435	0.426	0.433	0.443	0.452	0.453	0.467
广西	0.453	0.455	0.457	0.456	0.432	0.431	0.439	0.447	0.465	0.473
海南	0.415	0.422	0.426	0.419	0.405	0.413	0.399	0.374	0.380	0.404

省份	2000 年	2001 年	2002 年	2003 年	2004 年	2005 年	2006 年	2007 年	2008 年	2009 年
重庆	0.401	0.424	0.418	0.422	0.418	0.412	0.411	0.419	0.418	0.433
四川	0.448	0.467	0.465	0.462	0.459	0.463	0.465	0.475	0.477	0.486
贵州	0.382	0.392	0.386	0.378	0.386	0.388	0.388	0.403	0.409	0.417
云南	0.464	0.460	0.455	0.451	0.453	0.446	0.446	0.453	0.468	0.475
陕西	0.403	0.401	0.397	0.400	0.403	0.405	0.402	0.408	0.414	0.426
甘肃	0.375	0.400	0.401	0.379	0.388	0.388	0.392	0.406	0.398	0.416
青海	0.468	0.448	0.441	0.420	0.440	0.448	0.450	0.449	0.445	0.464
宁夏	0.354	0.364	0.345	0.334	0.335	0.338	0.334	0.354	0.355	0.370
新疆	0.363	0.387	0.386	0.375	0.369	0.361	0.363	0.381	0.377	0.410

省份	2010 年	2011 年	2012 年	2013 年	2014 年	2015 年	2016 年	2017 年	2018 年
北京	0.425	0.430	0.456	0.461	0.444	0.479	0.489	0.492	0.528
天津	0.363	0.362	0.387	0.379	0.387	0.409	0.410	0.405	0.418
河北	0.442	0.452	0.469	0.476	0.485	0.498	0.510	0.525	0.540
山西	0.397	0.395	0.417	0.420	0.423	0.436	0.453	0.444	0.457
内蒙古	0.422	0.427	0.438	0.459	0.487	0.484	0.532	0.495	0.508
辽宁	0.414	0.422	0.444	0.445	0.440	0.444	0.446	0.437	0.450
吉林	0.437	0.433	0.453	0.460	0.455	0.468	0.475	0.467	0.472
黑龙江	0.414	0.416	0.430	0.444	0.438	0.453	0.457	0.441	0.451
上海	0.396	0.401	0.415	0.426	0.437	0.451	0.440	0.433	0.445
江苏	0.464	0.470	0.486	0.497	0.504	0.511	0.517	0.517	0.539
浙江	0.462	0.458	0.472	0.476	0.487	0.500	0.513	0.504	0.526
安徽	0.430	0.437	0.452	0.462	0.462	0.476	0.481	0.476	0.492
福建	0.476	0.471	0.486	0.489	0.480	0.496	0.517	0.502	0.502
江西	0.448	0.450	0.464	0.462	0.470	0.483	0.490	0.492	0.506
山东	0.433	0.445	0.465	0.469	0.474	0.489	0.501	0.508	0.526
河南	0.435	0.435	0.454	0.456	0.469	0.479	0.486	0.495	0.516
湖北	0.455	0.461	0.482	0.488	0.501	0.514	0.525	0.517	0.532
湖南	0.456	0.452	0.469	0.480	0.487	0.503	0.509	0.500	0.508
广东	0.462	0.472	0.487	0.503	0.514	0.534	0.550	0.537	0.546
广西	0.462	0.461	0.470	0.483	0.496	0.516	0.513	0.510	0.523
海南	0.393	0.396	0.413	0.417	0.417	0.424	0.423	0.415	0.414
重庆	0.430	0.438	0.447	0.457	0.466	0.473	0.480	0.485	0.497

续表

省份	2010 年	2011 年	2012 年	2013 年	2014 年	2015 年	2016 年	2017 年	2018 年
四川	0.483	0.489	0.507	0.516	0.528	0.536	0.545	0.548	0.570
贵州	0.417	0.417	0.433	0.452	0.469	0.478	0.486	0.486	0.503
云南	0.474	0.485	0.502	0.523	0.546	0.560	0.577	0.590	0.598
陕西	0.422	0.417	0.432	0.439	0.449	0.462	0.480	0.475	0.501
甘肃	0.393	0.421	0.442	0.451	0.455	0.490	0.498	0.521	0.534
青海	0.495	0.484	0.496	0.506	0.534	0.575	0.568	0.578	0.611
宁夏	0.370	0.361	0.381	0.399	0.414	0.436	0.467	0.442	0.451
新疆	0.382	0.385	0.423	0.418	0.440	0.476	0.480	0.496	0.500

附录 D 第六章实证代码

实证软件：Stata 16.0

**** 表 6-1 结果复制代码 ****

```
use data.dta,clear
logout,save(表 6-1,replace)word replace dec(3):sum et
reti lcti inc is fdi to er ep
```

**** 表 6-2 结果复制代码 ****

```
use data.dta,clear
** Breusch-Pagan LM test(B-P LM)检验 **
//模型(6-3)
reg et reti inc is fdi to er ep
predict uhat1,residual
gen uhatsq1 = uhat1^2
reg uhatsq1 et reti inc is fdi to er ep
scalar LM = e(r2) * e(N)
scalar pvalue = chi2tail(e(df_m),LM)
disp"Breusch-Pagan test:LM = "LM",p-value = "pvalue
//模型(6-4)
reg et lcti inc is fdi to er ep
predict uhat2,residual
gen uhatsq2 = uhat2^2
reg uhatsq2 et lcti inc is fdi to er ep
```

```
scalar LM = e(r2) * e(N)
scalar pvalue = chi2tail(e(df_m),LM)
disp"Breusch-Pagan test:LM = "LM",p-value = "pvalue
** Pesaran CD 检验 &Friedman test 检验 &Frees test 检验 **
//模型(6-3)
xtreg et reti inc is fdi to er ep,fe
xtcsd,pes abs show
xtcsd,fri abs show
xtcsd,fre abs show
//模型(6-4)
xtreg et lcti inc is fdi to er ep,fe
xtcsd,pes abs show
xtcsd,fri abs show
xtcsd,f re abs show
```

**** 表 6-3 结果复制代码 ****

```
** Pesaran's CADF 检验 ** //注意:适用于存在截面依赖性的面
板数据单位根检验
use data.dta,clear
xtset id year
//为了简洁,以 ET 为例,其余变量代码相同
pescadf et,lags(0)
pescadf et,lags(0)trend
pescadf D.et,lags(0)
pescadf D.et,lags(0)trend
pescadf D2.et,lags(0)
pescadf D2.et,lags(0)trend
```

**** 表 6-4 结果复制代码 ****

```
** Kao 协整检验 **
use data.dta,clear
```

```
xtset id year
xtcointtestkao et reti inc is fdi to er ep//模型(6-3)
xtcointtestkao et lcti inc is fdi to er ep//模型(6-4)
```

**** 表 6-5 结果复制代码 ****

```
use data.dta,clear
xtset id year
//模型(6-3)同时控制个体固定效应和时间固定效应
gen et10000=et*10000//为了系数可读,不影响回归系数含义
cointreg et10000 reti inc is fdi to er ep i.id i.year,
est(fmols)
    cointreg et10000 reti inc is fdi to er ep i.id i.year,
est(dols)
    xtgls et10000 reti inc is fdi to erep i.id i.year,pan-
els(hetero)corr(ar1)
    //模型(6-4)同时控制个体固定效应和时间固定效应
    cointreg et10000 lcti inc is fdi to er ep i.id i.year,
est(fmols)
    cointreg et10000 lcti inc is fdi to er ep i.id i.year,
est(dols)
    xtgls et10000 lcti inc is fdi to erep i.id i.year,pan-
els(hetero)corr(ar1)
```

**** 表 6-6 结果复制代码 ****

```
** SYS-GMM 估计结果 **
use data.dta,clear
xtset id year
gen et10000=et*10000
xtabond2 et10000 l.et10000 reti inc is fdi to er ep,
gmm(reti)iv(l.et10000)r
    xtabond2 et10000 l.et10000 lcti inc is fdi to er ep,
```

```
gmm(lcti)iv(1.et10000)r
```

** DOLS 估计结果 **

```
use data.dta,clear
xtset id year
gen es100=es*100 //为了系数可观,将 es*100,不影响参数含义
cointreg es100 reti inc is fdi to er ep i.id i.year,est
(dols)
cointreg es100 lcti inc is fdi to er ep i.id i.year,est
(dols)
```

** IV-2SLS 估计结果 **

```
use data.dta,clear
xtset id year
gen et10000=et*10000
xtivreg et10000 inc is fdi to er ep(reti=ci) i.id
i.year,vce(robust)
xtivreg et10000 inc is fdi to er ep(lcti=ci) i.id
i.year,vce(robust)
```

**** 图 6-1 绘制代码 ****

```
use data.dta,clear
twoway(fpfitci coff q)(scatter coff q)(line coff q)if
code==1,tlabel(0.05 0.1 0.25 0.5 0.75 0.9 0.95)b1("分位
数")l2("RETI")yline(0,lstyle(foreground))saving(RE-
TI.gph,replace) //RETI
twoway(fpfitci coff q)(scatter coff q)(line coff q)if
code==2,tlabel(0.05 0.1 0.25 0.5 0.75 0.9 0.95)b1("分位
数")l2("INC")yline(0,lstyle(foreground))saving(INC.
gph,replace) //INC
twoway(fpfitci coff q)(scatter coff q)(line coff q)if
code==3,tlabel(0.05 0.1 0.25 0.5 0.75 0.9 0.95)b1("分位
```

数")12("IS")yline(0,lstyle(foreground))saving(IS.gph,
replace)//IS

```
twoway(fpfitci coff q)(scatter coff q)(line coff q)if
code==4,tlabel(0.05 0.1 0.25 0.5 0.75 0.9 0.95)b1("分位
数")12("FDI")yline(0,lstyle(foreground))saving(FDI.
gph,replace)//FDI
```

```
twoway(fpfitci coff q)(scatter coff q)(line coff q)if
code==5,tlabel(0.05 0.1 0.25 0.5 0.75 0.9 0.95)b1("分位
数")12("TO")yline(0,lstyle(foreground))saving(TO.gph,
replace)//TO
```

```
twoway(fpfitci coff q)(scatter coff q)(line coff q)if
code==6,tlabel(0.05 0.1 0.25 0.5 0.75 0.9 0.95)b1("分位
数")12("ER")yline(0,lstyle(foreground))saving(ER.gph,
replace)//ER
```

```
twoway(fpfitci coff q)(scatter coff q)(line coff q)if
code==7,tlabel(0.05 0.1 0.25 0.5 0.75 0.9 0.95)b1("分位
数")12("EP")yline(0,lstyle(foreground))saving(EP.gph,
replace)//EP
```

```
graph combine RETI.gph INC.gph IS.gph FDI.gph TO.gph
ER.gph EP.gph
```

**** 图 6-2 绘制代码 ****

```
use data.dta,clear
twoway(fpfitci coff q)(scatter coff q)(line coff q)if
code==1,tlabel(0.05 0.1 0.25 0.5 0.75 0.9 0.95)b1("分位
数")12("LCTI")yline(0,lstyle(foreground))saving(LCTI.
gph,replace)//LCTI
```

```
twoway(fpfitci coff q)(scatter coff q)(line coff q)if
code==2,tlabel(0.05 0.1 0.25 0.5 0.75 0.9 0.95)b1("分位
数")12("INC")yline(0,lstyle(foreground))saving(INC.
```

```
gph,replace)//INC
    twoway(fpfitci coff q)(scatter coff q)(line coff q)if
code==3,tlabel(0.05 0.1 0.25 0.5 0.75 0.9 0.95)b1("分位
数")l2("IS")yline(0,lstyle(foreground))saving(IS.gph,
replace)//IS
    twoway(fpfitci coff q)(scatter coff q)(line coff q)if
code==4,tlabel(0.05 0.1 0.25 0.5 0.75 0.9 0.95)b1("分位
数")l2("FDI")yline(0,lstyle(foreground))saving(FDI.
gph,replace)//FDI
    twoway(fpfitci coff q)(scatter coff q)(line coff q)if
code==5,tlabel(0.05 0.1 0.25 0.5 0.75 0.9 0.95)b1("分位
数")l2("TO")yline(0,lstyle(foreground))saving(TO.gph,
replace)//TO
    twoway(fpfitci coff q)(scatter coff q)(line coff q)if
code==6,tlabel(0.05 0.1 0.25 0.5 0.75 0.9 0.95)b1("分位
数")l2("ER")yline(0,lstyle(foreground))saving(ER.gph,
replace)//ER
    twoway(fpfitci coff q)(scatter coff q)(line coff q)if
code==7,tlabel(0.05 0.1 0.25 0.5 0.75 0.9 0.95)b1("分位
数")l2("EP")yline(0,lstyle(foreground))saving(EP.gph,
replace)//EP
    graph combine LCTI.gph INC.gph IS.gph FDI.gph TO.gph
ER.gph EP.gph
```

＊＊＊＊ 表 6-7 结果复制代码 ＊＊＊＊

```
use data.dta,clear
xtset id year
gen et10000=et*10000
xtgls et10000 wind inc is fdi to er ep,panels(hetero)
corr(ar1)
```

```
    xtgls et10000 solar inc is fdi to er ep,panels(hetero)
corr(ar1)
    xtgls et10000 tidal inc is fdi to er ep,panels(hetero)
corr(ar1)
    xtgls et10000 hydroenergy inc is fdi to er ep,panels
(hetero)corr(ar1)
    xtgls et10000 biomass inc is fdi to er ep,panels(het-
ero)corr(ar1)
    xtgls et10000 storage inc is fdi to er ep,panels(het-
ero)corr(ar1)
```

**** 表 6-8 结果复制代码 ****

```
use data.dta,clear
xtset id year
gen et10000=et*10000
    xtabond2 et10000 l.et10000 wind inc is fdi to er ep,
gmm(wind)iv(1.et10000)r
    xtabond2 et10000 l.et10000 solar inc is fdi toer ep,
gmm(solar)iv(1.et10000)r
    xtabond2 et10000 l.et10000 tidal inc is fdi to er ep,
gmm(tidal)iv(1.et10000)r
    xtabond2 et10000 l.et10000 hydroenergy inc is fdi to
er ep,gmm(hydroenergy)iv(1.et10000)r
    xtabond2 et10000 l.et10000 biomass inc is fdi to er
ep,gmm(biomass)iv(1.et10000)r
    xtabond2 et10000 l.et10000 storage inc is fdi toer ep,
gmm(storage)iv(1.et10000)r
```

**** 表 6-9 结果复制代码 ****

```
use data.dta,clear
xtset id year
```

```
gen et10000 = et * 10000
xtgls et10000 y02b inc is fdi to er ep,panels(hetero)
corr(ar1)
xtgls et10000 y02c   inc is fdi to er ep,panels(hetero)
corr(ar1)
xtgls et10000 y02e inc is fdi to er ep,panels(hetero)
corr(ar1)
xtgls et10000 y02p inc is fdi to er ep,panels(hetero)
corr(ar1)
xtgls et10000 y02t inc is fdi to er ep,panels(hetero)
corr(ar1)
xtgls et10000 y02w inc is fdi to er ep,panels(hetero)
corr(ar1)
```

**** 表 6-10 结果复制代码 ****

```
use data.dta,clear
xtset id year
gen et10000 = et * 10000
xtabond2 et10000 l.et10000 y02b inc is fdi to er ep,
gmm(y02b)iv(l.et10000)r
xtabond2 et10000 l.et10000 y02c inc is fdi to er ep,
gmm(y02c)iv(l.et10000)r
xtabond2 et10000 l.et10000 y02e inc is fdi to er ep,
gmm(y02e)iv(l.et10000)r
xtabond2 et10000 l.et10000 y02p inc is fdi to er ep,
gmm(y02p)iv(l.et10000)r
xtabond2 et10000 l.et10000 y02t inc is fdi to er ep,
gmm(y02t)iv(l.et10000)r
xtabond2 et10000 l.et10000 y02w inc is fdi to er ep,
gmm(y02w)iv(l.et10000)r
```

附录 E 第七章相关附图表及实证代码

表 E1 2000~2018 年中国 30 个省份全要素生产率（Levinsohn-Petrin 法）

省份	2000 年	2001 年	2002 年	2003 年	2004 年	2005 年	2006 年	2007 年	2008 年	2009 年
北京	0.434	0.475	0.497	0.532	0.533	0.543	0.576	0.658	0.701	0.721
天津	0.257	0.268	0.275	0.297	0.317	0.352	0.365	0.380	0.421	0.406
河北	0.278	0.284	0.287	0.305	0.331	0.340	0.356	0.387	0.414	0.402
山西	0.230	0.236	0.244	0.265	0.293	0.301	0.305	0.345	0.387	0.345
内蒙古	0.332	0.347	0.355	0.382	0.387	0.380	0.357	0.398	0.410	0.398
辽宁	0.548	0.562	0.593	0.597	0.577	0.582	0.605	0.663	0.683	0.649
吉林	0.395	0.402	0.402	0.384	0.405	0.401	0.402	0.434	0.442	0.439
黑龙江	0.420	0.435	0.442	0.460	0.485	0.508	0.525	0.549	0.585	0.532
上海	0.533	0.564	0.569	0.619	0.645	0.686	0.722	0.812	0.858	0.872
江苏	0.353	0.367	0.381	0.403	0.426	0.457	0.485	0.540	0.595	0.609
浙江	0.456	0.468	0.485	0.520	0.539	0.539	0.567	0.609	0.645	0.637
安徽	0.473	0.500	0.515	0.535	0.586	0.593	0.618	0.680	0.726	0.745
福建	0.699	0.708	0.704	0.712	0.727	0.718	0.742	0.818	0.856	0.863
江西	0.400	0.408	0.414	0.416	0.441	0.454	0.486	0.539	0.597	0.598
山东	0.302	0.297	0.300	0.288	0.310	0.313	0.332	0.359	0.393	0.388
河南	0.262	0.269	0.273	0.290	0.310	0.331	0.341	0.371	0.397	0.381
湖北	0.386	0.383	0.377	0.386	0.408	0.429	0.450	0.507	0.570	0.591
湖南	0.396	0.392	0.390	0.405	0.434	0.431	0.459	0.518	0.578	0.588
广东	0.519	0.539	0.557	0.578	0.600	0.615	0.655	0.721	0.767	0.745

省份	2000 年	2001 年	2002 年	2003 年	2004 年	2005 年	2006 年	2007 年	2008 年	2009 年
广西	0.346	0.355	0.370	0.374	0.391	0.394	0.412	0.449	0.478	0.450
海南	0.584	0.583	0.564	0.576	0.608	0.676	0.722	0.781	0.841	0.829
重庆	0.426	0.453	0.479	0.518	0.544	0.534	0.546	0.604	0.673	0.693
四川	0.270	0.277	0.278	0.281	0.303	0.319	0.342	0.385	0.424	0.426
贵州	0.234	0.229	0.230	0.233	0.241	0.283	0.302	0.358	0.412	0.417
云南	0.588	0.590	0.600	0.607	0.657	0.646	0.679	0.766	0.840	0.830
陕西	0.289	0.300	0.305	0.315	0.338	0.374	0.396	0.441	0.491	0.493
甘肃	0.206	0.208	0.211	0.215	0.236	0.250	0.269	0.295	0.302	0.295
青海	0.366	0.372	0.383	0.388	0.409	0.420	0.447	0.498	0.566	0.546
宁夏	0.392	0.380	0.370	0.374	0.406	0.410	0.435	0.503	0.597	0.565
新疆	0.391	0.401	0.404	0.430	0.445	0.458	0.485	0.526	0.580	0.542

省份	2010 年	2011 年	2012 年	2013 年	2014 年	2015 年	2016 年	2017 年	2018 年
北京	0.774	0.835	0.853	0.894	0.918	0.934	0.956	1.004	1.061
天津	0.405	0.416	0.410	0.404	0.395	0.379	0.383	0.408	0.425
河北	0.430	0.456	0.450	0.435	0.434	0.433	0.446	0.464	0.470
山西	0.379	0.409	0.399	0.372	0.351	0.327	0.317	0.366	0.389
内蒙古	0.397	0.387	0.379	0.372	0.365	0.364	0.373	0.399	0.427
辽宁	0.626	0.661	0.655	0.654	0.640	0.653	0.673	0.711	0.767
吉林	0.452	0.485	0.502	0.505	0.499	0.475	0.474	0.484	0.493
黑龙江	0.550	0.595	0.599	0.602	0.576	0.533	0.517	0.519	0.535
上海	0.920	0.984	1.008	1.045	1.021	1.042	1.099	1.155	1.233
江苏	0.667	0.714	0.730	0.762	0.795	0.830	0.855	0.911	0.953
浙江	0.705	0.763	0.782	0.805	0.823	0.849	0.872	0.919	0.976
安徽	0.824	0.918	0.936	0.957	0.971	0.965	0.999	1.063	1.157
福建	0.923	0.949	0.971	1.011	1.014	1.014	1.058	1.131	1.222
江西	0.652	0.730	0.752	0.774	0.799	0.802	0.825	0.858	0.919
山东	0.402	0.425	0.432	0.457	0.459	0.469	0.475	0.498	0.517
河南	0.397	0.410	0.419	0.419	0.425	0.425	0.433	0.461	0.496
湖北	0.650	0.711	0.740	0.793	0.819	0.828	0.858	0.906	0.982

续表

省份	2010 年	2011 年	2012 年	2013 年	2014 年	2015 年	2016 年	2017 年	2018 年
湖南	0.642	0.696	0.724	0.748	0.768	0.801	0.822	0.868	0.919
广东	0.779	0.815	0.813	0.832	0.838	0.858	0.877	0.907	0.930
广西	0.452	0.469	0.474	0.490	0.504	0.519	0.530	0.572	0.610
海南	0.909	0.953	0.949	0.941	0.929	0.933	0.977	0.990	1.012
重庆	0.757	0.851	0.898	0.949	0.987	1.012	1.072	1.129	1.172
四川	0.474	0.535	0.560	0.578	0.590	0.594	0.615	0.675	0.739
贵州	0.461	0.517	0.553	0.586	0.613	0.639	0.643	0.684	0.730
云南	0.856	0.927	0.971	1.021	1.026	1.016	1.038	1.098	1.163
陕西	0.530	0.590	0.613	0.632	0.638	0.622	0.623	0.667	0.717
甘肃	0.320	0.352	0.363	0.371	0.371	0.348	0.344	0.356	0.380
青海	0.600	0.625	0.605	0.598	0.584	0.582	0.584	0.594	0.621
宁夏	0.613	0.643	0.647	0.641	0.614	0.579	0.573	0.592	0.593
新疆	0.623	0.669	0.654	0.625	0.606	0.544	0.509	0.537	0.565

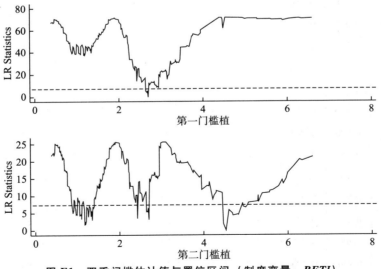

图 E1　双重门槛估计值与置信区间（制度变量：*RETI*）

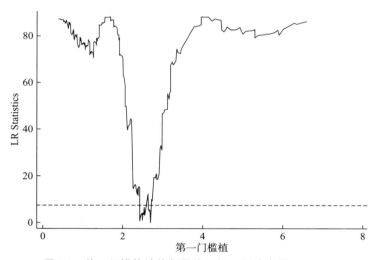

图 E2　单一门槛估计值与置信区间（制度变量：*LCTI*）

＊＊＊＊ 表 7-1 结果复制代码 ＊＊＊＊

＊＊ 东部地区 ＊＊

use data.dta,clear

xtset id year

gen et10000＝et＊10000

dropif id＝＝4 |id＝＝5 |id＝＝7 |id＝＝8 |id＝＝12 |id＝＝14 | id＝＝16 | id＝＝17 |id＝＝18 |id＝＝20 |id＝＝22 | id＝＝23 | id＝＝24 |id＝＝25 |id＝＝26 |id＝＝27 |id＝＝28 |id＝＝29 |id＝＝30

xtgls et10000 reti inc is fdi to er ep,panels(hetero) corr(ar1)

xtgls et10000 lcti inc is fdi to erep,panels(hetero) corr(ar1)

＊＊ 中部地区 ＊＊

use data.dta,clear

xtset id year

gen et10000＝et＊10000

```
drop if id==1 |id==2 |id==3 |id==6 |id==9 |id==10 |
id==11 |id==13 |id==15 |id==19 |id==20 | id==21 |id==
22 |id==23 |id==24 |id==25 |id==26 |id==27 |id==28 |id==
29 |id==30
    xtgls et10000 reti inc is fdi to er ep,panels(hetero)
corr(ar1)
    xtgls et10000 lcti inc is fdi to er ep,panels(hetero)
corr(ar1)
```

** 西部地区 **

```
use data.dta,clear
xtset id year
gen et10000=et*10000
drop if id==1 |id==2 |id==3 |id==4 |id==5 |id==6 |
id==7 |id==8 |id==9 |id==10 |id==11 | id==12 |id==13  |
id==14 |id==15 |id==16 |id==17 |id==18 |id==19 |id==21
    xtgls et10000 reti inc is fdi to er ep,panels(hetero)
corr(ar1)
    xtgls et10000 lcti inc is fdi to er ep,panels(hetero)
corr(ar1)
```

**** 表 7-2 结果复制代码 ****

** 能源输入省 **

```
use data.dta,clear
xtset id year
gen et10000=et*10000
drop if id==4 |id==5 |id==8 |id==24 |id==26 |id==28 |
id==30
    xtgls et10000 reti inc is fdi to er ep,panels(hetero)
corr(ar1)
    xtgls et10000 lcti inc is fdi to er ep,panels(hetero)
```

```
corr(ar1)
    **能源输出省**
    use data.dta,clear
    xtset id year
    gen et10000 = et * 10000
    drop if id == 1 |id == 2 |id == 3 |id == 6 |id == 7 |id == 9 |
id == 10 |id == 11 |id == 12 |id == 13  |id == 14 |id == 15 | id ==
16 |id == 17 |id == 18 |id == 19 |id == 20 |id == 21 |id == 22 |id ==
23 |id == 25 |id == 27 |id == 29
    xtgls et10000 reti inc is fdi to er ep,panels(hetero)
corr(ar1)
    xtgls et10000 lcti inc is fdi to er ep,panels(hetero)
corr(ar1)
```

**** 表 7-3 结果复制代码 ****

```
    **能源进口省**
    use data.dta,clear
    xtset id year
    gen et10000 = et * 10000
    drop if id == 4 |id == 17 |id == 22 |id == 23 |id == 25 |id ==
26 |id == 27 |id == 28 |id == 29
    xtgls et10000 reti inc is fdi to er ep,panels(hetero)
corr(ar1)
    xtgls et10000 lcti inc is fdi to er ep,panels(hetero)
corr(ar1)
    **能源出口省**
    use data.dta,clear
    xtset id year
    gen et10000 = et * 10000
    xtgls et10000 reti inc is fdi to er ep if id == 4 |id ==
```

```
17 |id==25 |id==26,panels(hetero)corr(ar1)
    xtgls et10000 lcti inc is fdi to er ep if id==4 |id==
17 |id==25 |id==26,panels(hetero)corr(ar1)
```

** 其他省 **

```
use data.dta,clear
xtset id year
gen et10000=et*10000
xtgls et10000 reti inc is fdi to er ep if id==22 |id==
23 |id==27 |id==28 |id==29,panels(hetero)corr(ar1)
    xtgls et10000 lcti inc is fdi to er ep if id==22 |id==
23 |id==27 |id==28 |id==29,panels(hetero)corr(ar1)
```

**** 表 7-4、表 7-5、表 7-7、图 E1 和图 E2 结果复制代码 ****

** 模型(6-3) **

```
use data.dta,clear
xtset id year
gen et10000=et*10000
xthreg et10000 inc is fdi to er ep,rx(reti)qx(inc)th-
num(3)trim(0.01 0.01 0.01)grid(400)bs(500 500 500)
    _matplot e(LR21),columns(1 2)yline(7.35,lpattern
(dash))connect(direct)msize(small)mlabp(0)mlabs(zero)
ytitle("LR Statistics")xtitle("First Threshold")recast
(line)name(LR21,replace)nodraw
    _matplot e(LR22),columns(1 2)yline(7.35,lpattern
(dash))connect(direct)msize(small)mlabp(0)mlabs(zero)
ytitle("LR Statistics")xtitle("Second Threshold")re-
cast(line)name(LR22,replace)nodraw
    graph combine LR21 LR22,cols(1)
```

** 模型(6-4) **

```
use data.dta,clear
```

```
xtset id year

gen et10000 = et * 10000

replace lcti = 0.00001 if(lcti = = 0) //由于2000年和2001
```
年所有省份lcti均为0,为了报告结果,对于所有0值赋值为0.00001.
```
xthreg et10000 inc is fdi to er ep,rx(lcti)qx(inc)th-
num(3)trim(0.01 0.01 0.01)grid(400)bs(500 500 500)

_matplot e(LR21),columns(1 2)yline(7.35,lpattern
(dash))connect(direct)msize(small)mlabp(0)mlabs(zero)
ytitle("LR Statistics")xtitle("First Threshold")recast
(line)name(LR21,replace)nodraw
```

**** 表7-8 结果复制代码 ****

```
use w2.dta,clear

spatwmat using w2,name(w)standardize

use data.dta,clear

spatgsa et reti lcti if year = = 2000,weights(w)moran //
```
以2000年为例,其余年份不再重复.

**** 图7-1 绘制代码 ****

```
use w2.dta,clear //注:由于stata莫兰散点图无法编辑,文中采
```
用Excel自主计算后绘制,结果与stata一致.
```
spatwmat using w2,name(w)standardize

use data.dta,clear

sort year id

drop in 1/540

spatlsa et,weight(w)moran graph(moran)symbol(id)id
(pro)

spatlsa reti,weight(w)moran graph(moran)symbol(id)
id(pro)

spatlsa lcti,weight(w)moran graph(moran)symbol(id)
id(pro)
```

＊＊＊＊ 表 7-9 结果复制代码 ＊＊＊＊

** 模型 (6-3) **

```
use w2.dta,clear
spatwmat using w2,name(w)standardize
use data.dta,clear
xtset id year
gen et10000 = et * 10000
xsmle et10000 reti inc is fdi to er ep,fe model(sac)
wmat(w)emat(w)nolog effects
xsmle et10000 reti inc is fdi to er ep,fe model(sem)
emat(w)nolog effects
xsmle et10000 reti inc is fdi to er ep,wmat(w)model
(sdm)type(both)re nolog effects
test[Wx]reti = [Wx]inc = [Wx]is = [Wx]fdi = [Wx]to = [Wx]
er = 0   //LR-lag 检验
testnl([Wx]reti = -[Spatial]rho * [Main]reti)([Wx]
inc = -[Spatial]rho * [Main]inc)([Wx]is = -[Spatial]rho *
[Main]is)([Wx]fdi = -[Spatial]rho * [Main]fdi)([Wx]to = -
[Spatial]rho * [Main]to)([Wx]er = -[Spatial]rho * [Main]
er)([Wx]ep = -[Spatial]rho * [Main]ep)   //LR-error 检验
```

** 模型 (6-4) **

```
use w2.dta,clear
spatwmat using w2,name(w)standardize
use data.dta,clear
xtset id year
gen et10000 = et * 10000
xsmle et10000 lcti inc is fdi to er ep,fe model(sac)
wmat(w)emat(w)nolog effects
xsmle et10000 lcti inc is fdi to er ep,fe model(sem)
```

```
emat(w)nolog effects
    xsmle et10000 lcti inc is fdi to er ep,wmat(w)model
(sdm)type(both)re nolog effects
    test[Wx]lcti=[Wx]inc=[Wx]is=[Wx]fdi=[Wx]to=[Wx]
er=0 //LR-lag 检验
    testnl([Wx]lcti=-[Spatial]rho*[Main]lcti)([Wx]
inc=-[Spatial]rho*[Main]inc)([Wx]is=-[Spatial]rho*
[Main]is)([Wx]fdi=-[Spatial]rho*[Main]fdi)([Wx]to=-
[Spatial]rho*[Main]to)([Wx]er=-[Spatial]rho*[Main]
er)([Wx]ep=-[Spatial]rho*[Main]ep)  //LR-error 检验
```

**** 表 7-10 结果复制代码 ****

```
** 模型(6-3)**
use data.dta,clear
gen et10000=et*10000
gen tfp1000=tfp*1000
regress et10000reti id year
regress tfp1000reti id year
regress et10000 tfp1000reti id year
medeff(regress tfp1000 reti id year)(regress et10000
tfp1000 reti id year),mediate(tfp1000)treat(reti)sims
(1000)  //计算中介效应及占比
** 模型(6-4)**
regress et10000 lcti id year
regress tfp1000 lcti id year
regress et10000 tfp1000 lcti id year
medeff(regress tfp1000 lcti id year)(regress et10000
tfp1000 lcti id year),
    mediate(tfp1000)treat(lcti)sims(1000)
```

**** 表 7-11 结果复制代码 ****

```
** 模型(6-3)**
use data.dta,clear
gen et10000=et*10000
gen es100=es*100
regress et10000reti id year
regress es100 reti id year
regress et10000 es100 reti id year
medeff(regress es100 reti id year)(regress et10000
es100 reti id year),mediate(es100)treat(reti)sims
(1000)  //计算中介效应及占比
** 模型(6-4)**
regress et10000 lcti id year
regress es100 lcti id year
regress et10000 es100 lcti id year
medeff(regress es100 lcti id year)(regress et10000
es100 lcti id year),mediate(es100)treat(lcti)sims(1000)
```

**** 表 7-12 结果复制代码 ****

```
** 模型(6-3)**
use data.dta,clear
gen et10000=et*10000
regress et10000reti id year
regressesdg reti id year
regress et10000 esdg reti id year
medeff(regress esdg reti id year)(regress et10000 es-
dg reti id year),mediate(esdg)treat(reti)sims(1000)//计
算中介效应及占比
** 模型(6-4)**
regress et10000 lcti id year
```

```
regress esdg lcti id year
regress et10000 esdg lcti id year
medeff(regress esdg lcti id year)(regress et10000 es-
dg lcti id year),mediate(esdg)treat(lcti)sims(1000)
```

＊＊＊＊表 7-13 结果复制代码＊＊＊＊

```
** 模型(6-3)**
use data.dta,clear
gen et10000=et*10000
drop if year==2016|year==2017|year==2018    //由于统
```
计年鉴中废气排放量 2015 年之后采用万吨,之前采用亿立方米,故剔除掉
2016-2018 的数据,统计口径一致.

```
regress et10000reti id year
regress pi reti id year
regress et10000 pi reti id year
medeff(regress pi reti id year)(regress et10000 pi re-
ti id year),mediate(pi)treat(reti)sims(1000)//计算中介效
```
应及占比

```
** 模型(6-4)**
regress et10000 lcti id year
regress pi lcti id year
regress et10000 pi lctiid year
medeff(regress pi lcti id year)(regress et10000 pi
lcti id year),mediate(pi)treat(lcti)sims(1000)
```

＊＊＊＊附表 E1 结果复制代码＊＊＊＊

```
usedata.dta,clear
xtset id year
gen ln_gdp=ln(gdp)
gen ln_k=ln(k)
gen ln_l=ln(l)
```

```
gen ln_e = ln(e)
gen ln_fdi = ln(fdi)
levpet ln_gdp,free(ln_e ln_l)proxy(ln_fdi)capital
(ln_k)valueadded i(id)t(year)reps(50)
predict tfp_lp,omega
reshape wide tfp_lp pro,i(pro)j(year)    //将长面板数据
整理为宽面板数据格式
```

附录 F　缩略词表

缩略词及其中英文名称

缩略词	英文全称	中文全称
ADF	Augmented Dickey Fuller	增广迪基-富勒检验
AIC	Akaike Information Criterion	赤池信息准则
CCS	Carbon Capture and Storage	碳捕捉和封存
CPC	Cooperative Patent Classification	联合专利分类
DOLS	Dynamic Ordinary Least Squares	动态最小二乘法
FE	Fixed Effect	固定效应
FGLS	Feasible Generalized Least Squares	可行性广义最小二乘法
FMOLS	Full Modified Ordinary Least Square	完全修正最小二乘法
GTWR	Geographically Temporally Weighted Regression	时空地理加权回归
GWR	Geographically Weighted Regression	地理加权回归
IEA	International Energy Agency	国际能源署
IPC	International Patent Classification	国际专利分类
IPS	Im-Pesaran-Shin	—
IV	Instrumental Variables	工具变量
2SLS	Two-Stage Least Squares	两阶段最小二乘法
LLC	Levin-Lin-Chu	—
OECD	Organisation for Economic Co-operation and Development	经济合作与发展组织
OLS	Ordinary Least Squares	普通最小二乘法
PP	Phillips and Perron	—
RE	Random Effect	随机效应
R&D	Research and Development	研究与试验发展
SDM	Spatial Dubin Model	空间杜宾模型
SEM	Spatial Error Model	空间误差模型
SLM	Spatial Lag Model	空间滞后模型
SYS-GMM	System Generalized Method of Moments	系统广义矩估计法

图书在版编目（CIP）数据

低碳技术创新与可持续能源转型：理论与实证／杨
光磊著 . --北京：社会科学文献出版社，2025.8.
ISBN 978-7-5228-5621-6

Ⅰ.F127

中国国家版本馆 CIP 数据核字第 2025TV7199 号

低碳技术创新与可持续能源转型：理论与实证

著　　者／杨光磊

出 版 人／冀祥德
责任编辑／贾立平
文稿编辑／陈丽丽
责任印制／岳　阳

出　　版／社会科学文献出版社·经济与管理分社（010）59367226
　　　　　地址：北京市北三环中路甲 29 号院华龙大厦　邮编：100029
　　　　　网址：www.ssap.com.cn
发　　行／社会科学文献出版社（010）59367028
印　　装／三河市尚艺印装有限公司

规　　格／开本：787mm×1092mm　1/16
　　　　　印张：15.75　字数：232 千字
版　　次／2025 年 8 月第 1 版　2025 年 8 月第 1 次印刷
书　　号／ISBN 978-7-5228-5621-6
定　　价／138.00 元

读者服务电话：4008918866